Illustrierte Geschichte

ANTIKES GRIECHENLAND

Staatswesen, Alltagsleben, Kultur

NATHANIEL
HARRIS

ILLUSTRIERTE GESCHICHTE

ANTIKES GRIECHENLAND

Staatswesen, Alltagsleben, Kultur

tosa

Originaltitel „History of Greece“,
erschienen 2000 by Hamlyn Octopus, an
imprint of Octopus Publishing Group Ltd
2-4 Heron Quays, Docklands,
London E14 4JP

Aus dem Englischen von Elisabeth Ebner,
DTP Satz von DIE TEXTWERKSTATT

Printed in China

INHALT

VORWORT

DURCH FUNDE UND AUSGRABUNGEN KÖNNEN WIR DIE WELT UND DIE KULTUR DER ALTEN GRIECHEN GUT VERSTEHEN. IHRE GEDANKEN UND GEFÜHLE SIND MODERN, DENN MITTELPUNKT IHRES LEBENS UND IHRER KUNST WAR DER MENSCH. DIE HOCHKULTUREN DES VORDEREN ORIENTS ODER ÄGYPTENS RINGEN UNS BEWUNDERUNG AB, DOCH BLEIBEN SIE UNS IN VIELER HINSICHT UNVERSTÄNDLICH – IM GEGENSATZ ZUR KULTUR DER GRIECHEN. ZWAR HABEN DIE GRIECHEN VIEL VON DEN ÄLTEREN KULTUREN GELERNT, DIESES JEDOCH IHREM VERSTÄNDNIS VON LEBEN UND KULTUR ANGEPASST UND WURDEN SO ZU EINEM DIREKTEN VORFAHREN UNSERER HEUTIGEN WESTLICHEN ZIVILISATION. DASS UNS DIE ALTEN GRIECHEN HEUTE SO NAHE ERSCHEINEN, HAT SEINE URSACHE DARIN, DASS AUCH WIR VIELE UNSERER WORTE, IDEEN UND WERTE VON IHNEN ÜBERNOMMEN HABEN.

Die ältesten Griechen, über die genauere Funde vorliegen, waren Krieger aus Mykene in der Bronzezeit, die in ihrer Kunst und in ihren Fähigkeiten durch die benachbarten Kreter beeinflusst waren. Mit ihren beeindruckenden Festungen waren sie im Mittelmeerraum 2000 v. Chr. eine unbesiegbare Macht. Durch mündliche Überlieferungen ausgeschmückt, waren ihre Taten Grundlage für Homers Werke, für die Mythen rund um den Trojanischen Krieg und die Reise Jasons mit den Argonauten, die die Menschen aller Zeiten faszinierten.

Nach dem Zusammenbruch der mykenischen Kultur spielten die Griechen nur eine unbedeutende Rolle. Erst Jahrhunderte später bildeten sich kleinere, rivalisierende Stadtstaaten, von denen Athen der wohl berühmteste wurde. Sie gründeten Kolonien, trieben Handel und beeinflussten so die Bevölkerungen von Frankreich, Spanien bis hin zur Krim. Doch die wichtigsten Ereignisse fanden in Griechenland selbst statt, vor allem im 5. und 4. Jahrhundert v.Chr. Eine Unzahl politischer Reformen führte zur Demokratie Athens und einem militärischen Totalitarismus in Sparta. Beide rangen um die Vormacht in Griechenland. Gleichzeitig kämpften die Griechen gegen das Persische Reich, zu Land bei Marathon und zur See vor Salamis. Griechenland war nicht nur ein Land der großen Philosophen, sondern auch der großen Denker wie Sokrates, Plato oder Aristoteles, denen wir den größten Beitrag zu Fragen der Ethik, Politik und den Voraussetzungen für ein menschenwürdiges Leben verdanken. Die ersten Dramen wurden geschrieben und in Athen aufgeführt, Skulpturen und Gemälde verherrlichten den menschlichen Körper und der Parthenon und andere Meisterwerke griechischer Architektur wurden erbaut.

Die ständigen Kriege zwischen den Stadtstaaten kosteten viel Energie. Nachdem Griechenland unter die Herrschaft Makedoniens gefallen war, führte Alexander der Große eine griechisch-makedonische Expedition nach Asien. Seine kurze und spektakuläre Karriere endete 323 v. Chr. mit weit reichenden Konsequenzen für den Nahen und Mittleren Osten, der lange politisch und kulturell durch Griechenland beeinflusst wurde.

Die Anwesenheit der Griechen war von Spanien bis Indien spürbar und auch spätere Jahrhunderte waren ihrem Zauber verfallen. Es ist Anliegen dieses Buches, in Worten und Bildern nicht nur die Taten der alten Griechen zu beschreiben, sondern auch ihre Arbeiten, ihre Gedanken und den Lebensstil dieser außergewöhnlichen Menschen.

1 DIE ANFÄNGE

WIR HABEN HEUTE SO VIELE INFORMATIONEN ÜBER DIE ALTEN GRIECHEN, DASS WIR OFT VERGESSEN, WIE VIEL SIE IHREN PRÄHISTORISCHEN UND HISTORISCHEN VORGÄNGERN VERDANKEN. DIE ERSTEN HOCHKULTUREN ENTWICKELTEN SICH IM NAHEN OSTEN UND DIESE BEEINFLUSSTEN DAS GRIECHISCHE LEBEN UND DENKEN ÜBER ZWEI JAHRTAUSENDE. OBWOHL SICH VIELE KLEINE, BLÜHENDE SIEDLUNGEN WÄHREND DER BRONZEZEIT AUF DEM FESTLAND UND DEN ÄGÄISCHEN INSELN ENTWICKELTEN, BILDETE SICH DIE ERSTE GROSSE KULTUR AUF DER INSEL KRETA – DAS MINOISCHE ZEITALTER. DIESE PFLEGTE KONTAKTE MIT DEN VÖLKERN DES ÖSTLICHEN MITTELMEERRAUMES, BIS SIE, ZERFALLEN DURCH DEN NIEDERGANG IHRER KULTUR, DURCH DIE MYKENER VOM FESTLAND BESETZT WURDE. WIR KENNEN SIE ALS DIE ERSTE GRIECHISCH SPRECHENDE BEVÖLKERUNG UND IHRE TATEN BILDETEN DIE GRUNDLAGE FÜR SPÄTERE LEGENDEN WIE DIE SCHRIFTEN ÜBER DEN TROJANISCHEN KRIEG. DAS MYKENISCHE KÖNIGREICH ZERBRACH IM 12. JAHRHUNDERT V. CHR. UND GRIECHENLAND VERSANK IN DUNKELHEIT. ALS ES EINIGE HUNDERT JAHRE SPÄTER WIEDER DEN LAUF DER GESCHICHTE BEEINFLUSSEN KONNTE, HATTE DIE GRIECHISCHE KULTUR BEREITS DIE UNS HEUTE BEKANNTE FORM ANGENOMMEN.

Alt und modern. Über 4000 Jahre alt, wirkt diese weibliche Marmorstatue außerordentlich modern. Ihr vereinfachender geometrischer Stil ist typisch für die Kunst der Kykladen, eine der größten griechischen Inselgruppen in der südlichen Ägäis.

DER NAHE OSTEN UND KRETA

Im Laufe der Jahrtausende formten die Menschen ihren Lebensraum und entwickelten sich langsam von Jägern zu Bauern. Über weite Gebiete Asiens und Europas wurden Landwirtschaft und Viehzucht betrieben. Die Menschen lernten zu weben, zu spinnen und Tonwaren zu erzeugen. Werkzeuge und Waffen wurden nicht mehr aus Stein hergestellt, sondern aus Bronze und Kupfer. Der Handel zu Land und zur See war eine wichtige Einnahmequelle. Noch vor dem Auftauchen der ersten großen Zivilisationen bildeten sich komplexe Gesellschaften, deren Niederlassungen wir als Städte bezeichnen können. Die ersten Hochkulturen entwickelten sich in den großen Flusstälern des Euphrat-Tigris-Deltas und des Nil, deren Boden bei gründlicher Bewässerung reiche Ernte brachte. Die Bauern, ein funktionierender Staatsapparat und eine perfekte Verwaltung ermöglichten diese Weiterentwicklung. Die Sumerer in Mesopotamien waren die Ersten, von denen schriftliche Aufzeichnungen vorhanden sind. Der Überschuss an landwirtschaftlichen Gütern im Land der Sumerer und Ägypter stärkte den Staat, die Priesterschaft und die Armee und ermöglichte auch die Finanzierung monumentaler Kunstwerke, wie z. B. der Pyramiden. (Wir dürfen aber nicht vergessen, dass auch weniger hoch entwickelte Kulturen entlang der Küsten des Mittelmeerraumes und des Atlantiks zu außergewöhnlichen Bauwerken fähig waren, wie z. B. die Megalithen von Stonehenge in England oder Carnac in der Bretagne zeigen.)

Im 3. Jahrtausend v. Chr. begannen sich die Kulturen aus den alten Zentren auszubreiten. Das Tal des Indus in Indien wurde das Zentrum einer ausgedehnten und rätselhaften Kultur, die sich entweder selbstständig entwickelte oder von den Sumerern beeinflusst wurde. In Kleinasien, also etwa dem Gebiet der heutigen Türkei, entwickelte sich durch solche Kontakte eine eigenständige Kultur, und auch andere Teile des östlichen Mittelmeerraumes wurden von den alten Hochkulturen beeinflusst, als der Handel sie mit Mesopotamien und Ägypten in Berührung brachte.

Das „Stierspringer"-Fresko zeigt ein wahrlich außergewöhnliches Schauspiel. Die Körper der Frauen sind heller wiedergegeben, eine Darstellungsform, wie sie auch in der griechischen Vasenmalerei ein Jahrtausend später noch üblich war. 15. Jahrhundert v. Chr.

Die „Schlangengöttin" ist eine kleine Fayencefigur (glasierter Ton) aus Knossos auf Kreta, die etwa 1600 v. Chr. entstand. Diese wilde, barbrüstige und Schlangen schwingende weibliche Figur trägt einen katzenartigen Kopfschmuck und ein reich verziertes Gewand.

Vermutlich lebten damals auf dem griechischen Festland und den Ägäischen Inseln noch keine Griechen. Eines oder mehrere Griechisch sprechende Völker wanderten um 2000 v. Chr. von Nordwesten ein und überwältigten oder verdrängten fast sicher die nicht-griechischen Einwohner, von deren Existenz wir nur durch einige Fremdwörter wissen, die sich in der griechischen Sprache erhalten haben.

Etwa zur gleichen Zeit bildete sich Europas erste große Hochkultur auf der großen Insel Kreta, nur etwa 100 km südöstlich vom Festland entfernt. Zu Beginn waren es die Griechen, die die Kreter kopierten und von ihren Inselnachbarn lernten; dann jedoch zerstörten sie diese Kultur, von der sie so viel gelernt hatten.

Einer der bekanntesten griechischen Mythen spiegelt offenbar diese Verbindung wider: Herrscher von Kreta war König Minos. Ihm musste Athen jedes Jahr Tribut zahlen. Sieben junge Männer und sieben Mädchen wurden dem Minotauros geopfert, einem Monster, halb Mensch, halb Stier, das im Zentrum eines Labyrinths lebte. Die Opfer nahmen erst ein Ende, als es dem athenischen Helden Theseus gelang, den Minotauros zu töten. Des Königs Tochter Ariadne half ihm dabei: Sie gab ihm ein Zauberschwert und einen langen Faden, damit Theseus wieder aus dem Labyrinth herausfinden konnte.

Wie die meisten Legenden hat möglicherweise auch diese einen historischen Kern, wie sehr dieser auch durch mündliche Überlieferungen verändert worden ist. Die *labrys*, eine Doppelaxt, war in Kreta ein weit verbreitetes Symbol, offenbar mit kultischer Bedeutung, und das Labyrinth steht heute für den Palast oder die Halle der Doppelaxt. Auch der Stier gehörte zum kretischen Kult, obgleich vermutlich er selbst geopfert wurde und nicht Menschen. Die erhaltenen bildlichen Überlieferungen zeigen nur junge Männer und junge Frauen vor einem wilden Stier: Die Stierspringer, ausgebildete Akrobaten, mussten den wilden Stier bei den Hörnern packen und mit einem Salto über seinen Rücken springen. Wahrscheinlich vermischt die Geschichte von Minos zweierlei: großartige Palastkomplexe dürften auf einfache Griechen wie Labyrinthe gewirkt haben, und die Menschenopfer an den Minotauros spiegeln vermutlich die griechischen Todesfälle unter den weniger geschickten oder glücklichen Stierspringern wider.

Die kretische Kultur geriet nach ihrem Niedergang bis 1895 in Vergessenheit. Erst der britische Archäologe Sir Arthur Evans legte die großen Paläste bei Ausgrabungen frei. Er nannte diese Periode „Minoische Kultur" nach dem legendären Minos, eine Bezeichnung, die trotz der Einwände wegen des mythischen Ursprungs dieses Namens allgemein akzeptiert wird. Wir verbinden den Namen Minos mit Grausamkeit und Düsternis, aber alles, was sonst über die minoische Kultur bekannt ist, deutet auf das Gegenteil hin. Die Paläste in Knossos, Phaistos, Mallia und Zakro zeigen uns ein Leben voll Vergnügen, Frieden und ohne Hast. Rund um einen offenen Innenhof lagen Gästezimmer, Büros, Warenlager, Arbeitsräume und Kultstätten, alles so bequem wie möglich. Da wir die minoische Schrift noch nicht entziffern können, mag der Ausdruck Palast vielleicht nicht richtig sein, doch die Anlage und Größe der Lagerräume für Korn, Wein und Olivenöl (möglicherweise Steuern in Form von Naturalien) lassen diesen Schluss zu. Die Gebäude waren eine mehrstöckige Konstruktion aus Stein und Holz, jedoch ohne alle Verteidigungsanlagen. Der Eindruck von Sicherheit und Frieden wird noch durch die unbewaffneten minoischen Krieger verstärkt. Erst gegen Ende ihrer Zeit und wahrscheinlich bereits kontrolliert durch Fremde, änderte sich das Bild. Viele strahlende, lebensfrohe Wandfresken, ausdrucksvoll wie unsere Cartoons, erzählen uns vom Leben der Menschen; aber auch ihre Statuen, Reliefs, Vasenmalereien, ihre Sarkophage und ihre Siegelsteine. Die Schrift der Minoer ist auf Tontafeln erhalten. Die frühen Hieroglyphen wurden später durch lineare Zeichen (genannt „Linear A") ersetzt. Aber alle Versuche, diese Schrift mit einer anderen bekannten in Verbindung zu bringen, scheiterten bis heute.

Goldene Anhänger in Form von Bienen, ein Luxusgegenstand, der den Reichtum der alten Minoer und die Kunstfertigkeit ihrer Handwerker zeigt. Aus dem 17. oder 16. Jhdt. v. Chr., vor dem Höhepunkt der kretischen Kultur.

Der Palast von Knossos, um 1900 ausgegraben und restauriert vom britischen Archäologen Sir Arthur Evans. Jahrhunderte nach seinem Untergang schreibt Homer in seiner *Ilias* über diesen größten der minoischen Paläste.

Während sich in den großen Palästen unabhängige Gemeinschaften von beeindruckender Größe entwickelten, wuchs auch das Leben in den Städten und manche Familien brachten es zu großem Reichtum. Auf den Wandmalereien sehen wir friedliche, attraktive Menschen – die Männer in sauberen Leinentüchern und Stiefeln, die Frauen, die im Gespräch miteinander gezeigt werden, sind aufwändig geschminkt, tragen vorn geöffnete, puffärmelige Blusen, die ihre Brüste zeigen, und mit Volants üppig verzierte Röcke. Der intensive Handel brachte der Insel Reichtum und Macht, und es ist fast sicher, dass Kreta eine eigene Handelsflotte besaß. Die Minoer zeigten eine besondere Vorliebe für Meeresmotive auf ihren Fresken und Vasen; Delfine, Tintenfische und andere Meerestiere wurden zu Spiralen und Ranken verformt. Doch dies war nur die eine Seite ihrer ausgeprägten Liebe zur Natur, die sich in Gemälden von Blumen und Vögeln zeigte, die in einer für die antike Welt völlig ungewöhnlichen Freiheit ausgeführt wurden.

Alle diese attraktiven Elemente verstärken den positiven Eindruck der meisten anderen Reste der minoischen Kultur, und doch ist es möglich, dass der unbeschwerte kretische Lebensstil nur Illusion und das Ergebnis eines Wunschdenkens ist. Erst vor relativ kurzer Zeit entdeckte Hinweise auf Menschenopfer zeigen, dass diese Kultur auch ihre Schattenseiten hatte. Es ist derzeit noch nicht sicher, ob Menschenopfer zur minoischen Kultur gehörten oder nur eine kurzfristige Verirrung (vielleicht eine Panikreaktion) als Antwort auf eine der von Zeit zu Zeit über die Insel hereinbrechenden Katastrophen waren.

Wahrscheinlich zerstörte ein Erdbeben um 1700 v. Chr. weite Teile Kretas. Doch Kreta war reich und erholte sich rasch von dem Schlag. Die Paläste wurden größer und prachtvoller wieder aufgebaut und minoische Siedler ließen sich auf einigen griechischen Inseln und in Kleinasien nieder. Die minoische Kultur erlebte ihren Höhepunkt im 17. und 16. Jahrhundert und übte einen starken Einfluss auf die weniger entwickelten Völker des griechischen Festlands aus. Einige uns nicht bekannte Katastrophen führten ab 1500 v. Chr. zum Niedergang der minoischen Kultur. Ihre Paläste wurden zerstört und Überbleibsel dieser Kultur waren zu schwach, um alles wieder aufzubauen.

Wir wissen bis heute nicht, ob interne Konflikte oder Überfälle und Kriege mit Schuld am Niedergang hatten. Ebenso strittig ist die Rolle der Vulkaninsel Thera (das heutige Santorin) im Norden von Kreta. Thera war ursprünglich rund und die heutige Mondsichelform der Insel ist das Resultat jenes riesigen Vulkanausbruches, der in der Antike das gesamte Zentrum der Insel in die Luft sprengte. Diese Explosion, die Thera zerstörte, ist wahrscheinlich die Grundlage der Legende von Atlantis, dem kultivierten Kontinent, der in den Wellen des Meeres untergegangen sein soll. Die dicke Schichte Vulkanasche auf Thera konservierte die Stadt Akrotiri, die erst in der heutigen Zeit freigelegt wurde. Die Ausgrabungen zeigen, dass die Menschen auf Thera und Kreta den gleichen Lebensstandard hatten (ohne dass dies unbedingt auf eine politische

Abhängigkeit schließen lässt), lebhafte Geschäftsstraßen mit zweistöckigen Häusern und wunderbaren Wandmalereien, Vasen und anderen Waren im minoischen Stil.

Lange Zeit wurde angenommen, dass der Vulkanausbruch auf Thera, der zerstörerischer als der Krakatau oder der Mount St. Helena war, die Atmosphäre vergiftete und durch eine riesige Sturmflut Kreta vernichtete, etwa 1450 stattfand. Diese Theorie ließ uns den Untergang der kretischen Kultur verstehen, aber die Datierung ist fraglich. Wissenschaftler stellten an Hand verschiedener Experimente fest, dass der Ausbruch um 1628 v. Chr. stattgefunden haben dürfte. Dies ist derzeit die herrschende Lehrmeinung, doch nach wie vor gibt es hierüber kontroverse Meinungen und offene Fragen.

Ob nun ein Vulkanausbruch oder ein anderes Ereignis die Kreter schwächte, griechische Angriffe beendeten diese Epoche endgültig. Die Besetzung Kretas durch Griechenland begann etwa 1450; alle Paläste wurden niedergebrannt mit Ausnahme von Knossos, der wahrscheinlich als Hauptquartier der neuen Herren der Insel diente. Aus uns unbekannten Gründen haben die Griechen Kreta ziemlich schnell wieder verlassen – um 1400 v. Chr. – und damals oder kurz darauf brannte auch der Palast von Knossos. Kreta erlangte später wieder einiges von seiner Bedeutung und seinem Reichtum zurück, doch seine minoische Kultur war endgültig zerstört und seine Machtposition im östlichen Mittelmeerraum verloren. Die Zukunft gehörte dem kriegerischen Volk auf dem Festland – den Mykenern.

Links: Ein Fischer mit seinem Fang, eine der besterhaltenen Wandmalereien von Akrotiri auf der Insel Thera (Santorin). Akrotiris Kultur war eng mit der des minoischen Kreta verwandt. Akrotiri wurde im 2. Jahrtausend v. Chr. durch einen Vulkanausbruch zerstört, der das Zentrum der Insel Thera in die Luft sprengte.

Links außen: Kultivierte Dame. Dieses Fragment eines minoischen Freskos aus Knossos wird weltweit „La Parisienne" genannt. Wahrscheinlich zeigt es eine Priesterin. 15. Jhdt. v. Chr.

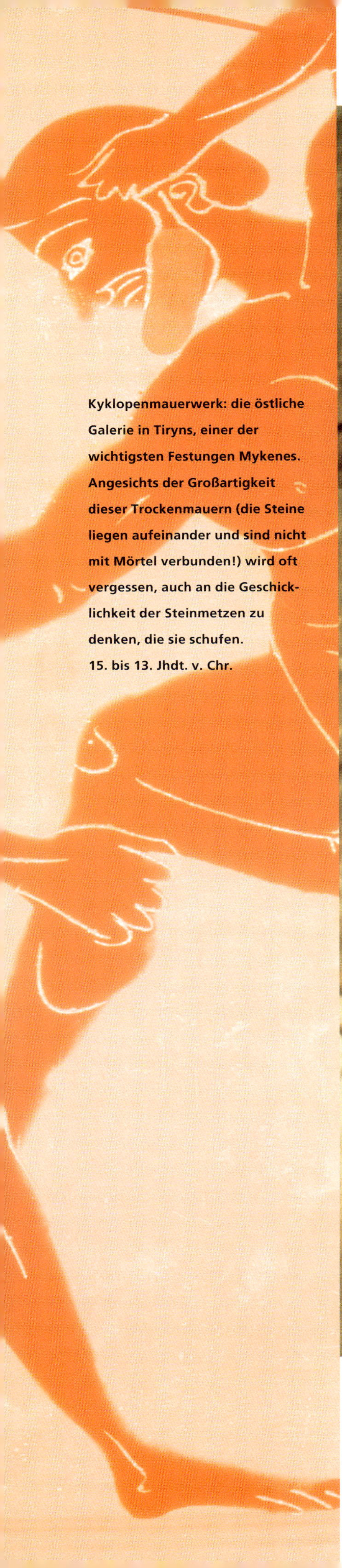

Kyklopenmauerwerk: die östliche Galerie in Tiryns, einer der wichtigsten Festungen Mykenes. Angesichts der Großartigkeit dieser Trockenmauern (die Steine liegen aufeinander und sind nicht mit Mörtel verbunden!) wird oft vergessen, auch an die Geschicklichkeit der Steinmetzen zu denken, die sie schufen.
15. bis 13. Jhdt. v. Chr.

DAS GOLDENE MYKENE

Die Menschen, die um 2000 v. Chr. in Griechenland einwanderten, ließen sich in den Niederungen und in den Küstengebieten nieder. Die meisten Reste ihrer Kultur wurden auf der Peloponnes, einer Halbinsel im Süden Griechenlands, gefunden. Die Herren oder Könige von Mykene, Tiryns und Pylos lebten in stark befestigten Palästen an strategisch günstigen Plätzen. Mykene hatte eine besondere Machtstellung inne: Es kontrollierte den Landweg über den Isthmus von Korinth nach Zentralgriechenland. Viele Mythen und die Epen von Homer bestätigen diese große Bedeutung von Mykene. Homers Mykene ist die Festung des „Großkönigs aller Griechen", und wirklich machten Archäologen an dieser Stelle überaus reiche Funde. Aus diesem Grund werden oft auch alle früheren Griechen um ca. 1600 v. Chr. als „Mykener" bezeichnet. In Zentralgriechenland wurchsen die Städte Athen und Orchomenos schnell zu beachtlicher Größe heran, doch die mächtigste Stadt außerhalb der Peloponnes war vermutlich Theben, über deren legendäre Geschichte auch die Mythen berichten: Es soll von Ödipus regiert worden sein, der das Rätsel der Sphinx lösen konnte, aber dazu verdammt war, unwissentlich seinen Vater zu töten und seine Mutter zu heiraten – daher die Bezeichnung Ödipuskomplex, der psychoanalytische Begriff für die eifersüchtige Feindschaft zwischen Sohn und Vater.

Die reichen Grabbeigaben lassen erkennen, wie wohlhabend die Mykener um 1600 v. Chr. gewesen sein müssen. Homer nannte Mykene „das goldene Reich", und als die Siedlung 3500 Jahre später ausgegraben wurde, wurde dies bestätigt. Mykenes Herrscher wurden mit goldenen Gesichtsmasken und einer Vielzahl von Schmuckstücken, Dolchen und Schwertern aus Gold, Bronze oder Bergkristall begraben, die mit unwahrscheinlicher Kunstfertigkeit getrieben, graviert, mit Intarsien verziert oder geschnitzt waren. Der Einfluss der minoischen Kultur war während dieser Zeit noch sehr stark und der intensive Kontakt dieser beiden Völker – politisch oder wirtschaftlich – war sicherlich mit ein Grund für den plötzlichen Reichtum in Mykene. Es gibt jedoch keinen Hinweis auf eine Besetzung oder Besiedlung des Festlandes durch Kreta, denn außer einem kulturellen Gewinn der Mykener war ihr sonstiger Lebensstil völlig anders als jener der Inselbewohner.

Unter den prächtigen achäologischen Funden in Mykene waren auch königliche Totenmasken aus Gold. Sie zeigen, dass die Könige Bärte und Schnurrbärte trugen, ganz im Gegensatz zu den glatt rasierten Kretern. Außerdem waren sie nach Ausweis ihrer Skelette erheblich größer als die Inselbevölkerung. Im Unterschied zu den Kretern schätzten sie Bernstein, den sie aus den baltischen Ländern importierten, und ihre kunstvollen Reliefs auf Grabsteinen zeigen, dass ihnen im Gegensatz zu den Kretern Pferde und Streit-

Totenmaske eines mykenischen Königs aus gehämmertem Gold, 16. Jhdt. v. Chr. Heinrich Schliemann fand mehrere dieser Masken – er glaubte in das Gesicht Agamemnons zu schauen, des halb legendären Helden der *Ilias*, der jedoch erst viel später lebte.

Das Löwentor in Mykene mit einer der frühesten monumentalen Skulpturen Griechenlands (um 1250 v. Chr.). Die Mauern treten hier dreieckig zurück, um das Gewicht auf dem Türsturz zu verringern.

wagen bekannt waren. (Das Pferd war erst etwa ein Jahrhundert früher in den Steppen Eurasiens domestiziert worden.) Die Liebe zu Waffen, die massive Bauweise der Burgen und der Aufbau der Paläste um eine große Halle im Zentrum, die sofort an ausgelassene Feste der Helden Homers denken lässt – all dies steht im Gegensatz zur minoischen Kultur. Das mykenische Leben im 16. und 15. Jahrhundert vermittelt den Eindruck einer rauen und kriegerischen Gesellschaft, die noch nicht durch ihren Reichtum verdorben und geschwächt war.

Die größten Schätze wurden zwar in Mykene direkt gefunden, die mykenische Welt jedoch war um vieles größer. Der Vorrat von Gold, Silber und Bronze (eine Legierung aus Kupfer und Zinn) musste aus dem Ausland importiert werden, und falls das durch Handel geschah, müssen die mykenischen Könige einen Überschuss an Waren wie Wein, Wolle und Olivenöl gehabt haben. Strittig ist, ob diese Waren durch bessere Bodennutzung oder durch die Besteuerung hilfloser Bauern aufgebracht wurden. Es liegt nahe, anzunehmen, dass die kriegerischen Mykener ihren Reichtum der Piraterie und Kriegen verdankten, aber auch dem Handel und ihrer Eigenproduktion; auf alle Fälle waren sie hervorragende Seefahrer.

Töpferwaren und andere Funde erzählen von der mykenischen Präsenz auf den Kykladen, auf Zypern (große Kupfervorräte) und auf Kreta ab etwa 1450 v. Chr. Auch wenn wir nicht sicher sein können, dass die Mykener die minoischen Paläste zerstört haben, steht ihre Anwesenheit außer Zweifel, da es darüber schriftliche Aufzeichnungen gibt. Die Tontäfelchen, die im Palast von Knossos gefunden wurden, sind in der Schrift Linear A und in einer zweiten Schrift beschrieben, der Linear B, die viele Zeichen der Linear A verwendet. Beide konnten lange Zeit nicht entziffert werden, bis der Wissenschaftler Michael Ventris 1952 erkannte, dass Linear B eine frühe Form des Griechischen war. Linear A, die offenbar die verloren gegangene Sprache der Minoer wiedergibt, ist jedoch nach wie vor nicht lesbar. Sicherlich lernten die Mykener von den Minoern schreiben und adaptierten deren Linear A so, dass sich griechische Wörter damit schreiben ließen; wahrscheinlich hielten sie so auch ihre Besetzung von Kreta schriftlich fest. Linear-B-Schrifttafeln wurden nicht nur in Knossos, sondern auch in Pylos, Mykene und Theben gefunden. Sie verdanken ihr Überleben den fürchterlichen Bränden, die nach Erdbeben und bei Brandstiftungen anlässlich kriegerischer Auseinandersetzungen auftreten. Die in den feuchten Ton geritzten Abrechnungen wurden durch das Feuer gebrannt und überlebten so die Paläste, in denen sie aufbewahrt wurden. Außer einigen gemalten Schriftzeichen auf Vasen gibt es keine weiteren mykenischen Schriftfunde. Es ist aber auch möglich, dass die Mykener und Minoer wichtige Mitteilungen auf Häute oder andere vergängliche Materialien schrieben. In den meisten Kulturen begannen die Menschen zu schreiben, um Verzeichnisse oder Protokolle anzulegen; dies ist wohl auch der Zweck der mykenischen Tafeln. Sie enthalten vor allem Verwaltungsnotizen – Vorratslisten, Zuteilungen, Arbeitspläne für die Behörden und so fort. Sie zeigen, dass die mykenische Gesellschaft komplex und hoch spezialisiert war (vom König mit uneingeschränkter Befehlsgewalt bis hin zu Unterscheidungen zwischen Gewerben, deren Bedeutung wir heute nur noch erraten können), und wurde von oben streng kontrolliert. Ihr System war dem der großen Reiche in Mesopotamien und Ägypten sehr ähnlich.

Im 14. Jahrhundert waren die Mykener wohlhabender und erfolgreicher denn je, obwohl sie Kreta verlassen hatten oder hinausgeworfen wurden. Sie pflegten Kontakte mit den Liparischen Inseln und dem italienischen Festland und legten Handelsstationen in Syrien an. In den Ruinen der Hauptstadt des Pharaos Echnaton, Tel-el-Amarna, etwa 300 km nilaufwärts, wurden mykenische Töpferwaren gefunden. Und um 1300 v. Chr. schrieb der Herrscher der Hethiter in Kleinasien eine diplomatische Note an einen anderen König – wahrscheinlich den König von Mykene –, in der er versucht, eine Verletzung des Territoriums seines Briefpartners an der Westküste Kleinasiens zu erklären. In dieser Note wird die geschädigte Partei als „König der Ayyiwah“ bezeichnet; „Ayyiwah“ könnte ein Versuch der Hethiter sein, den unaussprechlichen Namen „Achaier“ zu umgehen, Homers Bezeichnung für die Griechen der mykenischen Zeit. Die Führer von Großmächten hatten oft gute Gründe, ihre Kontakte mit geringeren Herrschern zu kultivieren. Die Annahme, dass es sich bei dem Empfänger des Briefes tatsächlich um den Herrscher von Mykene handelte, ist nicht unanfechtbar, aber der Reichtum und die spätere Entwicklung von Mykene – das alle anderen Plätze im 14. Jahrhundert bei weitem überflügelte – sprechen sehr für diese Theorie.

Dolchklinge aus Bronze mit Einlegearbeiten aus Gold, Niello und Silber aus einem königlichen Schachtgrab in Mykene. Dargestellt ist eine Löwenjagd: einen Jäger hat der Löwe bereits getötet; ca. 1500 v. Chr.

DER TROJANISCHE KRIEG

Das Trojanische Pferd. Dieses Relief auf einer Amphore entstand etwa 675 v. Chr. und wurde auf Mykonos gefunden. Es zeigt eine der frühesten Darstellungen des Trojanischen Pferdes; hinter den Fenstern sieht man die im Innern versteckten griechischen Kämpfer.

Während des 13. Jahrhunderts v. Chr. stand das mykenische Reich unter starkem Druck. Handel und heimische Produktion in Mykene gingen zurück. Vorsichtshalber wurden die massiven Mauern der Burg ausgebaut und ein unterirdischer Weg zu einer Quelle außerhalb der Burg gegraben. Ähnliche Vorsichtsmaßnahmen wurden auch in Tiryns getroffen. Quer durch den Isthmus von Korinth wurde ein Verteidigungswall errichtet, da man annahm, die Gefahr für die Peloponnes werde aus dem Norden kommen. Eine unterirdische Treppe wurde auch in Athen gefunden, das jedoch ansonsten in der mykenischen Zeit keine bedeutende Rolle spielte.

Vorausgesetzt, der Trojanische Krieg fand wirklich statt, so muss dies in diesem Jahrhundert gewesen sein. Anlass für diesen Krieg war die Entführung Helenas, der Königin von Sparta, durch Paris, einen der Söhne von König Priamos von Troja. Der verlassene Ehemann Menelaos war der Bruder Agamemnons, des Königs von Mykene und Großkönig aller Griechen. Unter dem Feldherrn Agamemnon segelte eine griechische Armada gegen Troja, um Helena zu befreien und die Schmach Menelaos' zu rächen. Im Verlauf einer zehn Jahre langen Belagerung fanden auf beiden Seiten viele Helden wie Hektor und Achilles den Tod. Erst durch einen Trick konnte die Stadt erobert werden: Die Griechen gaben zum Schein die Belagerung auf und hinterließen ein hölzernes Pferd am Strand, das die Trojaner mit Triumph in ihre Stadt schleppten. In der Nacht kamen die im Pferd versteckten Krieger heraus, öffneten ihren Kameraden die Stadttore und eroberten und plünderten Troja; die Stadt wurde in Brand gesteckt, die Überlebenden als Sklaven mitgenommen.

Niemand weiß mit Sicherheit, ob dieser Krieg wirklich stattgefunden hat, doch hat er einen wichtigen Platz in der griechischen Geschichte. Für die Griechen war dieser Krieg Teil ihrer heroischen Vergangenheit und eine Art Archetypus menschlicher Erfahrungen, vor allem die einige hundert Jahre später in Homers *Ilias* beschriebenen Taten. Die Werke Homers erhielten einzigartigen Einfluss; sie galten nicht nur als Literatur, sondern auch als Quelle historischer Informationen und Weisheit, aus der spätere Dichter schöpften, die oft völlig andere Aspekte mit dem Material verbanden. Nur die Bibel ist dem etwa vergleichbar: Auch auf ihre Aussagen wird immer wieder Bezug genommen und ihre Geschichten werden immer wieder neu interpretiert. Der Trojanische Krieg und das Leben nach ihm wie die Geschichte von Ödipus und seinen Kindern durchdrang das griechische Denken noch tausend Jahre nach den geschilderten Ereignissen.

Die Lage Trojas war bis 1870 unbekannt. Erst der deutsche Geschäftsmann und Archäologe Heinrich Schliemann war erfolgreich, wo viele andere versagten, da er fest an die Wahrheit der *Ilias* glaubte. Die verschiedenen Anhaltspunkte ermutigten Schliemann, einen Hügel an der Nordwestküste Kleinasiens auszugraben. Die dabei freigelegte Stadt gilt allgemein als das antike Troja. Dies war Schliemanns größter Erfolg. Er unternahm auch die ersten Ausgrabungen in Mykene und Tiryns. Zu seinen großartigen Funden zählen auch die goldenen Totenmasken in mykenischen Gräbern. Irrtümlich, aber verständlicherweise glaubte er, die Totenmasken der Helden des Trojanischen Krieges entdeckt zu haben. Voll Enthusiasmus schrieb er: „Ich habe Agamemnon ins Antlitz geblickt!"

Bei späteren Ausgrabungen wurden noch acht Trojas gefunden. Der Standort war strategisch günstig, da er den Eingang zum Schwarzen Meer kontrollierte. Troja wurde aufgebaut, zerstört und wieder aufgebaut, von der Frühen Bronzezeit an bis zu der Herrschaft der Römer. Homers Troja wird als „Troja VIIa" bezeichnet, das durch einen Brand 1220 v. Chr. vollkommen zerstört wurde. Große Vorratsbehälter waren im Boden der Häuser vergraben, um einer langen Belagerung standzuhalten. Verschiedene Funde lassen auch den Schluss zu, dass das Ende von Troja von großer menschlicher Grausamkeit begleitet war. Wie es scheint, entsprechen also die griechischen Legenden doch teilweise der Wahrheit.

Der Fall von Troja bedeutete auch den Untergang seines Herrscherhauses. Der Grieche Neoptolemos erschlägt auf diesem Vasenbild König Priamos mit dem Körper seines Enkels Astyanax.

NIEDERGANG UND VERFALL

Eine Episode aus Homers *Odyssee:* Odysseus lauscht dem Gesang der Sirenen. Er hat sich am Schiffsmast festbinden lassen um sie hören zu können, ohne in seinen Tod gelockt zu werden. Seinen Ruderern sind die Ohren verstopft. Rotfigurige Vase, etwa 490 v. Chr.

Sollte der Trojanische Krieg wirklich 1230 v. Chr. stattgefunden haben, so war der Triumph der Griechen nur von sehr kurzer Dauer. Die folgenden Jahre waren geprägt von internen Schwierigkeiten, vom Niedergang und Verfall Mykenes. Der Sieger Agamemnon kehrte nach Mykene zurück und wurde von seiner Frau Klytämnestra und ihrem Liebhaber ermordet. Sein Sohn Orestes rächte diesen Mord und ermordete seine eigene Mutter. In Homers Odyssee kehrt der Held Odysseus, der gerissenste aller griechischen Heerführer, nach Jahren des Krieges und der Wanderschaft in seinen Palast auf Ithaka zurück und findet ihn besetzt von Fremden, die alle seine

Frau und sein Reich in Besitz nehmen wollen. Odysseus tötet sie und behält sein Eigentum.

Die archäologischen Funde sind zwar weniger sprechend als die Mythen, doch nicht minder düster. Ab 1200 v. Chr. wurden die mykenischen Zentren zerstört und verfielen. Mykene konnte sich zwar für kurze Zeit erholen, aber eine weitere Katastrophe beendete etwa 1150 v. Chr. seine Größe für immer. Die Bevölkerung floh in sicherere Gebiete in den Nordwesten der Peloponnes und auf die Ägäischen Inseln. Für den Verfall dieser Kultur gibt es mehrere Erklärungen. Der Niedergang der mykenischen Macht, schon im 13. Jahrhundert erkennbar, könnte das Resultat eines zu schnellen Bevölkerungswachstums sein, das die Überproduktion reduzierte, die bisher für den Export zur Verfügung stand. Den Handel mit den östlichen Mittelmeerländern könnten Unruhen in jener Region unterbrochen haben. Und die mykenischen Reiche könnten einander daraufhin bekriegt haben, um sich die restlichen Ressourcen zu sichern. Sollte diese Annahme zutreffen, dann wäre der Untergang der mykenischen Zentren weit eher ihr eigenes Werk als das von Feinden von außen.

Dieser Zusammenbruch scheint jedoch mit größeren Unruhen einherzugehen, die zu einer wahren Völkerwanderung im gesamten östlichen Mittelmeerraum führten. Ägyptische Quellen berichten besonders von den „Menschen vom Meer", die mit ihren Schiffen zweimal ins Nildelta eindrangen. Die Ägypter vertrieben sie zwar aus ihrem Reich, aber diese feindlichen Vorstöße zerstörten das mächtige Hethiterreich; allein das muss die gesamte Region empfindlich destabilisiert haben. Die „Menschen vom Meer" könnten Griechen gewesen sein, vielleicht nur angeworbene Seeleute, doch mit großer Wahrscheinlichkeit Mykener. Auch in der *Odyssee* findet man Hinweise auf einen Überfall auf Ägypten: Helenas Ehemann Menelaos soll Ägypten besucht haben, bevor er nach Kriegsende wieder heimkehrte.

Die Mykener unter den „Menschen vom Meer" waren wahrscheinlich Flüchtlinge, deren Heimat überfallen worden war. Hat es tatsächlich eine Invasion Griechenlands gegeben? Und wenn ja, haben die Invasoren das mykenische Königreich zerstört oder sind sie erst nach seiner Zerstörung gekommen? Die Meinungen gehen hier weit auseinander. Die Dorer eroberten weite Teile Mittel- und Südgriechenlands, doch das wissen wir nur durch Untersuchungen der Verbreitung der verschiedenen griechischen Dialekte. Die dorisch sprechende Region war umgeben von einer Vielzahl von anderen griechischen Sprachen, von denen einige jener der Linear-B-Tafeln viel näher standen. In griechischen Quellen werden die Dorer als Eindringliche und Neuankömmlinge bezeichnet. Doch die archäologischen Beweise dafür sind spärlich und es ist auch möglich, dass eine solche Invasion nie stattgefunden hat. Während späterer Wanderungen dürfte es zu keinen Feindseligkeiten zwischen den einzelnen Sprachgruppen mehr gekommen sein und griechische Legenden sprechen von den Dorern als Herakleidai (Kinder des Herakles), die aus dem Exil heimkehrten und nicht als gefährliche Fremde in das mykenische Griechenland kamen.

Was immer die Ursache war, die mykenische Kultur war von Grund auf zerstört. Selbst die Kunst, zu schreiben, ging verloren – ein bis heute einzigartiges Beispiel für einen derartigen kulturellen Rückschritt. Für einige Jahrhunderte, bis ca. 750 v. Chr., waren die Griechen Analphabeten und mit wenigen Ausnahmen nicht in der Lage, größere Projekte zu planen oder realisieren, obgleich sie ihre handwerklichen und landwirtschaftlichen Fähigkeiten natürlich behielten.

Wie eine Königin: Sophia Schliemann, die junge griechische Frau des deutschen Kaufmanns und Archäologen, der Troja entdeckte, trägt auf dieser Fotografie etwas von dem goldenen Schmuck, der dort gefunden wurde.

2

DAS ZEITALTER DER STADT-STAATEN

AUS DEN DUNKLEN JAHRHUNDERTEN DER GRIECHISCHEN GESCHICHTE TRATEN KLEINE, VONEINANDER UNABHÄNGIGE STADTSTAATEN HERVOR. DIESE BREITETEN SICH DURCH HANDEL UND AUSWANDERUNGEN AUS, BIS ES GRIECHISCHE SIEDLUNGEN IM GESAMTEN MITTELMEERRAUM, VON DER MITTELMEERKÜSTE SPANIENS BIS ZUR KRIM, GAB. BIS ZUM 5. JAHRHUNDERT V. CHR. ENTWICKELTEN SICH AUF DEM GRIECHISCHEN FESTLAND VERSCHIEDENE POLITISCHE SYSTEME, BIS DAS DEMOKRATISCH REGIERTE ATHEN UND DER MILITÄRSTAAT SPARTA DIE FÜHRERROLLEN ÜBER DIE STADTSTAATEN ÜBERNAHMEN. DIE VERSUCHE DES MÄCHTIGEN PERSISCHEN GROSSREICHS, GRIECHENLAND ZU EROBERN, WURDEN ZU LANDE UND ZUR SEE ABGEWEHRT. GLEICHZEITIG ENTSTANDEN WUNDERVOLLE KUNST- UND BAUWERKE, DIE GRIECHISCHE PHILOSOPHIE UND LITERATUR HATTEN IHREN HÖHEPUNKT. DIE NIEDERLAGE ATHENS IM LANGEN PELOPONNESISCHEN KRIEG GEGEN SPARTA LIESS DIE STADTSTAATEN UNTEREINANDER VÖLLIG UNEINIG ZURÜCK. IM 4. JAHRHUNDERT V. CHR. ENDETE IHRE UNABHÄNGIGKEIT DURCH DIE ZUNEHMENDE MACHT DER MAKEDONIER IM NORDEN. DIE BLÜHENDEN JAHRE DER STADTSTAATEN NEIGTEN SICH IHREM ENDE ZU.

Bemalte, geweihte Terrakottafiguren aus Böotien, einer Region in Mittelgriechenland nahe Attika, ca. 600–550 v. Chr. Ab dem 7. Jhdt. wurden solche Figuren als Massenproduktion in Gussformen hergestellt.

DER WEG AUS DER FINSTERNIS

Der Zusammenbruch von Mykene und verschiedene Katastrophen brachten auch Positives hervor. Die griechischen Kolonien breiteten sich aus – die Ägäis wurde griechisch. Mykenische Flüchtlinge ließen sich in Zypern nieder, andere wiederum schifften über nach Lesbos, Chios und Samos bis zur Westküste Kleinasiens. Die größte Gruppe an der Küste, die Ionier, spielten in der späteren Geschichte eine maßgebliche Rolle und blieben fast 3000 Jahre überwiegend griechisch. Auch die Dorer verließen das Festland, besiedelten Kreta und Rhodos und wahrscheinlich auch einige Teile der ionischen Gebiete.

Nachdem es ihnen nicht möglich war, Kupfer und Zinn zur Herstellung von Bronze zu importieren, griffen die Griechen auf ihre eigenen Rohstoffe zurück. Im 11. Jahrhundert v. Chr. wurden die meisten Werkzeuge und Waffen aus Eisen hergestellt. Die Verwendung von Eisen hatte auch sozialpolitische Konsequenzen, da es leichter und damit einer größeren Zahl von Menschen verfügbar war als Bronze. Könige und Krieger behielten sich die Nutzung von Bronze vor, Eisenerz konnte jedoch relativ leicht abgebaut werden. So war es auch dem einfachen Volk möglich, Werkzeuge oder Waffen aus Eisen zu verwenden. Dies ermöglichte wiederum die Verbreitung der griechischen Stadtstaaten als Staatsform im gesamten Mittelmeerraum. Im Gegensatz zu den militanten und bürokratischen mykenischen Königreichen waren die Stadtstaaten nach den dunklen Jahrhunderten in ihrem Aufbau wesentlich einfacher: kleine, genügsame, landwirtschaftlich orientierte Gemeinschaften, die die Städte versorgten. Diese dienten eher als Treffpunkt, Handelsplatz und Zufluchtsort in Kriegszeiten denn als „Hauptstadt“ in unserem Sinn. Die kleinen Gemeinschaften erforderten fast keine zentrale Organisation und sie boten zumindest die Voraussetzungen dafür, dass die öffentlichen Angelegenheiten von der breiten Masse getragen wurden. Ihre anpassungsfähige, flexible Natur machte erst viele der besten griechischen Errungenschaften möglich.

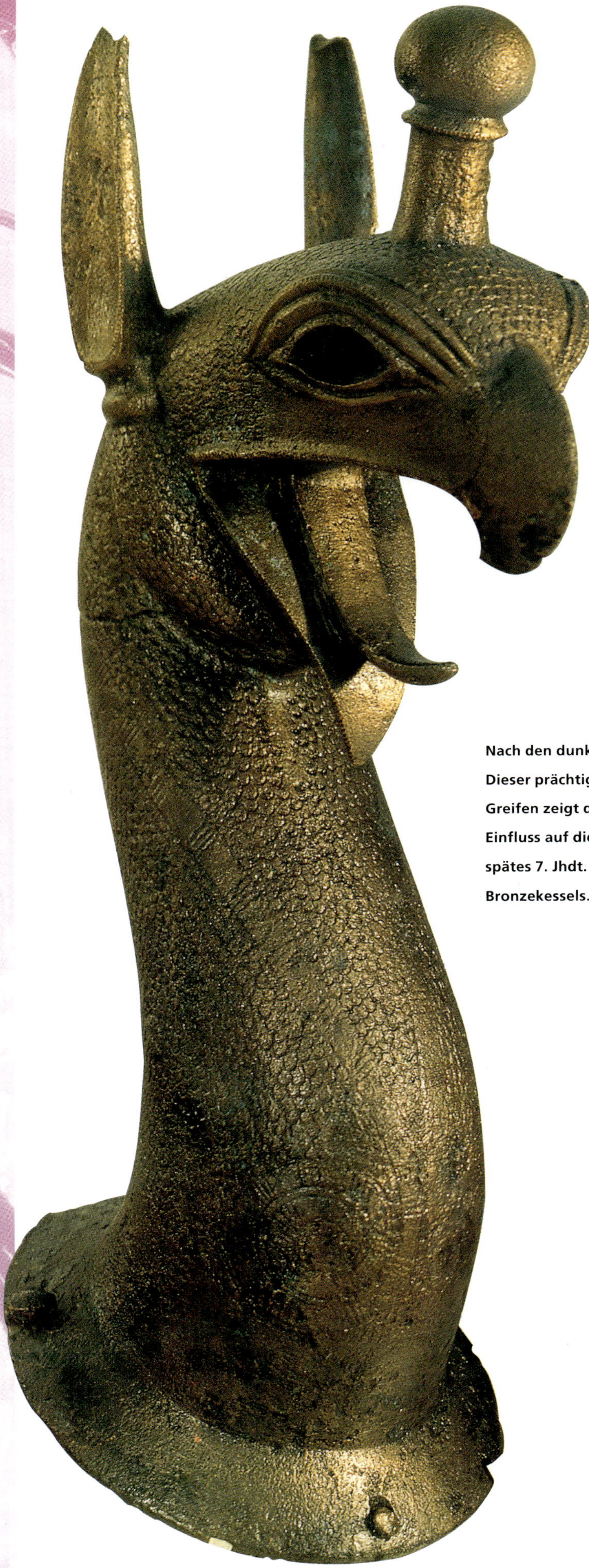

Nach den dunklen Jahrhunderten: Dieser prächtige Kopf eines Greifen zeigt den östlichen Einfluss auf die griechische Kunst; spätes 7. Jhdt. v. Chr., Dekor eines Bronzekessels.

GRIECHISCHE KOLONIEN

Im 8. Jahrhundert v. Chr. endete die dunkle Epoche, deren letzte Jahre jedoch friedlich gewesen sein müssen. Der Bevölkerungszuwachs im 8. Jahrhundert v. Chr. führte zu einer intensiven Bodenbearbeitung und griechische Händler wurden wieder im gesamten Mittelmeerraum gesehen. Durch Kontakte mit den Phöniziern, deren Buchstaben wesentlich höher entwickelt waren als die Schrift von Linear B, wurde die Schrift wieder entdeckt. Die Griechen adaptierten die phönizischen Schriftzeichen, bildeten Vokale und Selbstlaute und schufen so die Möglichkeit, nicht nur Listen niederzuschreiben, sondern auch ganze Texte. Eine der ersten Handlungen war die Niederschrift der *Ilias* und *Odyssee,* nachdem wahrscheinlich mehrere Dichter und nicht nur Homer selbst ein Durcheinander von mündlichen Überlieferungen bearbeitet und in zwei große Werke zusammengefasst hatten.

Obgleich immer neues Land kultiviert wurde, wuchs die Bevölkerung zu einer solchen Größe, dass die Wirtschaft dem nicht mehr gewachsen war. Der Boden war karg und auf das Flachland begrenzt, während ein Großteil Griechenlands gebirgig ist. Die Griechen gingen das Problem auf verschiedene Art und Weise an: Sie exportierten Keramik und Olivenöl nach Ägypten und in die Schwarzmeerländer und importierten Getreide. Sie exportierten auch Menschen: Viele Griechen dienten als Söldner in Asien und Ägypten, einige von ihnen kratzten ihren Namen in die Statuen von Abu Simbel ein, das 1000 km nilaufwärts liegt. Die dritte Lösung war die Gründung von Kolonien in unerschlossenem Gebiet. Da für weitere Expansion in der Ägäis kein Raum mehr war, interessierten sich die Griechen für weiter entfernte Länder und errichteten zunächst um 800 v. Chr. einen kleinen Handelsposten in Nordsyrien. In der Mitte des 8. Jahrhunderts expandierten die Griechen in Richtung Westen. Die Ägypter, Phönikier und Etrusker verhinderten griechische Niederlassungen, aber Süditalien und Sizilien wurden dicht besiedelt und als „Großgriechenland" bezeichnet. Nur wenige griechische Städte kamen an den Reichtum und die Macht von Syrakus heran. Die Einwohner von Sybaris waren bekannt für ihre Liebe zum Luxus. Die ionischen Griechen gründeten eine Kolonie in Massilia, dem heutigen Marseilles, das seinerseits weitere Kolonien an der Riviera (Nizza, Antibes, Monaco) und an der spanischen Küste ins Leben rief. Beeindruckt von der Vielfalt der Handelsmöglichkeiten mit skythischem Weizen, Fisch und Bauholz, gründeten die Griechen Kolonien und Handelsposten entlang der Nordküste der Ägäis (Thrakien), am Hellespont (Dardanellen), am Marmarameer, dem Bosporus und selbst entlang der Schwarzmeerküste. Buchstäblich alle griechischen Stadtstaaten spielten eine Rolle bei der Besiedlung fremder Länder – selbst die kleine Insel Thera (Santorin), die die Niederlassung in Kyrene gründete, die bei weitem wichtigste griechische Kolonie an der nordafrikanischen Küste. Über 250 Jahre hielten die Kolonialisationsbestrebungen der Griechen an und waren erst um 500 v. Chr. beendet.

Es war für die Stadtstaaten unbedingt notwendig, Siedler auszuschicken, auch wenn erhaltene Verordnungen erkennen lassen, dass viele Menschen nur unwillig diesem Gebot folgten und dass hohe Strafen dem drohten, der unerlaubt wieder in seine Heimat zurückkehrte. Die Verbindung zwischen den Kolonien und ihren jeweiligen Mutterstädten war relativ lose. Eine Kolonie war nicht Besitz der Stadt und man erwartete von ihr auch keine Hilfe. Es gab keine geteilte Staatsbürgerschaft; die Kolonien waren vollkommen unabhängig und bis auf einige sentimentale Erinnerungen wäre auch ein Krieg zwischen Heimatstadt und Kolonie nicht undenkbar gewesen. Keiner der Stadtstaaten gewann durch diese Massenbewegung der griechischen Bevölkerung an politischer Macht. Die Griechen selbst waren fast provinziell in ihrem politischen Denken und Streben. Handel und Kolonisation brachte der griechischen Welt enormen Reichtum, ermöglichten der griechischen Gesellschaft viele Errungenschaften, waren aber auch Ursache für eine Vielzahl von Unruhen in den folgenden Jahrhunderten.

Linke Seite: Diese Brustplatte wurde von einem griechischen Künstler für einen Skythen auf der Krim hergestellt, dekoriert mit dem Kopf der Medusa, einer mythischen Gestalt mit Schlangenhaar, deren Blick diejenigen, die sie ansehen, versteinert. 5. bis 4. Jhdt. v. Chr.

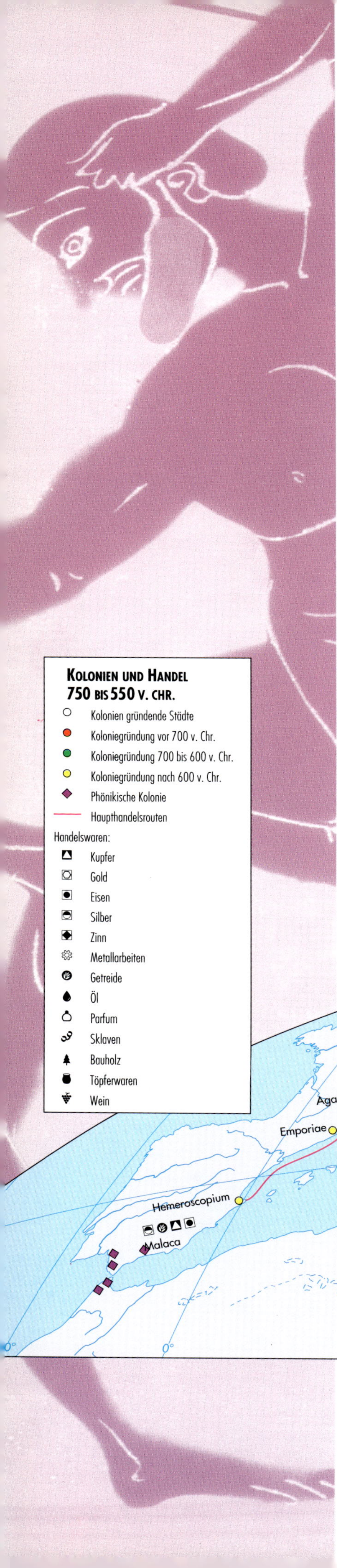

AUFRUHR UND TYRANNEI

Reichtum und Macht veränderten die soziale und politische Struktur Griechenlands. Die Königreiche verschwanden gegen Ende des 8. Jahrhunderts oder ihre Position wurde auf eine rein zeremonielle Rolle beschränkt. Die politische Macht war in den Händen von Aristokraten (*aristoi* – die besten Menschen) und stützte sich auf Großgrundbesitz, traditionelles Ansehen und die Familienmitglieder. Die Aristokraten hatten den Wunsch nach Kolonien unterstützt, denn das enorme Wachstum der Bevölkerung förderte Unzufriedenheit und Armut und gefährdete ihre Machtposition. Aber auf lange Sicht gesehen wirkte sich auch die Kolonisierung und der weit reichende Handel zerstörerisch aus. Die Griechen exportierten Öl, Wein, Töpferwaren und Metallarbeiten, Güter, die nicht nur Aristokraten, sondern auch eine große Gruppe von Bürgern erzeugten. Erste Münzen kamen aus dem reichen südionischen Königreich Lydien im 7. Jahrhundert nach Griechenland. Die erste Münzprägung wurde eingeführt: wertvolles Metall, für dessen Reinheit der Staat garantierte. Geld erleichterte den Handel wie auch den Transport von finanziellem Besitz und veränderte so die althergebrachten Lebensformen.

Die Aristokraten bemühten sich, ihre Privilegien zu bewahren, aber ihre Position war durch den Wechsel der militärischen Taktiken und die neuen Technologien endgültig geschwächt. Bis

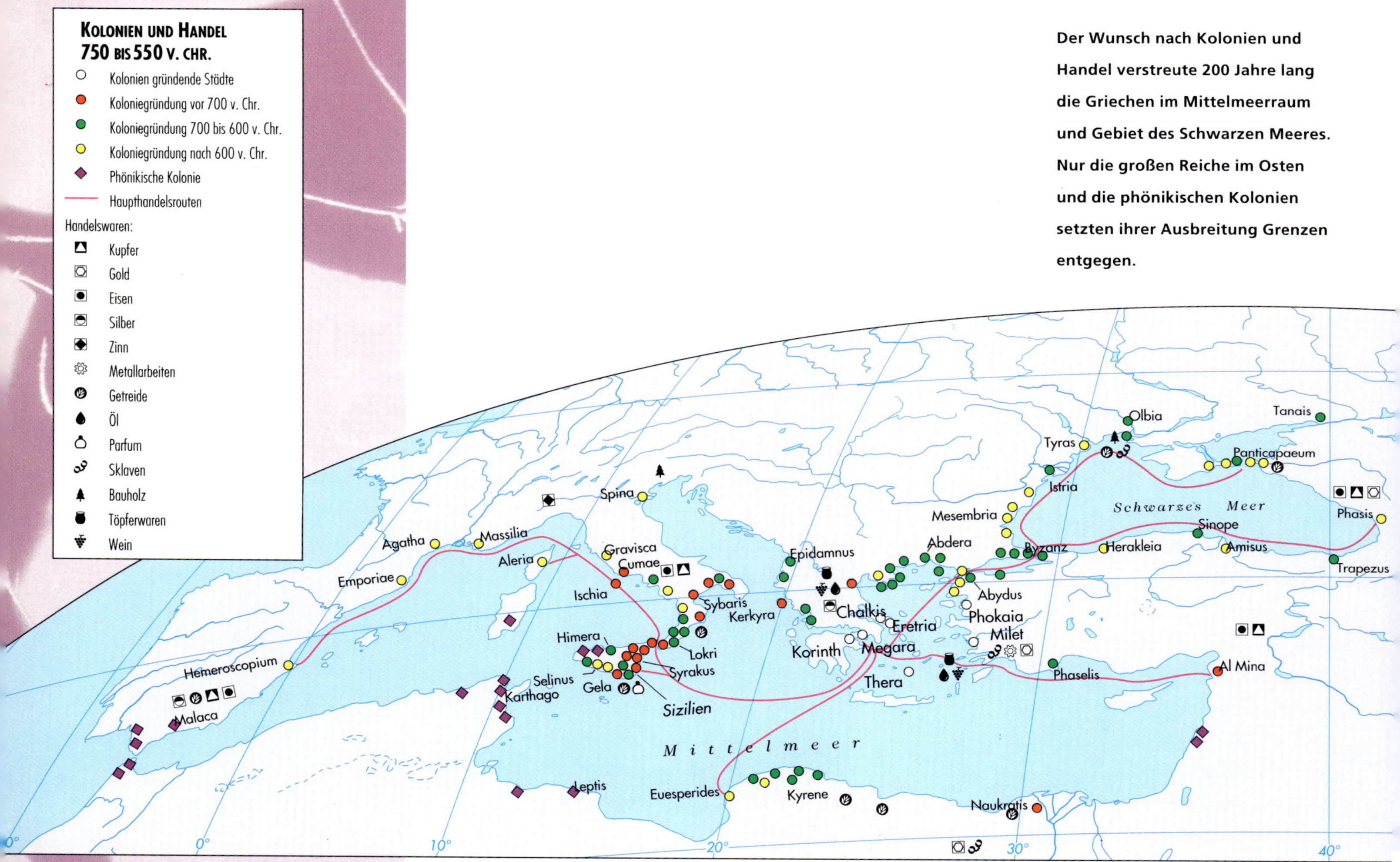

Der Wunsch nach Kolonien und Handel verstreute 200 Jahre lang die Griechen im Mittelmeerraum und Gebiet des Schwarzen Meeres. Nur die großen Reiche im Osten und die phönikischen Kolonien setzten ihrer Ausbreitung Grenzen entgegen.

Harte Währung; Silbermünze mit dem Kopf der Göttin Athene, 6. Jhdt. v. Chr. Das erste Geld wurde im 7. Jhdt. im Königreich Lydien in Kleinasien verwendet und bald darauf auch in Griechenland.

etwa 700 v. Chr. war die Reiterei (Aristokraten, die sich Pferd und Ausrüstung leisten konnten) der wichtigste Teil eines Heeres. Mit dem Aufkommen der Hoplitenheere, einer Mauer aus bewaffneten und gewappneten Fußsoldaten, verlor die Reiterei an Bedeutung. Die Aristokraten hatten ihre militärische Rechtfertigung verloren, und jeder Mann, der sich die neue, wesentlich günstigere Ausrüstung leisten konnte, war wichtig für den Staat und eine potenzieller Aspirant auf politische Rechte. Tatsächlich bildeten die Hopliten eine eigene soziale Klasse, die sich vor allem aus freien, kleinen und mittleren Landbesitzern zusammensetzte.

Sieger – mit mehr oder weniger Unterstützung durch das Volk – in dem komplizierten Ringen um die Vorherrschaft im Staat wurde ein General oder ein aristokratischer Außenseiter, der sich zum Tyrannen aufwarf. „Tyrann" war die Bezeichnung der Griechen für einen Führer, dessen Autorität weder auf gesetzlicher noch auf konstitutioneller Basis beruhte. Anfänglich war „Tyrann" nicht gleichgesetzt mit unmoralischem oder blutrünstigem Verhalten, aber die Erfahrungen des 7. und 6. Jahrhunderts ließen die meisten Griechen den korrumpierenden Effekt von absoluter Macht in der Hand einer einzelnen Person erkennen.

Die meisten Tyrannen beschränkten den Einfluss der Aristokraten, allein schon um ihre Macht nicht zu gefährden, und verteilten Grund und Boden neu – eine Maßnahme, die sie nicht nur beliebt machte, sondern besonders seitens der Armen ersehnt wurde, denn die neue Geld-

Der Wagenlenker von Delphi. Diese berühmte Figur hält die Zügel in einer Hand und ist der einzige erhaltene Teil einer kompletten Bronzegruppe aus Wagenlenker und Pferden, die zum Andenken an den Sieg eines sizilianischen Despoten bei den Spielen in Delphi 478 oder 474 v. Chr. geschaffen wurde.

wirtschaft bedeutete für sie oft nicht mehr als immer drückender werdende Schulden, die ihre Möglichkeiten bei weitem überstiegen.

Geschicktere Tyrannen zeigten ihre Treue zu ihrer Stadt, indem sie große öffentliche Projekte finanzierten, während sie sich gleichzeitig mit Tyrannen in anderen Städten verbündeten.

Dennoch hielten sich Tyranneien oft nur kurz; entweder waren sie für die Stadtstaaten nicht nützlich oder sie hatten ihre Aufgabe mit ihrem „populären" Programm erfüllt. Eine Ausnahme war Korinth, das im 7. Jahrhundert durch sein Wirtschaftswachstum zu einem der wichtigsten Stadtstaaten Griechenlands wurde. Der politische Abenteurer Kypselos wurde der erste und erfolgreichste Tyrann in Korinth. Mit Unterstützung der unteren Schichten, die vom politischen Geschehen ausgeschlossen waren, stürzte er etwa 657 v. Chr. die Aristokratenfamilie der Bacchiaden und vertrieb sie. Er teilte ihre Ländereien auf und förderte Korinths Handel. Seine Beliebtheit war so groß, dass er auf einen Leibwächter verzichten konnte. 625 v. Chr. folgte ihm sein Sohn Periander, dessen 40 Jahre lange Regentschaft als das Goldene Zeitalter Korinths gelten können. Seine Kolonien wurden streng kontrolliert, was eher ungewöhnlich war, und der bereits blühende Handel mit dem Westen Italiens, Kleinasien und Ägypten noch gefördert. Neben öffentlichen Bauten errichtete Periander eine Schleuse durch den Isthmus, die den Schiffen, natürlich gegen Zahlung einer Gebühr, den langen Weg um die Peloponnes ersparte. Tempelbauten in Korinth trugen zur Entwicklung des dorischen Stils bei, während erstklassige korinthische Töpferwaren den Export dominierten. Trotz seiner Leistungen zeigte Periander die grausamen und exzessiven Züge des Tyrannen. Er hielt die Macht bis zu seinem Tod in seinen Händen. Sein Neffe und Nachfolger Psammetichos wurde jedoch bereits nach drei Jahren Regentschaft abgesetzt.

Sogar Athen, der spätere Inbegriff der Demokratie, durchlief eine Periode der Tyrannei. Seine Probleme begannen wesentlich später als in den anderen Stadtstaaten, da das Volk viel zu sehr mit seiner Expansion innerhalb Attikas beschäftigt war. Dieses relativ große Gebiet rund um Athen war glücklicherweise frei von rivalisierenden

Niederlassungen, die den Fall der mykenischen Kultur überlebt hatten.

Als die Spannungen zunahmen, unternahmen die Athener zwei Versuche, Machtkämpfe und Tyranneien zu verhindern: Sie beauftragten einen beliebten Mann damit, Gesetze und eine Verfassung aufzustellen. 621 v. Chr. verfasste Drakon die erste Niederschrift athenischer Gesetze. Diese bevorzugten jedoch die Aristokraten, sehr zum Ärger der Bürger der Stadt, und sie waren sehr streng. Die Todesstrafe wurde so oft ausgesprochen, dass „drakonische Maßnahmen" bis heute mit extremer Härte gleichgesetzt werden. Bessere Erfahrungen machten die Athener mit Solon, einem Aristokraten und Kaufmann, der Ende der 590er Jahre v. Chr. den Auftrag erhielt, den Staat von Grund auf zu reformieren. Er annullierte alle Schulden, schaffte die Schuldversklavung ab und rettete viele, die aus diesem Grund bereits zu Sklaven geworden waren. Er verschaffte der ärmeren Bevölkerung mehr Mitspracherechte in öffentlichen Angelegenheiten, während die Aristokraten ihre führenden Positionen behielten. Anschließend verließ Solon Athen für zehn Jahre um auszuprobieren, ob seine Gesetze auch ohne die Autorität seiner Persönlichkeit Bestand haben würden.

Seine Gesetze überlebten, doch seine liberalkonservativen Reformen verhinderten weder politische Streitereien noch wirtschaftliche Rückschläge. 546 v. Chr. übernahm Peisitratos die Macht im Staat (es war dies sein dritter Versuch, sich zum Tyrannen aufzuschwingen) und behielt sie bis zu seinem Tode 527 v. Chr. Peisistratos war sehr erfolgreich; er beachtete die gesetzlichen Regeln, versöhnte sich mit seinen Gegnern und stärkte den Staat. Er förderte den Wohlstand Athens, wodurch die sozialen Probleme verringert wurden. Ärmere Bauern erhielten aus seinen Steuereinkünften langfristige Kredite, damit sie von Getreideanbau auf Wein- und Olivenkulturen für den Export umsteigen konnten. Wie andere populistische Diktatoren beeindruckte er das Volk mit großartigen Bauwerken – verschaffte ihnen aber dadurch auch Arbeit – und sensationellen Spielen. Diese Politik machte Athen zur prächtigsten Stadt Griechenlands für die nächsten Generationen.

Sein Sohn Hippias führte Athen im Stil seines Vaters weiter und war anfänglich sehr beliebt. Im Laufe des 6. Jahrhunderts verschwanden jedoch die Tyranneien, und obwohl Hippias 514 v. Chr. einen Aufstand überlebte, fand er wenig Unterstützung, als vier Jahre später Sparta gegen Athen marschierte und sich mit seinen Feinden verband. Er verschanzte sich auf der Akropolis, kapitulierte aber, als man ihm freies Geleit ins Exil zusagte. Kurz darauf übernahm Kleisthenes die Geschäfte Athens und vergrößerte die Zahl der attischen Bürger. Eine Anzahl von Reformen führte Athen zur Demokratie.

Die Tyrannenmörder Harmodios und Aristogeiton, die 514 v. Chr. Hipparchos töteten, bevor sie selbst starben. In späteren Jahren wurden sie wie Helden verehrt. 470 v. Chr. wurde eine Bronzegruppe zur Erinnerung an ihre Tat geschaffen. Im Bild eine römische Kopie dieser Gruppe aus Marmor.

OLIGARCHEN UND DEMOKRATEN

Mit dem Ende des 6. Jahrhunderts v. Chr. war auch das Zeitalter der griechischen Tyrannen vorüber. Aber die politischen Konflikte innerhalb des Staates nahmen zu: Auf der einen Seite stand die Partei der Oligarchen, die alle politischen Rechte nur einer kleinen, elitären Gruppe zusprechen wollte, auf der anderen die Partei der Demokraten, die allen Staatsbürgern politische Mitspracherechte geben wollte. Die Oligarchen setzten sich aus alten Aristokraten und Neureichen zusammen. Die Demokraten kamen aus den ärmeren Schichten, obwohl ihre Führer öfters Aristokraten und ihre Anhänger waren – aus traditionellen Gründen, aus Ehrgeiz oder aus Idealismus. Die Familie der Alkmaioniden stellte einige athenische Demokraten: Megakles, den Führer der Küstenpartei, seinen Sohn, den Reformer Kleisthenes, den berühmten Perikles, der mütterlicherseits ein Alkmaionide war, und viele andere. Demokratie bedeutete zwar die Teilnahme des Volkes an der Regierung, aber nicht einmal in Athen war dies der Mehrheit der Bewohner der Stadt, nämlich Fremden, Frauen, Kindern oder Sklaven erlaubt.

Im 5. Jahrhundert v. Chr. sorgten unterschiedliche Ideologien, Patriotismus und Eigennutz für politische Unruhe. Ein demokratischer Staat konnte einem anderen zu Hilfe eilen oder für eine Oligarchie eintreten, so sich diese für das eigene Interesse als nützlich erwies. Oligarchen konnten Interessen des Staates gegenüber loyaler als ihrer Partei sein oder mit einer fremden Macht konspirieren und ihre Stadt verraten und so weiter. In jeder Hinsicht waren die Griechen extrem und die Geschichte des 5. Jahrhunderts ist voll von Umstürzen, Hochverrat, gebrochenen Schwüren und Betrug.

In dieser unsicheren Welt gab es zwei Fixpunkte: Athen und Sparta. Sie waren die größten, stärksten und stabilsten Staaten der Ägäis, die einen demokratisch, die anderen oligarchisch. Ironischerweise waren es die Spartaner, die Athen von der Tyrannei befreiten, nur um zu sehen, dass die Athener das für Sparta scheinbar zügellose demokratische System annahmen. Sowohl Sparta wie Athen besaßen ungewöhnlich viel Grundbesitz, da sich beide auf eine Expansion im Umland und nicht in Kolonien konzentriert hatten. Während jedoch Athen Attika in den Stadtstaat integrierte und seine Einwohner zu Athenern erklärte, blieben die Spartaner eine Art Herrenrasse und unterdrückten eine zahlenmäßig weit überlegene Gruppe von Menschen – viele von ihnen als Leibeigene

Der athenische Feldherr Themistokles, der den Seesieg über die Perser in der Schlacht bei Salamis plante. Trotz seiner Verdienste wurde er ein Opfer politischer Konflikte und starb im Exil.

(Heloten). Um dieses unsichere System am Leben zu erhalten, entwickelten sich die Spartaner zu professionellen Soldaten mit einem nüchternen und rauen Lebensstil, aus dem Luxus und Kultur ausgeschlossen wurden. Sparta hatte die besten Soldaten, aber die konservativsten und fantasielosesten Anführer. Typisch für Sparta war seine politisch wie kulturell sterile Gesellschaft. Im 5. Jahrhundert war Sparta der größte Stadtstaat Griechenlands, doch für die nur 8000 Spartiaten (Vollbürger und Soldaten) hätte eine weitere Expansion mit Eroberungen, ohne die Besiegten zu Partnern zu machen, eher eine Gefahr für ihre Sicherheit bedeutet. Sparta konnte seine Siege nie anders nutzen, als ihm freundlich gesinnte Oligarchen an die Spitze der Städte zu setzen. Viel Kraft ging auch in dem ewigen Kampf gegen den starken demokratischen Einfluss Athens verloren.

Obwohl ihre Staatsgefüge im Vergleich zu denen ihrer Nachbarn sehr stabil waren, waren weder Sparta noch Athen frei von politischen Unruhen. Den Spartanern waren die Ambitionen ihrer erfolgreichsten Könige und Generäle suspekt, die Athener wiederum beobachteten argwöhnisch die Intentionen reicher und beliebter Bürger. Sie wussten auch, dass im Untergrund eine oligarchische Minderheit nur darauf wartete, anlässlich eines Zusammenbruches des Systems die Macht zu ergreifen. Athen und Sparta – entgegengesetzte politische Richtungen, die fast im ganzen 5. Jahrhundert v. Chr. nebeneinander existierten. Ob ein Konflikt zwischen ihnen vermeidbar gewesen wäre oder nicht, muss dahingestellt bleiben, denn während der ersten Jahrhunderthälfte mussten sich die beiden Städte einer weit größeren Bedrohung stellen, die von außerhalb der griechischen Welt kam.

Zwei Hopliten führen gefesselte Gefangene ab. Die Stadtstaaten befanden sich miteinander in einem konstanten Kriegszustand; schwarzfigurige Vasenmalerei des 5. Jhdts. v. Chr.

Ein Fußsoldat oder Hoplit, der mit Schild, Helm und Speer läuft. Attische rotfigurige Vasenmalerei, geschickt in das Innere einer weiten Trinkschale eingefügt, um 510 v. Chr.

DIE PERSERKRIEGE

Feindseligkeiten zwischen den einzelnen griechischen Staaten waren so selbstverständlich, dass erst die Gefahr der Unterjochung durch eine fremde Macht das Volk kurzfristig einte. Diese Macht war Persien, das mächtigste Reich Kleinasiens. Etwa 540 überrannten die Perser unter Kyros dem Großen ganz Kleinasien, zerstörten das reiche lydische Königreich von Kroisos und eroberten die griechischen Küstenstädte in Ionien. Nur einige Jahre später unterwarfen die Perser Ägypten. Das persische Reich erstreckte sich nun von Indien bis Libyen.

Die persischen Könige waren nicht wirklich am europäischen Teil Griechenlands interessiert, da dieser nur nach einem langen Marsch rund um das Schwarze Meer zu erreichen gewesen wäre. Die Situation änderte sich jedoch, als die kleinasiatischen Griechen 499 revoltierten und die Athener zu Hilfe eilten, wenn auch eher halbherzig. Als die Revolte nach endlosen sechs Jahren niedergeschlagen werden konnte, richtete der persische König Darius seine Empörung gegen Griechenland. Besonders Athen und Sparta sollten bestraft werden, denn diese beiden Städte hatten sich geweigert, sich zu unterwerfen, und den persischen Botschafter ermordet. 490 überquerte ein persisches Heer von 20.000 Mann die Ägäis und landete am Festland bei Marathon. Bei ihnen

Reiterprozession; Marmorrelief vom Westfries des Parthenon. Der große Tempel war der Göttin Athene geweiht, erbaut auf der Akropolis in Athen. Der Parthenon verherrlicht unter anderem Athens Rolle in den Perserkriegen und seinen Machtanspruch.

war der alte Ex-Tyrann Hippias, der als persische Marionette in Athen wieder eingesetzt werden sollte. Doch bei Marathon kämpften die athenischen Hopliten unter Miltiades gegen ein zahlenmäßig doppelt so starkes Heer. Sie schlugen die Perser in die Flucht und metzelten sie auf dem Weg zu ihren Schiffen erbarmungslos nieder.

Für das Heer Athens war der Sieg von Marathon die größte Heldentat; für die Perser nur ein kaum erwähnenswerter, schief gelaufener Überfall. Erst zehn Jahre später unternahm Xerxes, der Sohn von Darius und sein Nachfolger, größere Anstrengungen, Europa zu erobern. Mit einer riesigen Armee überquerte er den Hellespont mit Schiffen und brach in Griechenland ein. Einige Stadtstaaten verkauften sich an die Perser, aber Athen, Sparta und einige andere hatten schon vor dem Einmarsch ein Verteidigungsbündnis geschlossen. Die Athener überließen den Spartanern das Oberkommando sowohl zu Land als auch zur See, obwohl wahrscheinlich in vielen Fragen der Athener Themistokles geistiger Führer in diesem Krieg war. Die Griechen vertrauten auf das spartanische Heer und die athenische Flotte, die Themistokles in weiser Voraussicht wesentlich verstärkt hatte. Trotzdem war es unwahrscheinlich, dass die Griechen dem Ansturm der überlegenen persischen Armee standhalten könnten.

Xerxes' Armee marschierte von Norden durch Thessalien, wo ihm der König von Sparta, Leonidas, bei den Thermopylen Widerstand leistete, wo ein enger Pass die Küstenroute ins Innenland kontrollierte. Als die Perser einen Pfad entdeckten, der die griechische Stellung umging, kämpften Leonidas und seine persönliche Garde von 300 Soldaten bis auf den letzten Mann, während der Rest der griechischen Streitkräfte fliehen konnte. Diese Episode ist eine der berühmtesten in der griechischen Geschichte.

Währenddessen erlitt die griechische Marine bei Kap Artemision eine Schlappe, bei der allerdings auch die Perser und ihre phönikischen Verbündeten große Verluste durch die Schlacht, aber auch durch das Wetter erlitten. Der Weg ins Innere Griechenlands stand offen. Athen wurde evakuiert und die Spartaner bereiteten ihre Stellung am engen Isthmus von Korinth vor. Doch Themistokles überredete seine Verbündeten, den Feind zur See zu bekämpfen. Die persische und phönikische Flotte mit ihren riesigen Schiffen wurde in die schmale Meerenge von Salamis gelockt und in einer entscheidenden Schlacht geschlagen. Xerxes kehrte nach Asien zurück, seine zurückgelassene Armee wurde im folgenden Jahr in der Schlacht bei Plataia und die Reste seiner Flotte beim Kap Mykale ausgelöscht. Das europäische Griechenland war gerettet, die kleinasiatischen Griechen schöpften neue Hoffnung.

Grieche und Perser im Kampf. Während und nach den Perserkriegen zeigten die Griechen ihre Überlegenheit als Soldaten, und Tausende Griechen dienten den persischen Herrschern, die versuchten ihre Mitbürger zu versklaven, als Söldner; rotfigurige Vasenmalerei, Mitte des 5. Jhdts.

Zuschauer beobachten einen Zweikampf. Ein verwundeter Mann liegt zwischen den Kämpfern am Boden. Alle drei Kämpfer sind nackt, eine künstlerische Darstellungsweise, die sie als Griechen erkennbar macht. Schwarzfigurige Malerei auf einem von dem Töpfer Kleimachos signierten Krug, 560–550 v. Chr.

DIE MACHT ATHENS

In den folgenden Jahrzehnten trugen die Griechen den Kampf gegen die Perser nach Kleinasien und sogar ins rebellische Ägypten. Die Spartaner, immer in Sorge um ihre militärische Stärke, wollten ihre Armee nicht so weit von zu Hause wissen und überließen die Kriege immer mehr Athen. Als Angreifer waren die Griechen jedoch weniger erfolgreich und die Konflikte verliefen Mitte des 5. Jahrhunderts im Sande. Ihre wichtigsten Ziele hatten sie jedoch erreicht: die Beherrschung der Ägäis und die Vormachtstellung Athens.

Die Macht Athens beruhte auf einem militärischen Bündnis, dem 478 v. Chr. gegründeten delisch-attischen Seebund. Ihm gehörten Athen, seine Verbündeten, die freien ägäischen Inseln und die kleinasiatischen Griechenstädte an, die Beiträge an Schiffen und Geld leisteten. Die Kasse wurde auf der dem Gott Apollo geweihten Insel Delos aufbewahrt. Durch seinen Reichtum aus Silberminen und Handel und seine starke Flotte beherrschte Athen das Bündnis von Anfang an und entwickelte es bald zum attischen

Demokrat und Imperialist: Als Führer Athens vereinigte Perikles beide Rollen in einer Person. Diese römische Kopie gibt eine Bildnisbüste wieder, die vermutlich kurz vor seinem Tod 429 v. Chr. entstand.

Reich. Zuerst erfuhr Naxos, dann Thasos, Samos und andere, dass ein Austritt aus dem Bündnis nicht möglich war. Revolten wurden bestraft, nicht zu streng, aber sehr geschickt; die Schiffe wurden zerstört und die weiteren Beitragszahlungen mussten in Bargeld erfolgen. So konnte Athen seinen finanziellen Reichtum vermehren und sich noch mehr Schiffe kaufen. Mitgliedsstaaten, die nur Geld an den Seebund ablieferten, wurden zunehmend abhängig, und innerhalb von 50 Jahren war das das Schicksal fast aller Staaten. Eine Silbermine nach der anderen wurde gesperrt und die Silbermünzen von Athen wurden allgemein gültiges Zahlungsmittel im ganzen Reich. 454, als der Schatz des Seebundes von Delos nach Athen gebracht wurde, bestätigte das diesen Reichscharakter nach außen hin. Als 449 ein Friede mit Persien geschlossen wurde, zeigte sich, dass Athen an der Lage nichts ändern wollte. Der Seebund war zum attischen Reich geworden, beschützt von einer Flotte, deren Kosten durch jährliche Tribute getragen wurden.

Im Gegensatz zu Sparta war Athen nicht nur mächtig, sondern auch kulturell brillant. Die Blüte der griechischen Kultur beschränkte sich zwar nicht auf Athen, erreichte aber dort ihren absoluten Höhepunkt. Die ersten großen Dramen wurden von den Athenern Aischylos, Sophokles, Euripides und Aristophanes geschrieben, der erste große Historiker, Herodot von Halikarnass, machte Athen zu seiner Wahlheimat und zum Ort seiner Inspiration; der zweite, Thukydides, war ein athenischer General. Das philosophische Gedankengut wurde von Sokrates und Plato geprägt. Die Bildhauer entwickelten die Klassik und schmückten damit den Parthenon und andere Monumentalbauten, deren Ruinen bis heute zu den großen Wundern dieser Welt gehören. Die von den Persern 480 v. Chr. zerstörten Tempel wurden wieder aufgebaut – finanziert zum Großteil aus den Abgaben der Staaten des Seebundes.

Während fast des ganzen 5. Jahrhunderts funktionierte der Staat Athen bemerkenswert gut, bis ein nicht enden wollender Krieg den Frieden und die Nerven der Staatsbürger strapazierte. Perikles, ein Aristokrat und absoluter Verfechter der Demokratie, war von 460 v. Chr. bis zu seinem Tod 429 der geistige Führer Athens. In seinen Ansprachen pries er die freie Gesellschaft und bezeichnete Athen als Erfüllung aller Ideale; aber er wollte auch die Staatsbürgerschaft nur denjenigen verleihen, deren beide Elternteile Athener waren. Wahrscheinlich musste auch er sich, wie viele andere Demokraten nach ihm, nach der öffentlichen Meinung richten, statt sie zu verändern. Es ist umstritten, ob Perikles die Schuld an der letztlich verhängnisvollen Athener Außenpolitik trug, aber er war überzeugt von seiner Rolle als Führer und sicherlich nicht daran interessiert, die Größe und Macht Athens während der Jahre seines Einflusses zu zerstören.

Der folgende Krieg 460–445 v. Chr. gegen die Peloponnesier – geringfügig und nur unwillig unterstützt von Sparta – kostete das attische Reich viel Kraft. Zwar eroberten die Athener selbst Böotien, konnten diese eroberten Territorien jedoch nicht lange wirkungsvoll halten, und Böotien machte sich ohne großen Aufwand bald wieder selbstständig. Zur gleichen Zeit führte Athen noch immer Krieg gegen die Perser. Eine Intervention Athens in Ägypten war ein Fehlschlag und endete in einer Katastrophe – in der Zerstörung einer gesamten Flotte. 449 v. Chr. verhandelten die kriegsmüden Perser mit den Athenern über einen Frieden, der dem attischen Reich de facto die Kontrolle über die gesamte Ägäis überließ. Der Konflikt auf der Peloponnes endete vier Jahre später mit der Unterzeichnung eines „Dreißigjährigen Friedens".

Auf der heiligen Insel Delos: Löwen oder Löwinnen flankieren den Prozessionsweg, Mitte des 7. Jhdts. v. Chr. Die finanziellen Rücklagen des delisch-attischen Seebundes lagen auf Delos, bis sie nach Athen gebracht wurden.

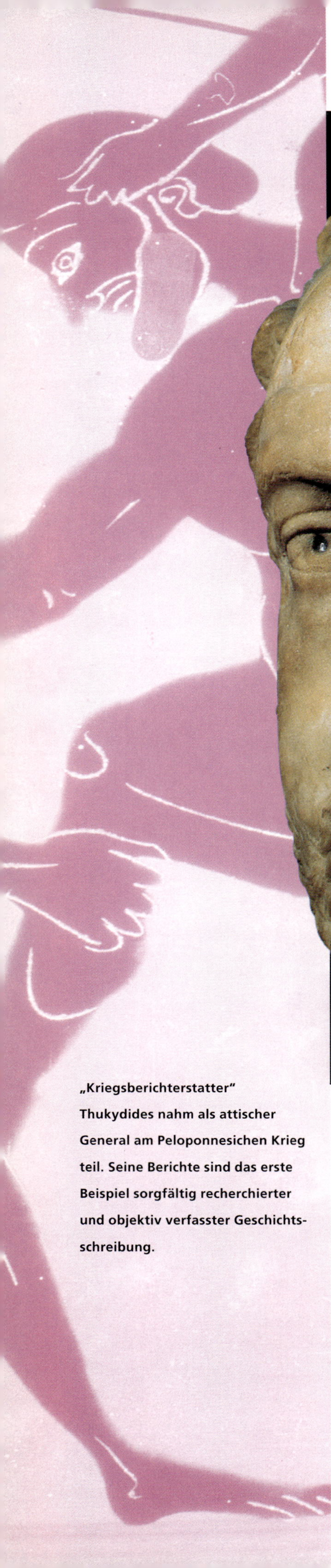

„Kriegsberichterstatter“ Thukydides nahm als attischer General am Peloponnesichen Krieg teil. Seine Berichte sind das erste Beispiel sorgfältig recherchierter und objektiv verfasster Geschichtsschreibung.

DER PELOPONNESISCHE KRIEG

Der Dreißigjährige Friede dauerte nicht einmal halb so lange. Athen half Korfu gegen Korinth, Sparta schlug sich auf die Seite Korinths und 431 v. Chr. brach der Krieg zwischen den beiden hilfreichen Großmächten aus. Er war wohl unvermeidlich, seit Griechenland zwischen diesen beiden Machtblöcken aufgeteilt worden war: dem von Sparta dominierten Peloponnesischen Bund und dem attischen Seebund. Politisch gesehen war der Krieg eine Auseinandersetzung zwischen Oligarchen und Demokraten, auch wenn Athen Oligarchien in den Staaten des Seebundes akzeptierte, solange sie nicht die Macht Athens in Frage stellten. Auf der anderen Seite musste auch der Athener Historiker Thukydides zugeben, dass die Griechen durch den Imperialismus Athens unruhig wurden und die Oligarchie Spartas eher als eine Befreiung ansahen.

Ein Ende des Krieges war nicht abzusehen, da es zu keiner entscheidenden Schlacht kam. Athen, eine Seemacht, konnte auf dem Festland der Peloponnes und im Inneren Griechenlands nur geringe Erfolge erzielen. Spartas Armee zerstörte zwar Attika, konnte jedoch Athen nicht einnehmen. Dieses lag geschützt hinter den Mauern (gebaut zwischen 461 und 456), die die Stadt einschlossen und bis zum Piraeus, dem Hafen von Athen, reichten. So blieb der Kontakt mit der Flotte aufrecht und der Nachschub von Lebensmitteln gewährleistet.

430 v. Chr. wurde Athen von einer verheerenden Seuche heimgesucht, die auch Perikles dahinraffte. Erst 421 wurde ein Waffenstillstand vereinbart, der jedoch 414 wieder gebrochen wurde. Athen war zu dieser Zeit bereits in einen Kampf mit Syrakus auf Sizilien verwickelt, einem der Hauptlieferanten von Lebensmitteln für die peloponnesischen Staaten. Dies war die Wende des Krieges: Die Athener wurden umzingelt und 413 die komplette Streitmacht, Schiffe und Soldaten, ausgelöscht. Doch Athen gab nicht auf, baute eine neue Flotte und versuchte das auseinander fallende Imperium zu retten. Was immer auch über den Imperialismus Athens gesagt worden war, er muss auch seine guten Seiten gehabt haben, denn viele Staaten hielten trotz aller Widrigkeiten Athen die Treue. Das Ende kam, als die auf Grund gelaufene Flotte bei Aigospotamoi (405) endgültig zerstört wurde. Vom Nachschub über das Meer abgeschnitten und belagert, kapitulierte das hungernde Athen vor den Spartanern im Jahre 404 v. Chr.

Das Resultat des Peloponnesischen Krieges: Das attische Reich war zerstört und mit ihm alle politische Stabilität. Die Idee eines vereinigten Griechenlands, stärker als alle lokalen Streitereien, ging unter. Im Hinblick auf die streitbare Natur der Griechen war sie vielleicht nie sehr realistisch gewesen, doch nur ein starkes Athen hätte sie umsetzen können. Sicherlich jedoch wäre eine gemeinsame Staatsbürgerschaft eine bessere Basis für eine Einheit gewesen als erzwungene Tributzahlungen. Die Spartaner mit ihrer kleinen Armee und ihrem unpolitischen Denken planten nie mehr als eine lockere Führung der unterworfenen Gebiete. Sie schafften es auch nicht, das eroberte Athen zu kontrollieren, welches bald die von Sparta eingesetzten Oligarchen, die „Dreißig Tyrannen", vertrieb. Zugleich überheblich und politisch völlig inkompetent, bekam Sparta Schwierigkeiten mit Theben, Korinth und mit einem wieder erstarkten Athen. Zu starr für neue militärische Taktiken und geschwächt durch katastrophal niedrige Geburtenraten wurde die Armee Spartas in der Schlacht bei Leuktra (371) durch Theben unter Epaminondas geschlagen. Danach überrannte Epaminondas die Peloponnes und befreite die Heloten Messeniens, von denen die Wirtschaft Spartas abhing. Von diesem Schlag sollte sich Sparta nie wieder erholen. Thebens Vorherrschaft war jedoch von sehr kurzer Dauer und Griechenland bald wieder zerstritten. Vollkommen unerwartet begannen einige Griechen nun panhellenische Gedanken zu vertreten, doch war es bereits zu spät: Makedonien betrat die Bühne und ein neues Zeitalter begann.

Auszug eines Kriegers. Dieses Bild aus der Zeit des peloponnesischen Krieges zeigt einen Krieger, der sich von seiner Frau verabschiedet, ehe er in den Kampf zieht. Attische rotfigurige Vasenmalerei, um 440 v. Chr. (Tauromachie-Maler).

3 ALEXANDER DER GROSSE UND DER HELLENISMUS

WÄHREND DIE GRIECHISCHEN STADTSTAATEN VOLLAUF MIT WECHSELNDEN ALLIANZEN UND ZERBRECHLICHEN MACHTSTRUKTUREN BESCHÄFTIGT WAREN, ENTWICKELTE SICH IN DER MITTE DES 4. JAHRHUNDERTS V. CHR. AN DER NÖRDLICHEN GRENZE GRIECHENLANDS EINE NEUE GROSSMACHT. MAKEDONIEN, EIN RIESIGES REICH, WAR DICHT BEVÖLKERT UND DAS LEBEN AM KÖNIGSHOF VERLIEF WEITGEHEND NACH GRIECHISCHEM MUSTER. DIE GRIECHEN JEDOCH WOLLTEN IHRE GEMEINSAME HERKUNFT NICHT ANERKENNEN UND BEZEICHNETEN DAS VÖLKERGEMISCH AUS ILLYRERN, THRAKERN UND GRIECHEN ALS „HALB-BARBAREN", UND DIES UMSO MEHR, ALS SIE SICH VON EINEM KÖNIG REGIEREN LIESSEN, GERADE SO WIE DIE PERSER UND ANDERE FREMDE VÖLKER. SIE ÜBERSAHEN ODER UNTERSCHÄTZTEN, DASS MAKEDONIEN REICH AN BODENSCHÄTZEN WAR UND SEINE SOLDATEN AUSGEZEICHNETE KÄMPFER, ERPROBT IN KRIEGEN GEGEN DIE ILLYRER, THRAKER UND ANDERE NICHTGRIECHISCHE STAATEN. UND SIE MUSSTEN ANERKENNEN, DASS EINE MONARCHIE ZWAR NICHT MIT EINEM GUTEN LEBEN NACH IHREM EIGENEN GESCHMACK VEREINBAR WAR, DASS SIE JEDOCH POLITISCHE UND MILITÄRISCHE VORTEILE HATTE, WENN DER RICHTIGE MANN AUF DEM THRON SASS.

Münze mit einem Bild von König Philipp von Makedonien. Philipps ehrgeizige Pläne, die Herrschaft über die griechischen Stadtstaaten und die Vorbereitungen für den Krieg gegen Persien, wurden durch seine Silberminen finanziert.

DER AUFSTIEG MAKEDONIENS

König Philipp II. war der richtige Mann. 359 bestieg er einen unsicheren Thron, nachdem er seine Rivalen beseitigt und seine barbarischen Nachbarn unterworfen hatte. Erst dann widmete er sich dem geteilten Griechenland. Zu einer Zeit, als die Stadtstaaten lieber Söldner anheuerten, als ihre Kriege selbst zu führen, hatte Philipp bereits eindeutige militärische Vorstellungen: ein stehendes Heer von disziplinierten makedonischen Soldaten, trainiert von beruflichen Ausbildern und hungrig nach Beute. So ein Heer war eine teure Angelegenheit, trotz Philipps Gold- und Silberminen, und sicherlich mit ein Grund für Philipps Aggressionspolitik.

Philipp ging langsam und vorsichtig vor und verband geschickt Diplomatie und brutale Machtdemonstrationen mit kleineren Offensiven, um nur ja nicht die Griechen so zu alarmieren, dass sie gegen ihn eine Einheit bildeten. Sein Ziel war es, die einzelnen Stadtstaaten gegeneinander aufzuhetzen, im Vertrauen darauf, dass so jeder Staat bei einem Angriff der makedonischen Armee ohne Verbündete dastehen würde. Athen verhielt sich wie alle anderen, obwohl Demosthenes, der größte aller griechischen Redner, mehrmals in einer „Philippika" vor Philipps Überfällen warnte. Es erging ihm damit wie Winston Churchill mit seinen Kriegswarnungen gegen das Hitlerdeutschland, die auch erst im letzten Moment beachtet worden waren. Nach 20 Jahren geschickter Expansion hatte Philipp Nordgriechenland fest im Griff. Endlich schlossen Athen und Theben eine Allianz, um weiteren makedonischen Übergriffen vorzubeugen. Im folgenden Krieg war die Schlacht von Chaironeia (338 v. Chr.) der Wendepunkt der griechischen Geschichte. Die Alliierten wurden niedergeschlagen und das große Zeitalter der Stadtstaaten war somit endgültig zu Ende. Theben und andere Städte wurden von makedonischen Truppen besetzt. Athen durfte einenseparaten Frieden mit Philipp schließen, da es und die anderen griechischen Staaten dem neuen Staatenbund beitreten mussten, natürlich organisiert durch Philipp und mit ihm an der Spitze.

Ziel dieser Vereinigung, des Korinthischen Bundes, war der Krieg gegen einen alten Feind, nämlich mit Persien. Ein Sieg wäre die Krönung von Philipps Anstrengungen gewesen, und die Plünderung Asiens würde seine steigenden Schulden ausgleichen. Ungeachtet der enormen Größe des persischen Reiches und der Überlegenheit der persischen Armee war Philips Mut weniger tollkühn, als es vielleicht erscheinen mag. Schon in der Vergangenheit hatten die Griechen gezeigt, dass sie den Persern mehr als ebenbürtig waren, und die Notwendigkeit eines Krieges zur Befreiung der Ionier – vielleicht auch für weitere Eroberungen – stand für Griechenland außer Frage. Er war aber bisher immer an Griechenlands Uneinigkeit gescheitert.

Die Einigkeit war erreicht. Als Philipp jedoch mit dem Kriegszug beginnen wollte, wurde er bei einem feierlichen Umzug erstochen. Der Meuchelmörder wurde auf der Stelle getötet, bevor er noch seine Hintermänner hätte preisgeben können, etwa die Perser selbst oder Philipps Gattin, die Königin Olympias, oder sogar Philipps ältesten Sohn Alexander. Philipp hatte sich von Olympias getrennt und mit einer anderen Frau seit kurzem einen Sohn, was wiederum Alexanders Position in der Thronfolge unsicher machte. Im Hinblick auf Alexanders größenwahnsinnige und endlose Eroberungsfeldzüge könnte auch Alexander den Auftrag zum Mord gegeben haben, um selbst die Perser zu besiegen und die Welt erobern zu können.

Eine Goldschatulle enthielt die Überreste Philipps II. von Makedonien, des Vaters von Alexander dem Großen. Dekoriert mit einem Stern, dem Emblem der Dynastie. Aus dem Königsgrab bei Vergina.

Der Löwe von Chaironeia, ein Mahnmahl für die Gefallenen der Schlacht von 338 v. Chr. Makedoniens Sieg über die Stadtstaaten beendete endgültig deren Unabhängigkeit.

DIE SIEGE ALEXANDERS

Die Weltgeschichte hätte sich anders entwickelt, wäre Philipps Nachfolger ein durchschnittlicher Mensch gewesen. Aber der 20-jährige Alexander war ein militärisches Genie, verwegen und völlig ruhmbesessen. Als Philipps stellvertretender Kommandeur hatte er sich bei Chaironeia ausgezeichnet, jetzt stellte er unter Beweis, dass er wie sein Vater schneller handelte, als seine Konkurrenten es für menschenmöglich hielten. Noch bevor die griechischen Stadtstaaten die Trauerfeierlichkeiten für Philipp beendet hatten, marschierte Alexander in ihre Mitte und schüchterte

Marmorbildnis von Alexander dem Großen aus Pergamon, Mitte des 2. Jhdts. v. Chr. Alexanders Bildnisse waren in der ganzen hellenistischen Welt bekannt und viele spätere Könige imitierten sein Aussehen, seine Frisur, seinen starren Blick etc.

sie so lange ein, bis sie ihn zum Nachfolger und zum Führer gegen Persien wählten. Um seine Position noch zu stärken, überwältigte er kurzfristig die Feinde Makedoniens. Während seiner Abwesenheit revoltierte Theben und bedrängte die makedonischen Soldaten in ihren Festungen. Alexander jedoch stürmte nach seiner Rückkehr die Stadt, verkaufte die Bevölkerung Thebens als Sklaven und zerstörte die Stadt bis auf ihre Grundmauern. Diese Tat versetzte seine eher widerwilligen griechischen Verbündeten in Angst und Schrecken, sodass weiterer Terror ziemlich unwahrscheinlich wurde. Obwohl er eine der heiligsten Städte Griechenlands zerstörte, verschonte er in einer kulturell-sentimentalen Geste das Haus des berühmten Dichters Pindar (5. Jahrhundert v. Chr.).

Mit nur 22 Jahren schiffte sich Alexander nach Asien ein, um gegen Persien zu kämpfen. Nach der Überquerung des Hellespont war seine 40.000 Mann starke Armee sofort in kriegerische Handlungen verwickelt, die Alexander in der Schlacht bei Granikos (334) siegreich beendete. Die griechischen Städte an der Westküste Kleinasiens waren schnell befreit und Alexander führte seine Armee weiter entlang der Südküste und dann ins Innere des Landes. Alexander war ein großartiger Meister der Eigenpropaganda, mit großartigen Gesten, die an seinen angeblichen Vorfahren Herakles und andere griechische Helden, die Troja besiegt hatten, erinnerten. In Gordion besuchte er die Akropolis der Stadt, um den berühmten Wagen mit dem „Gordischen Knoten“ zu sehen. Eine Legende besagte, dass derjenige, der diesen Knoten lösen könne, Herrscher über ganz Asien sein werde. Alexanders Antwort war typisch für ihn: Er zerschnitt den Knoten kurzerhand mit seinem Schwert!

Anstatt tiefer in den Vorderen Orient hinein vorzudringen, marschierte Alexander zunächst in den Süden nach Syrien. So schnitt er den Persern den Weg zum Mittelmeer ab und schützte sich zugleich vor der mächtigen phönikischen Flotte, deren levantinische Häfen er besetzte. Großkönig Darius und seine Armee versuchten Alexander abzufangen. Darius stellte jedoch sein Heer auf einem schmalen Stück Strand so ungünstig auf, dass seine numerische Überlegenheit nicht zum Tragen kam. In der Schlacht von Issos (333) besiegte Alexander die Perser, Darius und die persische Armee flohen und Alexander konnte des Großkönigs Mutter, Frau und seine Töchter

Alexanders Eroberungen machten aus Makedonien, den griechischen Stadtstaaten und aus dem mächtigen Persien und Ägypten ein einziges Reich. Kulturell, nicht jedoch politisch überlebte diese Einheit Alexander und wurde so zur Grundlage des Hellenismus.

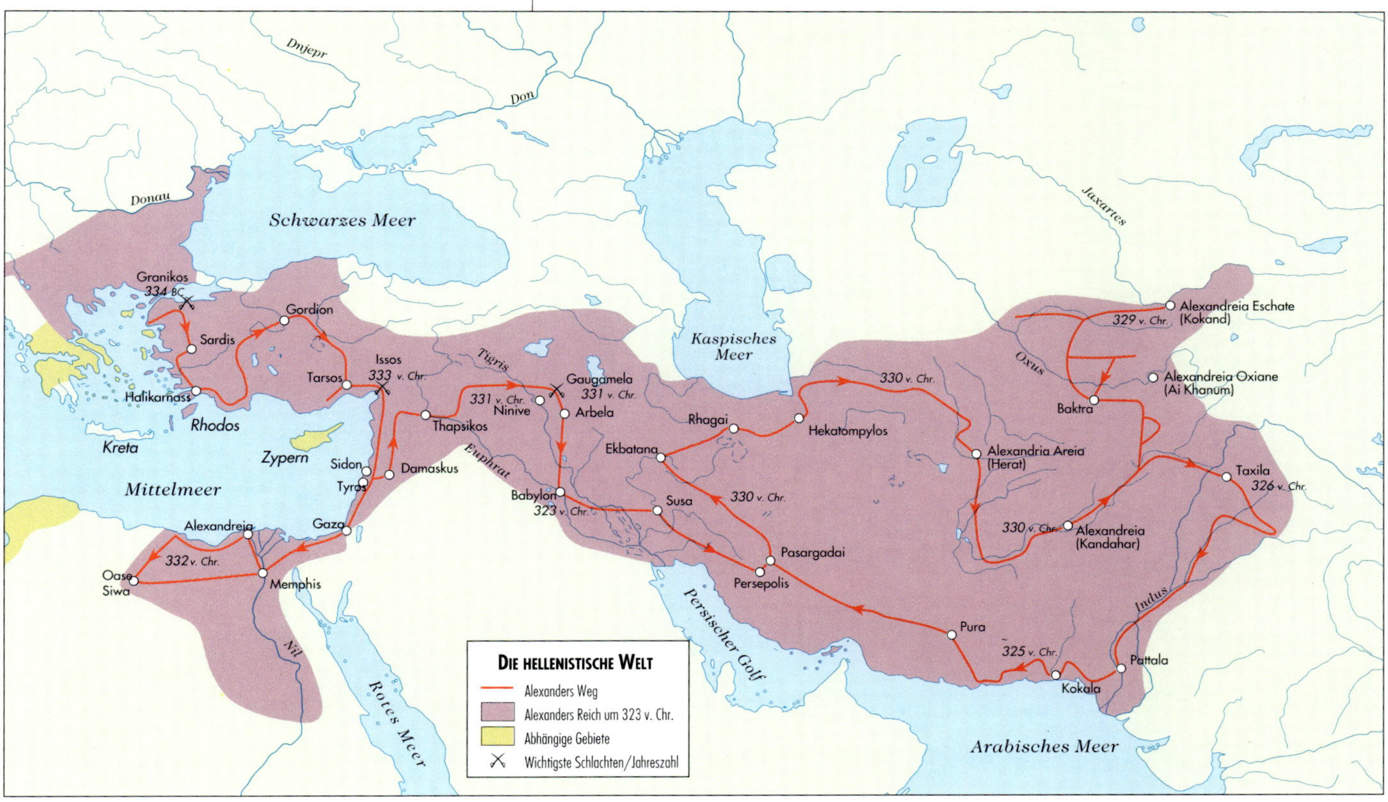

gefangen nehmen; entweder aus weiser Voraussicht oder aber aus Ritterlichkeit behandelte er die Frauen mit Freundlichkeit und Respekt.

Alexander hatte mehr erreicht, als alle Griechen für sinnvoll oder machbar erachtet hatten. Er lehnte auch Darius' Friedensangebot ab, der ihm das Gebiet westlich des Euphrat abtreten wollte. Alexander war nicht mehr länger nur der Befreier unterdrückter Griechen, sondern er schuf sich sein eigenes Reich. Er besetzte Phönikien und Palästina und wandte sich gegen den unbezwingbaren Hafen von Tyros. Nach einer sieben Monate langen Belagerung wurde der Hafen mit Hilfe phönikischer Städte, die die persische Herrschaft ablehnten und zusätzlich auf Tyros eifersüchtig waren, gestürmt und zerstört.

Alexander marschierte weiter nach Ägypten, das ihn als Befreier feierte, da die Perser dort äußerst unbeliebt waren. Das berühmte Orakel von Ammon in der Oase Siwa sah in Alexander sogar den neuen Pharao. Als Pharao und Sohn des Gottes Ammon (den die Griechen mit ihrem höchsten Gott Zeus gleichsetzten) konnte sich Alexander selbst als Gott bezeichnen, und es ist wahrscheinlich, dass er diese Auszeichnung sehr ernst nahm. Er gründete die Stadt Alexandria – eine von vielen dieses Namens, aber während die meisten nur militärischen Zwecken dienten, wurde Alexandria in Ägypten eines der großen kosmopolitischen Zentren der Alten Welt.

331 v. Chr. führte Alexander seinen Krieg gegen Asien fort und überquerte die Flüsse Euphrat und Tigris. Bei Gaugamela überlistete er durch geschickte Manöver, mit perfekten Kavallerieattacken und den gefürchteten makedonischen Lanzenkämpfern die riesige persische Armee unter Darius. Wieder versuchte Darius zu fliehen, wurde aber von seinen eigenen Offizieren ermordet, als Alexanders Heer unerbittlich von Babylon tiefer ins persische Reich vorrückte und die Städte Susa, Persepolis und Ekbatana besetzte. In der alten Hauptstadt Persepolis erbeutete Alexander die großen Goldreserven Persiens und steckte den Palast in Brand, um seinen Sieg zu feiern.

Der Brand könnte das Resultat eines üppigen Zechgelages gewesen sein oder eine von Alexander bühnenreif geplante Aktion; in diesem Fall

Ein dramatischer Moment in der Schlacht bei Issos: Alexander (links) scheint sich auf den angstvoll blickenden Perserkönig Darius werfen zu wollen. Alexandermosaik aus der römischen Stadt Pompeii, nach einem griechischen Gemälde aus dem 4. Jhdt. v. Chr.

Griechen und Perser im Kampf. Alexander (ganz links) reitet seine Gegner nieder. Teil eines Frieses auf dem Sarkophag Alexanders (spätes 4. Jhdt. v. Chr.). Fundort: Königlicher Friedhof bei Sidon in Phönikien.

könnte er – wie später behauptet wurde – damit Rache für die Zerstörung der Akropolis in Athen durch die Perser 150 Jahre früher genommen haben. Vielleicht wollte Alexander den Persern auch nur zeigen, wer jetzt ihr Herrscher war. Hier und in vielen anderen Fällen können Alexanders Beweggründe verschiedenartig interpretiert werden. In einem sind sich die meisten Historiker jedoch einig: Von dem Augenblick an, in dem Alexander Darius de facto als Großkönig ersetzte, zeigte er die ersten Anzeichen von Größenwahn, der in unbeherrschte Wut übergehen konnte, wenn er mit Kritik und gegenteiligen Ansichten konfrontiert wurde, auch wenn diese noch so positiv gemeint waren. Als eine Verschwörung gegen Alexander entdeckt wurde, ließ er seinen Kommandeur Philotas ermorden, als Strafe dafür, dass dieser ihn nicht gewarnt hatte. Dann ordnete er den Tod von Philotas' Vater Parmenios an, der schon Philipp treu gedient hatte. General Parmenios hatte schon des Öfteren versucht Alexanders Pläne zu beeinflussen. Er sagte einmal, wenn er Alexander wäre, würde er das Friedensangebot von Darius in Erwägung ziehen. Alexanders Antwort: Er würde dies auch tun – wenn er Parmenios wäre! Bald nach dem Tod von Philotas und Parmenios wagte während eines Trinkgelages, bei dem alle Alexander schmeichelten und ihm huldigten, Kleitos, sein Freund und Lebensretter in der Schlacht bei Issos, zu spotten; er wurde von Alexander eigenhändig ermordet. Kallisthenes, der offizielle Berichterstatter dieser Expedition, wiederum wurde hart bestraft, weil er Alexander verärgert hatte; er hatte es abgelehnt, an einer Zeremonie im persischen Stil teilzunehmen, bei der sich die Anwesenden vor dem König zu Boden werfen mussten. Anfangs schien er ungestraft davonzukommen, doch kurz darauf wurde er unter dem Vorwurf des Verrats gefangen genommen und exekutiert.

Alexanders Weg war noch lange nicht beendet. Baktrien und andere Gebiete des gebirgigen östlichen Teiles Persiens waren noch nicht unterworfen und der Statthalter von Baktrien, Bessos, einer der Drahtzieher der Ermordung von Darius, hatte sich selbst zum Großkönig ausgerufen. Alexander verfolgte ihn so rücksichtslos, dass ihn seine eigenen Leute verrieten. Er übergab Bessos der Familie des Darius, die fürchterliche Rache an ihm übte.

In den nächsten drei Jahren (330–327) marschierte die siegreiche Armee in den Gebieten jenseits des Flusses Oxus nach Zentralasien und überquerte einige Male den Hindukush. Dort nahmen sie ein Fort nach dem anderen ein. Die Makedonen verfolgten Alexanders Feinde sogar bis über die Grenzen der zivilisierten Welt hinaus, als diese bei den Skythen Schutz suchten.

Nach der Unterwerfung des persischen Reiches erstürmte Alexander den indischen Kontinent und unterwarf ein Königreich nach dem anderen. Im Jahr 326 v. Chr. traf er auf den bislang größten militärischen Widerstand: Der Herrscher des Punjab, König Poros, und seine riesige Armee stellten sich ihm entgegen, unterstützt von speziell ausgebildeten Kriegselefanten. Er stellte Alexanders Generäle auf eine harte Probe. Natürlich siegte Alexander, und es hatte fast den Anschein, als würde er bis ans Ende der Welt gehen wollen, jedoch seine Truppen verweigerten. Sie waren jetzt mehr als 4000 Kilometer von zu Hause entfernt und nun verfehlte auch Alexanders Überredungskunst ihre Wirkung – er musste umkehren. Typisch für Alexander war natürlich, dass auch der Rückweg einem kriegerischen Wirbelsturm glich.

Zurück in Babylon, bestrafte Alexander seine abtrünnigen Verwalter auf das Schärfste. Sie schienen geglaubt zu haben, Alexander würde seinen Feldzug in unbekannte Länder nicht überleben. Sein Plan, die Makedonier, Griechen und Perser zu einem herrschenden Volk zu verschmelzen, nahm Formen an. Nach der Eroberung von Persepolis hatte er für etwa 30.000 junge Perser eine militärische Ausbildung durch makedonische Ausbilder anberaumt. Er hatte Perser und Makedonen gleichermaßen als Verwalter einzelner Regionen angestellt und sich selbst nach dem Tod von Darius den Titel Großkönig verliehen. Er trug eine persische Tracht und erlaubte seinen östlichen Untertanen, sich in seiner Gegenwart zu Boden zu werfen.

Alexanders Anhänger waren über seine politische Linie Persien und den Persern gegenüber und seinen monarchischen Führungsstil, der in so scharfem Gegensatz zur griechischen Tradition stand, empört. Während der Kriege war nur der kleine Kreis um Alexander seinem ungestümen

Die Ruinen von Persepolis, der Hauptstadt des persischen Reichs. 331 v. Chr. wurde die Stadt von Alexander dem Großen zerstört; bei einem Trinkgelage oder vielleicht absichtlich brannte er den Königspalast nieder, worauf die Stadt bald zerfiel.

Verhalten ausgesetzt (sehr zum Leidwesen von Kleitos und Kallisthenes), und seine Armee war trotz einiger Unruhen in den Truppen immer auf seiner Seite gewesen – wohl weil er alle Gefahren und Anstrengungen mit seinen Männern geteilt und sie von der Spitze aus angeführt hatte. Jetzt aber zeigten die Soldaten ihre Meinung über die Vereinigung makedonischer und persischer Einheiten: „Geh und kämpfe deine Schlachten mit den Persern und deinem Vater Ammon!", schrien sie verärgert und gekränkt. Dieses Mal jedoch kapitulierte die Armee und nicht Alexander, als er drohte, sie alle zu entlassen, und damit begann, makedonische Offiziere durch persische auszuwechseln. Die Soldaten belagerten Alexanders Zelt, baten demütig um Vergebung und arrangierten sich für den Augenblick notgedrungen mit seiner Politik.

Tausende Makedonen nahmen sich persische Frauen, und Alexander, bereits mit einer Perserin verheiratet, ehelichte die Tochter Darius'. Alexanders Politik der Vereinigung von Ost und West wird oft nur als ein idealistischer Versuch angesehen, ein Versuch, der vollkommen die Völker ignorierte, die nicht aufgerufen waren, an der griechisch-persischen Versöhnung teilzunehmen. Doch ganz im Gegenteil war es ein realistischer Gedanke und notwendig, da sich Alexander entschieden hatte, den Krieg hinter dem Euphrat und Tigris fortzuführen. Um die riesigen Gebiete Persiens nicht nur zu erobern, sondern auch dauerhaft zu kontrollieren, benötigte er ein zahlenmäßig größeres Herrschervolk als die Griechen allein (auch die persischen Könige hatten mit diesem Problem zu kämpfen; die größte Schwäche des Perserreiches war der Mangel an Persern, die es verwalteten. Unter diesem Aspekt erscheint Alexanders Politik sinnvoll).

Vielleicht war er aber auch der Meinung, dass es für die Griechen und Makedonier einfacher wäre, zusammenzuarbeiten, wenn sie vereint und unter der Führung eines Gottkönigs wären. Seine ägyptischen Untertanen sahen in ihm bereits den Sohn des Gottes Ammon, die Anerkennung seiner Göttlichkeit durch die griechischen Stadtstaaten erfolgte 324 v. Chr. – und im Sommer des darauf folgenden Jahres verstarb Alexander der Große mit nur 33 Jahren.

Durch seine Jugend, seine Unbesiegbarkeit, seine perfekte Selbstwerbung durch Bildnisse wurde Alexander zum Star, glorifiziert von den einen und verdammt von den anderen Historikern. Seine wahren Ziele und Gedanken werden wir nie kennen, aber wir können ihn vielleicht etwas besser verstehen, wenn wir seinen Idealismus berücksichtigen. Als ein Fieberanfall sein Leben beendete, war Alexander schon wieder mit Vorbereitungen für eine kriegerische Expedition in den Süden Arabiens beschäftigt.

Göttliches Bild: auf dieser Silbermünze trägt Alexander der Große das Horn des Widders als Kopfschmuck, das Zeichen des ägyptischen Gottes Ammon. Diese erste Münze mit einem Porträt wurde von Lysimachos, einem der Diadochen, um 286 v. Chr. ausgegeben.

Ptolemaios I., König von Ägypten, Porträt auf einer 4-Drachmen-Münze. Er war Verwalter von Ägypten, als Alexander 323 starb. Er machte sich selbst zum König und gründete eine Dynastie, die 300 Jahre überdauerte.

DIE WELT DES HELLENISMUS

Mit der Sorglosigkeit eines Menschen, der sich selbst für unsterblich hielt, hatte Alexander für den Fall seines Ablebens keinerlei Vorsorge getroffen, weder für die Führung seines Reiches, noch für die Sicherheit seines posthum geborenen Sohnes. Zusammengehalten durch seine Macht und Stärke, zerfiel das Reich, sobald Alexander verstorben war. In den Auseinandersetzungen um seine Nachfolge zwischen seinen Verwandten und seinen Generälen siegten die Generäle und herrschten als Könige über die Teile des zerfallenen Reiches. Die großen Nachfolgestaaten blieben unter der Kontrolle makedonischer Griechen, mit einer Griechisch sprechenden Elite und Verwaltung und mit einem hauptsächlich griechischen Heer. Die Auswirkungen waren gigantisch. Alexanders Traum von einer griechisch-persischen Fusion war zwar zerstört, aber die griechische Kultur beeinflusste wesentlich die eroberten Länder, speziell jedoch die vielen neu gegründeten Städte nach griechischem Stil im Nahen Osten und Asien. Aus diesem Grund wird die Zeit nach dem Tod Alexanders als Hellenismus bezeichnet.

Das späte 4. Jahrhundert war Zeuge grausamer Kämpfe zwischen den Diadochen um die Hinterlassenschaft Alexanders. Sein Stellvertreter Perdikkas, sein Verwalter in Makedonien, Antipas, und General Antigonos, der in Kleinasien stationiert war, versuchten das Reich intakt zu erhalten, während drei von Alexanders anderen Generälen ihre Kommandos zu privaten Ländereien erklärten (Ptolemaios, der Verwalter von Ägypten, Seleukos, der Verwalter großer Gebiete Asiens, und Lysimachos, der Herrscher von Thrakien und Teilen von Kleinasien).

Jahre großer Schlachten und verschiedener Allianzen folgten. 320 v. Chr. fiel Perdikkas in Ägypten ein, um Ptolemaios zu entthronen, wurde aber von seinen eigenen Offizieren ermordet. Antipas starb 319, sein Sohn Kassander riss die Macht in Makedonien an sich und ermordete die Familie Alexanders. Antigonos, einer der wenigen Getreuen, fiel 301 einer Verschwörung seiner Feinde zum Opfer.

Zu dieser Zeit hatte sich jeder der Diadochen zum König erklärt und die Aufteilung des Reiches war unaufhaltsam. Die Periode politischer Instabilität dauerte bis ins 3. Jahrhundert und brachte einige brillante Abenteurer hervor. Demetrios Poliorketes, der Sohn von Antigonos, gewann und verlor Schlachten und Königreiche mit offensichtlicher Rücksichtslosigkeit und endete als verwöhnter Gefangener von Seleukos. Pyrrhos, König von Epirus (297–272 v. Chr.), taumelte von einem militärischen Abenteuer ins nächste, auf der einen Seite, um Makedonien an sich zu reißen, auf der anderen, um den Griechen gegen die aufstrebende Macht Roms zu helfen. Nach zwei sehr teuren Siegen über die Römer soll er ausgerufen haben: „Noch so ein Sieg und ich bin ruiniert!", und schuf damit die Formulierung vom „Pyrrhos-Sieg".

Pyrrhos hinterließ Antigonos II. (dem Enkel von Antigonos) nach seinem Tod (272 v. Chr.) den gesicherten Thron von Makedonien. Wie Ptolemaios in Ägypten und Seleukos in Westasien legte er die Grundlage für eine große Dynastie. Nachdem Seleukos Lysippos 281 v. Chr. ermorden ließ, wurden die drei Königreiche zu Machtzentren der hellenistischen Welt.

In diesem politischen Theater hatten die kleinen griechischen Stadtstaaten kein großes Gewicht, trotz ihres kulturellen Prestiges in den neuen Königreichen. Für viele Jahre blieben die

Der Gott Serapis. Zur Zeit Alexanders des Großen wurde Ägypten von Griechen beherrscht. Der kulturelle Mix führte zu einem griechisch-ägyptischen Gott, Serapis, der allgemein beliebt war.

Relief vom Großen Altar in Pergamon, einem reichen Königreich in Kleinasien in hellenistischer Zeit (der Periode nach Alexander). Die Göttin Athena besiegt den Giganten Alkyoneus, indem sie ihn an den Haaren hochhebt und ihn so dem Schutz seiner Mutter Gaia (Erde), der Quelle seiner Kraft, entzieht.

Makedonen die Schutzmacht Griechenlands. Kurz nach Alexanders Tod führte Demosthenes die Athener und andere Griechen in einen Krieg, mit dem sie ihre Unabhängigkeit wiedergewinnen wollten, doch vergeblich. Die Makedonen, siegreich zu Land und zur See, jagten Demosthenes, der durch einen Selbstmord seiner Gefangennahme entkommen konnte. Das griechische Festland verfiel wirtschaftlich und politisch und seine geringe Produktion von Wein und Olivenöl konnte nicht mit den hellenistischen Königreichen konkurrieren. Athen war durch seine Silberminen der prosperierendste Staat auf dem Festland, aber der internationale Handel lief über die östlichen hellenistischen Staaten, wobei Rhodos und Delos Frachtschiffe und Lagerhallen zur Verfügung stellten.

Theoretisch unabhängig, revoltierten die Griechen unentwegt gegen die makedonische Herrschaft. Erst sehr spät begannen sie ihre diesbezüglichen Anstrengungen zu vereinen. Im 3. Jahrhundert verbanden das achäische und das äolische Bündnis die meisten der griechischen Stadtstaaten zu echten Partnerschaften, die gemeinsam die Entscheidungen trafen und auch ihre Ressourcen gemeinsam verwalteten. Sie gewannen zwar einige Gefechte, waren aber nicht stark genug, um den Makedoniern zu trotzen. Als die Römer sie im Jahr 197 v. Chr. „befreiten", war das eigentlich nur das Vorspiel ihrer totalen Vereinnahmung in das römische Reich (146).

Ägypten war eindeutig das stabilste Königreich der hellenistischen Welt mit Ptolemaios als Herrscher. Er machte Alexandria zu seiner Hauptstadt. Kultur und Lebensstil der führenden Klasse sowie der Staatsapparat blieben während der ganzen langen Geschichte dieser Dynastie im Kern griechisch. Ptolemaios erbte die halbgöttliche Macht aller Pharaonen und einige seiner Nachfolger nahmen den ägyptischen Brauch der Geschwisterehe an, um das königliche Blut nicht zu verunreinigen. Ptolemaios' Verwaltung ließ genug Steuern in die Staatskasse fließen, Gelehrte und Wissenschaftler wurden großzügig unterstützt, die Bibliothek von Alexandria angelegt und der berühmte Leuchtturm, der Pharos, erbaut; doch große Kulturen haben auch ihre Schattenseiten und spätere, wahrscheinlich auch etwas dekadente Mitglieder dieser Herrscherfamilie waren in ihrer Position nicht mehr unantastbar. Die Dynastie der Ptolemäer überlebte bis 30 v. Chr., als die besiegte Königin Kleopatra und ihr Liebhaber Mark Anton Selbstmord begingen und Ägypten Teil des Römischen Reiches wurde.

Ptolemaios' Ambitionen außerhalb Ägyptens waren eher gering, was verständlich war, nachdem er die berühmte Schlacht beim zyprischen Salamis gegen Demetrios Poliorketes 306 v. Chr. verloren hatte. Spätere Kriege um die Kontrolle der Küsten Palästinas wurden mit wechselndem Erfolg gegen die Seleukiden geführt.

Seleukos I. war ein äußerst erfolgreicher Herrscher. Er begann als Verwalter von Babylon und baute Alexanders asiatisches Reich wieder auf – mit Ausnahme einiger Regionen, die indischen Königen im Austausch gegen einige hundert Kriegselefanten überlassen wurden. 70 Jahre alt und noch immer voller Tatendurst, vertrieb Seleukos I. Lysippos, übernahm Kleinasien und wollte auch Makedonien erobern, als er einem Mord zum Opfer fiel. Seleukos' Reich hatte zwei Hauptstädte: Seleukia in Mesopotamien und Antiochia in Syrien, beides Zentren griechischer Kultur. Ein Reich dieser Größe war schwer zusammenzuhalten und die Seleukiden, wie die Perser davor, mussten auf Provinzverwalter zurückgreifen, die bei jeder auch nur kleinsten Chance um ihre Unabhängigkeit kämpften. Allmählich schrumpfte das Reich auf die Größe Syriens, nur Antiochos III. war kurzfristig in der Lage, sich autoritär durchzusetzen, bis ihn die Römer 191–190 im Kampf schlugen und aus Kleinasien vertrieben. Die Reste des Seleukidenreichs wurden 64 v. Chr. von den Römern ausgelöscht.

Bereits im 3. Jhdt. v. Chr. bildete sich ein neues Machtzentrum in der hellenistischen Welt. Die Stadt Pergamon an der Westküste von Kleinasien revoltierte gegen die Seleukiden und wurde so zum Mittelpunkt eines Staates, dessen Reichtum auf seinen Silberminen, auf Korn und Textilien beruhte, sowie auf der Produktion von Pergament. Pergamon wurde auch berühmt für seine griechischen Schulen und Künste, alles unter der Dynastie der Attaliden, die sehr daran interessiert waren, kulturelles Ansehen zu erlangen. Der Zeus gewidmete Große Altar von König Eumenes (197–159) ist eines der Meisterstücke hellenistischer Kunst. Die Attaliden pflegten ihre Verbindungen zu den Römern und waren so vor makedonischen Aggressionen sicher, bis der sterbende König Attalus III. sein Reich testamentarisch den Römern vermachte.

Während dieser ganzen Periode übten die Griechen einen außergewöhnlichen Einfluss auf die Welt aus. In Asien spalteten sich die iranischen und indischen Teile vom schwerfälligen Seleukidenreich ab, verwendeten aber weiterhin die griechische Sprache und Münzen mit griechischen Inschriften. Der Hellenismus mag sich vielleicht auf die Städte und die kulturelle und politische Elite beschränkt haben, aber seine Auswirkungen waren weitreichender: im Nordwesten von Indien zum Beispiel wurden die griechischen und einheimischen Bildhauerkünste in der Schule von Gandhara miteinander verbunden, weshalb die dort gestalteten frühen Buddhafiguren Züge von klassischer Schönheit haben.

Antiochos III., Herrscher des Seleukidenreichs in Westasien. Während seiner langen Regentschaft (223–187 v. Chr.) brachte er das Seleukidenreich zu seinem früheren Glanz, bis er von den Römern geschlagen wurde und Kleinasien verlassen musste.

4 DAS GRIECHISCHE LEBEN

DIE GRIECHEN WAREN EIN ABENTEUERLUSTIGES VOLK, DAS VON DER LANDWIRTSCHAFT, VOM FISCHFANG, VOM HANDEL ODER ALS SÖLDNER LEBTE. KEINE BESCHREIBUNG KANN ALLEN ASPEKTEN IHRES LEBENSSTILS, IHRES WISSENS UND IHRER KULTUR GERECHT WERDEN. MEIST STEHT DIE „KLASSISCHE" POLIS (STADTSTAAT) DES 5. UND 4. JAHRHUNDERTS IM ZENTRUM. SIE WAR DER HINTERGRUND FÜR DIE GRÖSSTEN GRIECHISCHEN ERRUNGENSCHAFTEN IN POLITIK, KRIEG, LITERATUR, DRAMA, KUNST UND PHILOSOPHIE. VOR IHREM LANDWIRTSCHAFTLICHEN HINTERLAND WAR DIE STADT MARKT UND TREFFPUNKT ZUGLEICH, SCHAUPLATZ DES ÖFFENTLICHEN ODER RELIGIÖSEN LEBENS. FRAUEN UND SKLAVEN WAREN DAVON AUSGESCHLOSSEN. DENNOCH WAR DIE GRIECHISCHE GESELLSCHAFT NICHT NUR KULTURELL HOCH STEHEND, SONDERN OFFEN UND AUFGESCHLOSSEN. DAS WISSEN ÜBER IHRE ERZIEHUNG UND ÜBER IHRE FREUDE AN MUSSE UND BESITZ WIRD FÜR DIE MENSCHEN ALLER ZEITEN VON INTERESSE SEIN.

Eine Episode aus den griechischen Mythen: Der Kampf zwischen Lapithen und Kentauren, halb Mensch, halb Tier, gilt in der Klassik als Symbol für den Konflikt zwischen Zivilisation und Barbarei. Szene vom Parthenon.

DIE STÄDTE UND DER GRIECHISCHE LEBENSSTIL

Obwohl sie gegeneinander grausame Kriege führten, bezeichneten sich die Griechen alle als Hellenen und ihre Heimat als Hellas. Sie hatten die gleiche Sprache, die gleiche Religion, Eigenschaften, die sie zu den großen Panhellenischen Spielen zusammenführten. Ihr Wort für Nichtgriechen war „Barbaren", was ursprünglich nicht mehr war als ein milder Ausdruck für ihre Verachtung für dieses unverständliche „bar-bar-bar"-Gestammel der Fremden, die kein Griechisch konnten. Diese Verachtung verstärkte sich, als die Griechen begannen, ihren Lebensstil höher als z. B. den der Perser zu betrachten. Diese waren angesichts der Größe des Staates nicht in der Lage, irgendeinen Einfluss auf das tägliche Leben auszuüben – mit anderen Worten: Der griechische Stadtstaat und das griechische Konzept von Bürgerrechten war elementarer Bestandteil von dem, was dazu gehörte, Grieche zu sein.

Im späten 4. Jahrhundert, als die glorreiche Zeit von Athen und Sparta bereits vorüber war, sagte der Philosoph Aristoteles: „Der Mensch ist ein politisches Tier", womit er ein Tier meinte, das von der Natur ausgestattet sei, um in einer *polis* zu leben, das griechische Wort für einen Stadtstaat und den damit verbundenen Lebensstil. Die normale *polis* bestand aus dem ländlichen Gebiet rund um eine ummauerte Stadt mit einer dominierenden Burg oder *acropolis* („die" Akropolis von Athen ist nur eine von vielen, aber zweifellos die berühmteste) und einem Marktplatz oder *agora*. Mit Ausnahme von Sparta war eine *polis* sehr klein. Sogar in Athen war das Land nirgends mehr als 20 km breit; die meisten Einwohner lebten außerhalb der Mauern und kamen nur wegen sozialer oder staatsbürgerlicher Angelegenheiten in die Stadt. Die größten Stadtstaaten dürften etwa 10–20.000 Einwohner gehabt haben (hier war Athen eine Ausnahme, denn ihre wirtschaftliche Größe und ihre Seemacht lässt vermuten, dass die Stadt kurz vor dem Peloponnesischen Krieg 40.000 Einwohner hatte und der gesamte Stadtstaat Athen ca. 300.000). In den Augen der Philosophen sind diese Einwohnerzahlen alle viel zu hoch: Platon hält 5000 für ideal, sein Schüler Aristoteles meint sogar, dass jeder Bürger keine Probleme haben sollte, die anderen Bürger zu kennen.

Wahlkugeln. Die Anzahl der Staatsbürger Athens war beschränkt, aber die Bürger spielten eine große Rolle: sie konnten im Plenum und bei Gericht ihre Stimmen abgeben.

Platon und Aristoteles schrieben diese Ideen nach den Katastrophen des 5. und 4. Jahrhunderts und mit einem nostalgischen Gefühl für die alten genügsamen Stadtstaaten, die noch nicht durch den weit reichenden Handel und durch Luxus korrumpiert waren. Soweit es die Griechen betraf, war Kleinheit für sie ein Vorzug der *polis*; sie lebten in einer Gesellschaft, deren Zusammenspiel sie verstanden und die sie, jeder für sich, beeinflussen konnten. Das „Versäumnis" der Griechen, sich politisch zu einigen – ein katastrophaler Fehler, wie die Geschichte zeigte – war

Diese bemalte Amphore war der Preis für den Sieger des Boxkampfes bei den Panathenäen, den größten Festspiele Athens, im späten 6. Jhdt. v. Chr.

von ihrem Gesichtspunkt aus zu verstehen. Die Griechen verachteten die Perser, denn auch der Mächtigste von ihnen konnte auf Grund einer Laune ihres Königs ermordet werden, womit der Perser ärmer war als die meisten griechischen Sklaven. Gesetze schützten die Einwohner. Sie mögen reaktionär oder besonders hart gewesen sein, wie die Gesetze von Drakon im späten 7. Jahrhundert, aber jeder kannte sie und sie wurden bei jedem gleich angewendet. Auch wenn die Wirklichkeit nicht ganz so perfekt war (besonders wenn politisches Machtstreben die Oberhand gewann), der Respekt vor dem Gesetz war in den Griechen tief verwurzelt. Wenngleich nur wenige so weit gegangen wären wie der Philosoph Sokrates, der trotz seiner Verurteilung zum Tod die Chancen zur Flucht nicht ergriff, mit dem Argument, dass der falsche Urteilsspruch keine Entschuldigung dafür sei, das Gesetz zu missachten.

Die Gesetze galten für alle Regierungsformen, für die Oligarchie Spartas und für die Demokratie Athens. Der größte Unterschied zwischen einer Oligarchie und einer Demokratie lag in der Balance der Kräfte der politischen Institutionen und darin, wie groß die Bürgerrechte waren. In den meisten Stadtstaaten war der politische Ablauf gleich: ein Rat bereitete Gesetze vor und empfahl sie, die Volksversammlung stimmte dafür oder dagegen und die Magistrate veröffentlichten die Ergebnisse. In Oligarchien trug der Rat, eine kleine, besonders auserwählte Gruppe, die größte politische Verantwortung. Im Gegensatz dazu trug in den Demokratien die Volksversammlung (alle Staatsbürger) die ganze Last der Entscheidung. Natürlich entwickelten sich in den Hunderten Stadtstaaten Griechenlands alle möglichen Varianten des politischen und sozialen Lebens.

Auch die Frage der Staatsbürgerschaft wurde unterschiedlich gehandhabt: In Oligarchien war ein gewisser Grundbesitz Voraussetzung für eine Staatsbürgerschaft. Wurde sie jemandem ohne Besitz verliehen, so nur mit eingeschränkten Rechten (z. B. mit dem Stimmrecht, aber ohne das Recht, ein Geschäft zu führen). Aber auch die am weitesten entwickelten Demokratien schlossen Frauen, Kinder, Sklaven und ausländische Bewohner von einer Staatsbürgerschaft aus. Der Ausschluss von Fremden und anderen freien Männern zeigte, dass die Griechen nach wie vor überzeugt waren, dass „Staat" eine Ansammlung von Familien und Sippen bedeutete , die seit jeher Einwohner waren und wo „Fremde" nicht dazugehörten. Die Trennung der *polis* nach Sippen hatte wahrscheinlich ihren Ursprung in den dorischen Niederlassungen, und wenn auch modernisiert, so blieb doch die Zugehörigkeit zu einer Sippe nach wie vor eine Voraussetzung für die Staatsbürgerschaft. Die Staatsbürgerschaft war aber auch eine Frage des Wohnortes. Die Bewohner der Kolonien blieben nicht länger Staatsbürger ihrer alten Heimatstädte, da sie weder an den öffentlichen Veranstaltungen teilnehmen noch ihren religiösen Verpflichtungen nachkommen konnten. Nur Athen erweiterte während seiner Hochblüte die Voraussetzungen und sandte Siedler in die Kolonien, die die Staatsbürgerschaft behielten. Diese ließen sich an strategisch wichtigen Punkten nieder und kontrollierten weniger vertrauenswürdige Fremde. Sie behielten die Rechte und Pflichten von Staatsbürgern und waren von Tributzahlungen befreit. Die Idee, die Staatsbürgerschaft auch auf die jeweils abhängigen Städte auszudehnen, wurde niemals ernsthaft in Erwägung gezogen.

Die Griechen waren ihrer engsten Umgebung äußerst loyal gegenüber. Die Stadt, in der sie lebten, war ihr Zuhause, die Einwohner wie eine große Familie, der man mit großer Anhänglichkeit verbunden war. Die Schwierigkeiten dieser Kleinstaaten waren auf der einen Seite die gefährlich geringe Kriegsstärke, auf der anderen Seite die Unmöglichkeit, die Menschen in den Kolonien oder Fremde zu Mitbürgern zu erklären. Der erste Punkt beschleunigte Spartas Verfall, der zweite beengte den Wirkungsbereich Athens und zersplitterte Griechenland, welches gerade der persischen Herrschaft entronnen war, um letztendlich von makedonischen Königen beherrscht zu werden.

Die berühmteste Akropolis steht in Athen, obwohl in jeder Stadt eine Akropolis oder Burg errichtet wurde. Die athenische Akropolis wurde von den Persern zerstört und im 5. Jhdt. v. Chr. in voller Pracht wieder aufgebaut.

Skythischer Bogenschütze. Die Griechen hatten mit diesem Nomadenvolk aus dem Süden Russlands ausgiebigen Kontakt und stellten 300 Sklaven skythischer Herkunft als eine Art Polizei an. Rotfigurige Vasenmalerei, um 520 v. Chr.

ATHEN UND SPARTA – EIN VERGLEICH

Einige der Einrichtungen aus den Dunklen Jahrhunderten Griechenlands wurden von Athen übernommen und auf dem Weg zur Demokratie verändert. Der Rat (Areopag) und drei Magistrate (Archonten) regierten Athen. Diese angesehene und konservative Einrichtung überlebte die Zeit von Solon und Peisistratos, und erst spätere Reformer versuchten sie in ihrem Einfluss zu beschränken. Kleisthenes gründete einen neuen Rat (der Rat der Fünfhundert), dessen Einfluss der Demokrat Ephialtes noch verstärkte, indem er gleichzeitig den Areopag zu einem Gerichtsort zur Behandlung von Verbrechen reduzierte. Die Archonten wurden durch die Strategen in den Hintergrund gedrängt, eine Gruppe von zehn militärischen Führern, die jährlich vom Rat der

Fünfhundert gewählt wurden. Themistokles und Perikles waren Strategen, was den Schluss zulässt, dass diese Gruppe einen großen Einfluss im Staat gehabt haben muss. Perikles wurde bis zu seinem Tod immer wieder zum Strategen gewählt.

Die wichtige Stellung der Fünfhundert und der Strategen war keine eigennützige, sondern eine Unterstützung der Souveränität des Plenums (alle männlichen Bürger). Die Fünfhundert wurden jährlich durch das Los gezogen, sodass weder Bestechung noch andere Aktionen die Wahl beeinflussen konnten. Da auch jedes Mitglied nur maximal zweimal in seinem Leben im Rat der Fünfhundert dienen durfte, konnten sich keine reinen Interessensgemeinschaften bilden. Aus demokratischer Sicht hatten die ständigen Neuwahlen ihren Vorteil – die politische Arbeit nahm einen hohen Stellenwert im griechischen Leben ein. Das Wichtigste war jedoch, dass der Rat seine Arbeit in Ruhe erledigen konnte: die Gesetzgebung. Die Athener kannten die Gefahr allzu mächtiger Einrichtungen, die in der Praxis alles lenkten. So legten sie die ganze Macht in die Hände des Volkes, des Plenums, das sich alle zehn Tage versammelte. Es konnte einen Vorschlag genehmigen, abändern oder ablehnen, besprechen oder entscheiden und seine Meinung von Mal zu Mal ändern. Der Arm der Exekutive, die Strategen, waren dem Plenum verantwortlich und mussten ihm gegenüber auch ihre Ausgaben erklären und rechtfertigen. Perikles wurde oft von seinen Gegnern als Diktator bezeichnet, doch trotz seiner großen Autorität hatte er keine institutionelle Macht. Er führte durch das Gewicht seiner Persönlichkeit, seinen guten Ruf und seine Überredungskunst. Auch die Gerichtshöfe waren volksnahe Einrichtungen mit 200 und mehr Jurymitgliedern, die eine Bestechung nahezu unmöglich machten. Der Staat war eigentlich nicht existent: Strafverfolgungen wurden von Privaten geleitet und durchgeführt und eine der heutigen Polizei ähnliche Truppe bestand aus skythischen Bogenschützen, aus ausländischen Sklaven, die hauptsächlich als Boten und Rauswerfer für das Plenum dienten.

Wie gut hat dieses System in der Wirklichkeit funktioniert? Das höchste Lob für Athen und seine Demokratie wurde von Perikles in einer Rede zu Ehren der Gefallenen im ersten Jahr des Peloponnesischen Krieges ausgesprochen. Nach dem Historiker Thukydides sagte er:

Wir leben mit einer Regierung, die nicht die Einrichtungen unserer Mitmenschen kopiert, sondern Vorbild für alle sein sollte. Sie ist bekannt als Demokratie, denn die Macht wird nicht im Interesse einiger, sondern im Interesse aller ausgeübt. Und während die Gesetze allen Menschen die gleichen Rechte geben, wird öffentliche Ehre auf Grund von persönlichen Verdiensten und nicht auf Grund einer familiären Herkunft gezollt; noch wird Armut einen Mann geringerer Herkunft ausschließen, wenn er fähig ist dem Volk zu dienen. Wir fühlen uns in unserem Privatleben als freie Männer und vermeiden gegenseitige Eifersucht und Misstrauen. Wenn unser Nachbar nach seiner Art leben will, werden wir ihm das nicht verübeln oder ihn finster anblicken, auf eine Art, die sinnlos ist und unerfreulich … Im öffentlichen Leben werden wir durch Scheu und Angst von Gesetzesbrüchen abgehalten, wir beachten jene, die mit Autorität sprechen, und wir berücksichtigen die Gesetze – besonders die, die den Unterdrückten helfen, und die ungeschriebenen Gesetze, die zu brechen für jeden Mann eine Schande wäre.

Aber es gab auch andere Ansichten, besonders als die Menschen bereits kriegsmüde waren. Zwanzig Jahre nach der Rede des Perikles schrieb der Dramatiker Aristophanes eine Szene, in der ein früherer Dichter, Aischylos, von den Toten aufersteht und Fragen über diejenigen stellt, die gerade die Polis führen: Vermutlich sind sie so, wie sie sein sollten – ehrlich, patriotisch, tüchtig und so fort? Diese Unterstellung brachte alle auf der Bühne zum Lachen und hatte wohl die gleiche Wirkung auf die Zuseher. Auch die politischen Philosophen missbilligten die Demokratie, in der sie die Regierung der hirnlosen Masse sahen. Damals wie heute unterschieden sich die Interpretationen durch die jeweilige Vorliebe: Die einen bezeichneten die Demokratie als „Führung durch das Volk", während die Freunde der Oligarchie es vorzogen, von der „Führung durch die Armen" zu sprechen, die nur im Sinn hatten, die Reichen zu plündern. Die Kommentare der Zeitgenossen über die Demagogen waren grausam, da sie die Macht im Plenum besaßen, vor allem, als

Demosthenes, der berühmteste athenische Redner. Er prangerte das Expansionsstreben Philipps von Makedonien öffentlich an. Nach dem Tod von Alexander versuchte er erfolglos, die Makedonen aus Griechenland zu vertreiben. Um einer Gefangennahme zu entgehen, nahm er Gift.

gegen Ende des fatalen Peloponnesischen Krieges gegen den Frieden eintraten, der für Athen mehrmals erreichbar gewesen wäre. Aber Kritik im Nachhinein ist immer einfach: Wäre der Krieg anders ausgegangen, wären die Demagogen als hervorragende Staatsmänner bezeichnet worden.

Tatsächlich handelte die Volksversammlung impulsiv und unbeständig und neigte zu wilden Entscheidungen, um sie dann wieder zu verwerfen, besonders als der Krieg bereits länger anhielt und die Menschen immer mehr Angst bekamen. Ein bekannter Vorfall hat einen mehr als grausigen Beigeschmack: Nach einer Revolte in Mytilene auf Lesbos entschied das Plenum, dass die männlichen Einwohner exekutiert und die Frauen und Kinder als Sklaven verkauft werden sollten. Nachdem bei einigen die erste Wut verraucht war, wurde der Befehl zurückgezogen. Das Schiff mit dem ersten Urteil war jedoch bereits auf dem Weg nach Mytilene, sodass ein zweites Hals über Kopf hinterhergesandt werden musste. Seine völlig erschöpfte Mannschaft erreichte gerade noch rechtzeitig Mytilene, um das Massaker zu verhindern. In späteren Zeiten wurden keine Urteile mehr aufgehoben: als Thrakien von den Spartanern bedroht wurde und die Stadt Skione revoltierte, wurde die Bevölkerung mit dem Schwert erschlagen oder in die Sklaverei verkauft; 416, als sich der kalte Krieg während des Waffenstillstandes von 421 bis 414 immer mehr verschärfte, wurde mit derselben Brutalität gegen die Insel Melos vorgegangen, die niemals unter dem Einfluss von Athen gestanden hatte.

Der größte Justizirrtum der Demokraten zu Hause war das Gerichtsverfahren und die Verurteilung der siegreichen Kommandanten der Schlacht von Arginusai, die beschuldigt wurden, ihre schiffbrüchigen Männer nicht gerettet zu haben. Weder das Verfahren noch der Urteilsspruch waren gerecht; sie zeigen die Gefahren der direkten Demokratie, in der erregte Menschen viel zu leicht nicht nur die Gesetze, sondern auch die Gerechtigkeit selbst umstoßen können.

Auf der anderen Seite überlebte die Demokratie Athens jede Art von persönlichem Ehrgeiz oder Parteienstreiterei mit bemerkenswert wenig Störungen. Der gewalttätigste Akt in den großen

Drei Ostraka, also Tonscherben, auf die die athenischen Bürger die Namen derjenigen Personen schrieben, die sie durch das Scherbengericht ins Exil schicken wollten. Auf einer Scherbe steht der Name Aristeides. Er wurde 482 v. Chr. verbannt.

Jahren der Demokratie war die Ermordung von Ephialtes, der den Areopag seiner Macht beraubt hatte. Dieser Mord hatte nur eine Wirkung: Statt Ephialtes wurde Perikles Führer der dominanten demokratischen Partei. Wahrscheinlich hat eine für Athen doch eher seltsame Einrichtung bei der Entspannung der politischen Situation geholfen: das Scherbengericht (der Ostrakismos), erfunden von Kleisthenes, das schmerzlos die Zahl der Parteiführer verringerte. Jedes Jahr – wenn die Volksversammlung so entschied – schrieben alle Bürger den Namen jener Person auf eine Tonscherbe, die ihrer Meinung nach verbannt werden sollte. Wenn mindestens 6000 Personen für einen Kandidaten stimmten, so wurde dieser für zehn Jahre ins Exil geschickt, aber ohne seine Ehre, seinen Besitz oder seine Rechte zu verlieren.

In den meisten Gesellschaften war das Fällen politischer Entscheidungen mühsam: meist gewann die eine Gruppe die Oberhand, nachdem die Vertreter einer anderen Ansicht ermordet worden waren. Der Ostrakismos war da toleranter, selbst im Hinblick darauf, dass einige der berühmtesten Persönlichkeiten Athens davon betroffen waren. Themistokles, der führende Kopf beim Sieg über die Perser bei Salamis, wurde ein paar Jahre danach vom Scherbengericht verbannt. Er starb als Verwalter der asiatisch-griechischen Stadt Magnesia in persischem Sold. Eine andere Anekdote zeigt, dass sich der Mensch und seine krausen Gedankengänge auch in Tausenden von Jahren kaum geändert haben. Am Anfang der Karriere von Themistokles waren er und sein politischer Rivale Aristeides, bekannt als „der Gerechte“, Kandidaten für den Ostrakismos. Einer der Bürger bat einen ihm Unbekannten, den Namen Aristeides für ihn in die Scherbe zu kratzen. Ehe dieser dem Wunsch nachkam, erkun-

Ein kriegerisches Bild: ein spartanischer Fußsoldat marschiert hinter einem Streitwagen. Fries auf einem großen Bronzegefäß, dem Vix-Krater, der in Frankreich gefunden wurde und vermutlich aus Sparta stammt; ca. 520 v. Chr.

digte er sich nach dem Grund. Der Bürger sagte, dass er nichts gegen Aristeides habe, ja, ihn nicht einmal kenne, dass es ihn aber ärgerte, dass man ihn „den Gerechten" nannte. Aristeides, denn er war der Helfer, kratzte daraufhin seinen eigenen Namen in die Scherbe. Er wurde auch tatsächlich verbannt, aber sicherlich nicht wegen dieser einen Stimme.

Trotz aller Unzulänglichkeiten war die Demokratie die von Athen gewählte politische Regierungsform. Sie überstand fast ein Jahrhundert dauernder Kriege, bevor sie einer sehr kurzlebigen Oligarchie (411 bis 410) unterlag. Diese wurde nur im fälschlichen Glauben eingesetzt, dass bei einem etwas konservativeren politischen System Persien im Kriegsfall an der Seite Athens kämpfen würde. Weder die Niederlage noch der Verlust des Reiches waren in der Lage, die Demokratie in den Augen der Athener zu diskreditieren, die die spartafreundlichen „Dreißig Tyrannen" (404 bis 403) sofort wieder hinauswarfen. Für die Athener war Demokratie eine Lebensform, der sie treu blieben.

Sparta war eine Oligarchie und die in ganz Griechenland führende Oligarchie dazu, aber seine Verfassung und sein Lebensstil waren einzigartig. Zwei Könige mit relativ geringer Macht führten die Armee im Krieg, wie Leonidas bei den Thermopylen. Fünf Ephoren waren die ausübenden Organe, und das Zentrum der Macht war der „Rat der Alten", der sich aus den zwei Königen und 28 Männern über 60 Jahre zusammensetzte. Anders als im athenischen Rat der Fünfhundert war die Mitgliedschaft im spartanischen Rat lebenslänglich und sehr angesehen. Seine Anordnungen an die Magistrate mussten zwingend und sein Einfluss auf das Plenum (Männer über 30) unwahrscheinlich stark gewesen sein. Debatten, Verbesserungsvorschläge oder anders lautende Meinungen waren verboten. Entscheidungen konnten nur angenommen oder abgelehnt werden (eine Ablehnung ist jedoch psychologisch schwierig, wenn keine Alternativen vorliegen). Auch Abstimmungen verliefen in Sparta ziemlich altmodisch: Alle Männer schrien ihr Ja oder Nein und Hilfskräfte entschieden, welche Seite die Mehrheit oder die lauteren Stimmen hatte.

Spartas Statuten erreichten gegen Ende des 7. Jahrhunderts ihre endgültige Fassung. Sie waren etwas ungewöhnlich; teilweise sehr altmodisch, andererseits aber speziellen Situationen perfekt angepasst. Der Legende nach stammten sie vom Gesetzschreiber Lykurg, der möglicherweise aber nur eine Sagengestalt war. Das 7. Jahrhundert brachte den Spartanern einige finstere Momente: Eine Niederlage gegen Argos und eine grausame, langwierige Revolte der leibeigenen Heloten im besetzten Messenien überzeugten die Spartaner, dass andauernde Mobilmachung und konstante Wachsamkeit notwendig waren, um ihre unterworfenen Völker und das große Reich zu kontrollieren. Nicht nur die Regierungsform, auch alle anderen Lebensbereiche wurden genau reguliert, Änderungen waren unerwünscht, und wenn sich die Welt änderte, musste die Welt eben ausgeschlossen werden. Diese fundamentale Entscheidung betraf das gesamte spartanische Leben: die spartanische Erziehung zur Härte und Leidensfähigkeit, die militärische Ausbildung aller männlichen Bürger, die Aufteilung des Landes, das Verbot von Geld, der Ausschluss Fremder, die Verachtung für den Handel und das Kultivieren eines verschlossenen, wortkargen, fantasielosen Menschenideals, das ganz im Gegensatz zu den redseligen, kreativen Athenern stand.

Oft wird der politischen Geschichte und den politischen Einrichtungen zu viel Aufmerksamkeit geschenkt, da doch die Menschen im Allgemeinen eher wenig Kontakt mit der Politik haben und meistens nur ihr Opfer sind. Für das Leben der alten Griechen galt dies nicht. Das milde Klima und die geringe Anzahl von Organisationen ermutigten die Griechen, am öffentlichen Leben aktiv teilzunehmen. Es gab keine scharfe Trennlinie zwischen dem politischen und privaten Leben; ein Bürger konnte einkaufen gehen und sich wenige Augenblicke später in der Volksversammlung wiederfinden, heftig diskutierend über eine militärische Expedition, an der er teilnehmen musste, oder über ein Schiff, das ablegen würde, mit ihm als Ruderer an Bord. Auch im alltäglichen Leben finden wir diese Verbindung zwischen öffentlichem und privatem Bereich. Das begann bereits in der Kindheit.

„Leonidas": Diese Marmorfigur wurde nach dem König von Sparta benannt, der die Perser bei den Thermopylen aufhalten konnte. Eine der wenigen erhaltenen Beispiele spartanischer Plastik.

ELTERN UND KINDER

In der griechischen Literatur finden sich immer wieder Hinweise auf Kinder. Viele Funde zeigen Kinderbilder auf Vasen: ein Baby auf dem Topf, ein kriechendes Kleinkind, Kinder, die ihr Spielzeug nachziehen, Kinder, die auf einem Tier reiten. Elterliche Fürsorge war die Norm, denn das Kind setzte die direkte Blutlinie fort und war verpflichtet, die Eltern im Alter zu versorgen. So war es natürlich von Vorteil, männliche Nachkommen zu haben, denn diese blieben ihr Leben lang zu Hause, während die Mädchen heirateten, das Haus verließen und einer neuen Familie zugehörten. In der griechischen Literatur beweinten die Mädchen den Abschied von zu Hause; dies mag vielleicht ein Kommentar zum Eheleben sein, auf alle Fälle zeigt es, dass auch Mädchen in einer glücklichen Atmosphäre aufwuchsen.

Die ersten Lebenstage des Kindes waren mit vielen Gefahren verbunden. Nicht nur, dass fraglos viele Mütter und Kinder bereits im Kindbett verstorben sind; es wurden auch jene Kinder aufgegeben, die zu krank waren oder deren Familien einen weiteren Nachwuchs nicht mehr ernähren konnten. Dies war nicht herzlos, sondern oft eine Frage der Notwendigkeit. Kindesmord war in vielen, auch späteren Gesellschaften absolut üblich. An und für sich praktizierten die Griechen keinen Kindesmord (außer die Spartaner, denen nachgesagt wird, dass sie kranke Kinder über eine Klippe ins Meer warfen), aber in entlegenen Gebieten waren die Überlebenschancen vor allem kranker Kinder sehr gering. Eine Alternative war, gesunde Kinder, deren Eltern nicht in der Lage waren, sie aufzuziehen, an belebten Plätzen auszusetzen, sodass sie ein reicher Bürger als sein Sklave heranziehen konnte. Das war auf alle Fälle üblicher, als ein Kind in der Wildnis auszusetzen – ein dramatischeres Verfahren, das Inhalt verschiedener Mythen wurde. Ein Kind wie z. B. Ödipus, das prophezeite Werkzeug des Untergangs seiner Eltern, wurde ausgesetzt, damit es sterben und die Prophezeiung nicht eintreten sollte. Es wird jedoch gerettet und in Unkenntnis seiner Identität aufgezogen, um seine Aufgabe zu vollenden. Doch weg von den Mythen – Mädchen wurden öfter ausgesetzt als Buben!

Kind auf dem Topf mit einer Rassel. Weinkrug, ca. 440 v. Chr. Dieser Topf hat zwei Löcher für die Beine des Kindes, so kann es ordentlich sitzen und fällt nicht um. Ein Exemplar dieser Keramik hat die Jahrhunderte vollkommen unbeschädigt überlebt.

Etwa eine Woche nach der Geburt (inzwischen wurde entschieden, ob das Kind behalten wurde oder nicht) erhielt das Kind in einer feierlichen Zeremonie seinen Namen und wurde anschließend in die Familie aufgenommen. In Athen wurden die Kinder gewickelt, in Sparta wurden die Beine frei gelassen, aber einige der Vorteile dieser aufgeklärten Methode erreichten vielleicht das Gegenteil, da die Kinder mit kaltem Wasser gewaschen wurden und bei jedem Wetter nur leichte Kleidung trugen. Babys erhielten Muttermilch oder die Milch von Ammen, doch auch tönerne Fläschchen wurden bei Grabungen gefunden.

Schon in früher Jugend wurden die Knaben in Bruderschaften für die Apaturia-Festspiele eingetragen. Buben und Mädchen nahmen am großen Anthesterienfest zu Ehren des neuen Weines teil. Die Kinder erhielten kleine Weinkrüge, deren

Ein Knabe spielt mit seinem Hund, Vasenmalerei, ca. 425 v. Chr. Die Griechen hielten sich Hunde aus verschiedenen Gründen, ihre Jagdhunde waren oft sehr elegante und tüchtige Tiere. Dieses Haustier auf der Vase dürfte jedoch keinen großartigen Stammbaum gehabt haben.

Malereien viel über die Kindheit im alten Griechenland erzählen. Den Kindern wurden zu verschiedenen Anlässen Spielzeug geschenkt, und viele der Spiele, die wir heute spielen, waren den Griechen bereits bekannt. Babys spielten mit Rasseln und hatten ihre Freude an dem Lärm, die Älteren mit Bällen, Kreiseln, Ringen oder schaukelten. Die ersten Puppen wurden aus vielen verschiedenen Materialien erzeugt und besonders glückliche Kinder konnten sogar mit komplett eingerichteten Puppenhäusern spielen. Soweit wir es heute erkennen können, war die Kindheit eine schöne und sorgenfreie Zeit, auf alle Fälle bis die Zeit der Ausbildung begann.

AUSBILDUNG UND LEISTUNG

Das griechische Erziehungsideal lautete *arete*, „ausgezeichnet“ – eine Tugend, die ihrem Träger ermöglichte, im Rahmen seiner *polis* ein gutes Leben zu führen. Selbsterkenntnis und Fachwissen gehörten nicht dazu. Was zählte, waren erwartungsgemäß soziale Qualitäten, körperliche Fitness, zugleich würdevolles Verhalten, rasche Auffassungsgabe, Beredsamkeit, Zurückhaltung beim Alkohol, Kenntnisse des Gesangs und des Leierspiels und die Fähigkeit, in Debatten zu punkten. Die griechische Vorliebe für körperliche, moralische und intellektuelle Fähigkeiten wird auch in den Werken von Sokrates offenbar. Sein bestechender philosophischer Geist jedenfalls stand im Gegensatz zu seinem wenig einnehmenden, einem Satyr ähnlichen Aussehen und seinem völligen Mangel an körperlicher Grazie.

Wir wissen nicht, wie viele Griechen eine gute Erziehung erhielten. Die Aufzeichnungen der Gesetze und das in Athen praktizierte Scherbengericht lassen den Schluss zu, dass alle männlichen Bürger schreiben und lesen konnten – das Gesetz verlangte dies auch. Es ist sehr unwahrscheinlich, dass die ärmeren Kinder Schulen besuchten, denn diese mussten privat bezahlt werden. Ihre Erziehung, sofern man hier von Erziehung reden kann, war die Erziehung durchs Leben. Die Kinder finanziell besser gestellter Familien wurden vorerst von einem Haussklaven, dem *paidagogos*, erzogen. Mit ca. 6 Jahren wurde die weitere Ausbildung von drei Schulen übernommen. Es gab die Grundschule für die akademische und literarische Ausbildung, die Musikschule und die Schule für Tanz, Turnen und Sport *(gymnasion)*. Vielleicht besuchten auch einige Mädchen die Schule, doch – wenn überhaupt – dann nicht gemeinsam mit den Knaben.

Die Knaben lernten mit einem Stift auf weichen Wachstafeln schreiben, von denen die Worte jederzeit wieder entfernt werden konnten, sodass die Tafeln immer wieder verwendbar waren. Die griechische Kultur hatte eine Vorliebe für mündliche Übungen. So mussten die Knaben lange Passagen aus den Werken der Dichter rezitieren, vor allem aus den Werken Homers, und zwar so gründlich, dass es ihnen im späteren Leben möglich war, seine Worte bei jeder Gelegenheit zu zitieren. Es wurde erwartet, dass bei einer Debatte beide Seiten jederzeit treffende Argumente und Vergleiche brachten und somit großes Wissen zeigten.

Die Begeisterung der Griechen für eine gute musikalische Erziehung zeigt, wie wichtig die Musik in ihrem Leben war. Schlechte Musik war gleich schlechtem Einfluss: Platon erklärte in seiner politischen Utopie, dem *Staat*, dass verweichlichte Musik verboten werden und nur feierliche, inspirierende Melodien erlaubt sein sollten. Singen und Spielen war wichtig, nicht nur zum Vergnügen, sondern auch bei vielen öffentlichen und religiösen Zeremonien. Aus diesem Grund lernten die Knaben Flöte, eher noch die Leier, spielen, Instrumente, mit denen Gedichte begleitet wurden. Wie wichtig die Athletik für Griechenland war, ist allseits bekannt, doch darüber mehr im nächsten Kapitel.

Die Erziehung der Knaben endete mit 18 Jahren. Darauf folgten zwei Jahre militärisches Training. Die jungen Männer, die *Epheben*, kamen zunächst aus auserwählten aristokratischen Familien. Erst ab dem 4. Jahrhundert wurden alle männlichen Bürger zu diesem Training aufgerufen, das von nun an auch soziale und religiöse Verpflichtungen beinhaltete. Es gab damals noch keine Universitäten oder ähnliche Institutionen, doch während des 5. Jahrhunderts unterrichteten im Land umherwandernde Lehrer (die Sophisten) die Schüler gegen ein Entgelt in den Künsten des Erfolges, was nichts anderes heißt als die Kunst der Überredungsgabe, besonders wichtig für die Volksversammlung und den Gerichtshof; die Kunst, die richtigen Zeugen aufzustellen, die richtigen Schlussfolgerungen zu ziehen, die richtigen Argumente zu bringen, und die Kunst, das Beste aus falschen Argumenten zu machen. Einige unterrichteten auch andere Fächer wie das Training des Erinnerungsvermögens und politische Theorie, alles im Hinblick auf ihre praktische Anwendung. Im 4. Jahrhundert wurde eine Anzahl von Schulen eingerichtet, insbesondere

Schreibender Mann, Terrakottafigur aus Böotien, um 575 v. Chr. Die Fähigkeit, zu lesen und zu schreiben, wurde in vielen Bereichen benötigt wie Verwaltung, Steuern, Handel, Studium, Literatur, Rhetorik. Diese kleine Figur zeigt wahrscheinlich einen professionellen Schreiber.

Platons Akademie, genannt nach dem Gymnasium außerhalb Athens, wo sie gegründet wurde. Obwohl wir uns heute nur an die dort ausgebildeten Philosophen erinnern, war der ursprüngliche Zweck dieser Akademie die Ausbildung von Staatsmännern in so „unwichtigen" Fächern auf dem Stundenplan wie z. B. Geometrie. Trotzdem kamen die Menschen aus ganz Griechenland, um an der Akademie zu studieren.

Wie immer unterschied sich Sparta vom restlichen Griechenland. Alles wurde dem Ziel untergeordnet, eine harte, rein militärische Bevölkerung zu erziehen. Sparta behielt den Brauch bei, sich kranker Kinder zu entledigen. Mit sieben Jahren wurden die Knaben ihren Eltern weggenommen und in Internaten untergebracht. Der Leiter und seine Assistenten hielten eine nahezu grausame Disziplin aufrecht, unterstützt von älteren Knaben, für die die Jüngeren bis zur Erschöpfung arbeiten mussten. Die Knaben trugen bei jedem Wetter eine einfache Tunika und badeten im kalten Wasser des Flusses Eurotas. Ihre Liegestatt war aus Schilfrohr, welches sich die Knaben vom Fluss holen mussten, und ihre Ernährung aus Haferbrei war so armselig, als wolle man sie ermutigen, ihr Essen zu stehlen. Dies war nicht unehrenhaft, es sei denn, der Dieb war so dumm, sich erwischen zu lassen. Eine berühmte Geschichte – die als besonders vorbildlich galt – berichtet von einem jungen Spartaner, der einen Fuchs stahl und ihn unter seiner Tunika versteckte. Er ließ sich lieber seine Manneskraft von dem Tier abbeißen, als seinen Diebstahl zuzugeben. Athletische und brutale Spiele dominierten, und auch der Tanz war nur eine weitere Form des militärischen Drills. Aber selbst in Sparta wurde Homer zum Training des Geistes vorgeschrieben.

Mit der militärischen Ausbildung endete die Zeit der Erziehung, die ja nur als Voraussetzung für ein militärisches Leben diente. Auch für Mädchen war eine sportliche Ausbildung möglich,

Die Musikstunde. Der Schüler spielt auf einer Flöte mit zwei Rohren, sein Lehrer dirigiert mit erhobener Hand. Im alten Griechenland waren Musik und Tanz Grundelemente der Erziehung. Rotfiguriges Vasenbild, frühes 5. Jhdt. v. Chr.

Standbild eines Epheben, eines jungen Mannes zwischen 18 und 20 Jahren, in nachdenklicher Haltung in einen Mantel gehüllt. Während dieser zwei Jahre vollendeten die jungen Männer ihre Erziehung. Hellenistisch, Marmor, 1. Jhdt. v. Chr.

sicherlich einer der wenigen positiven Aspekte, und Frauen konnten in Sparta im Allgemeinen freier leben als im übrigen Griechenland. Die übrigen Griechen waren über die kurze Tunika der Mädchen und ihre zeitweisen Ringkämpfe mit Knaben schockiert. Der Tragödiendichter Euripides von Athen – er schrieb während des Peloponnesischen Krieges – erklärte, dass diese Erziehung zu Unkeuschheit führe. Aristophanes jedoch, bekannt für seine komischen und ironischen Stücke, beschrieb die Spartanerinnen als hoffnungslos provinzielle Muskelfrauen.

DER ATHLETENKULT

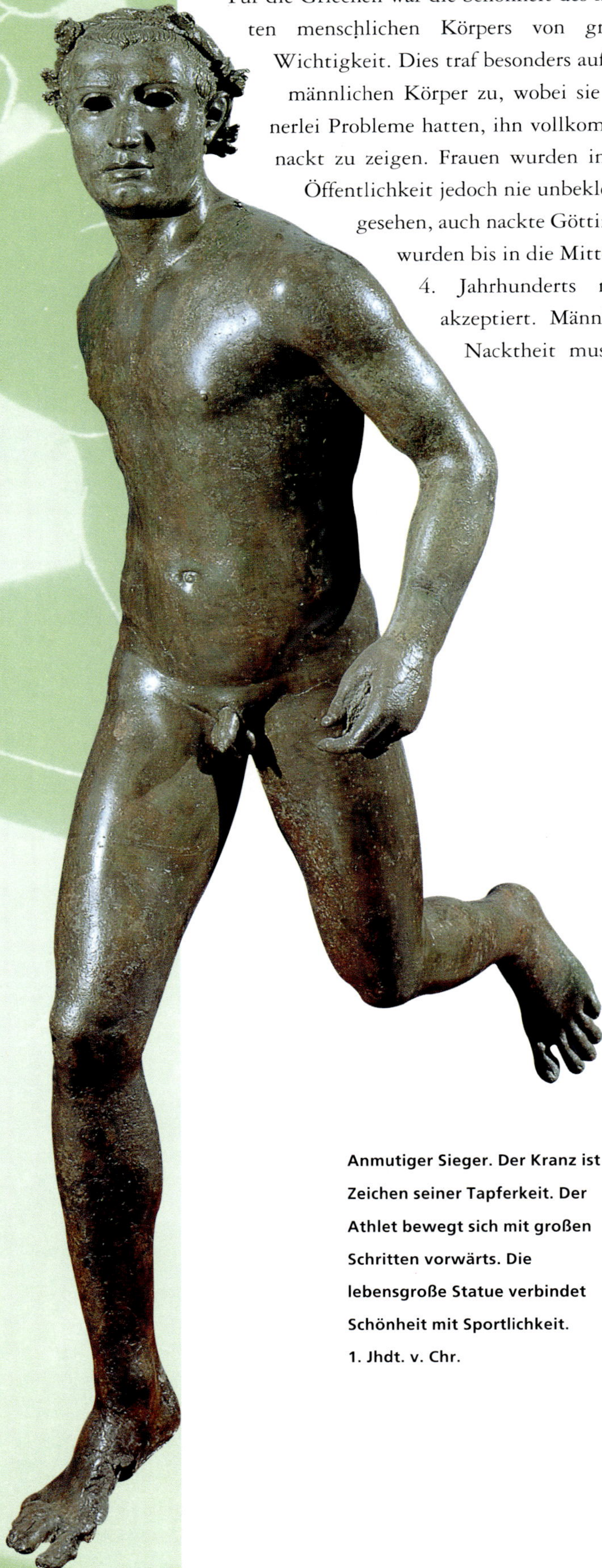

Für die Griechen war die Schönheit des nackten menschlichen Körpers von großer Wichtigkeit. Dies traf besonders auf den männlichen Körper zu, wobei sie keinerlei Probleme hatten, ihn vollkommen nackt zu zeigen. Frauen wurden in der Öffentlichkeit jedoch nie unbekleidet gesehen, auch nackte Göttinnen wurden bis in die Mitte des 4. Jahrhunderts nicht akzeptiert. Männliche Nacktheit muss in engem Zusammenhang mit der Verehrung von Athleten gesehen werden, die im griechischen Leben eine so große Rolle spielten, wie es heute nirgends mehr zu finden ist. Sportliche Übungen waren Teil der Erziehung und wurden auch im Erwachsenenleben beibehalten. Viele Bürger besuchten die Olympischen Spiele und andere sportlichen Wettkämpfe, wo die Sieger gefeiert wurden, als seien sie unsterblich.

In jeder griechischen Stadt gab es sportliche Einrichtungen, die Palaistra und das Gymnasion. Das Palaistra war das Zentrum aller sportlichen Ausbildung, in dem die Schüler gymnastische Übungen mit Musikbegleitung ausübten und andere Wettkampfsportarten wie Laufen und Springen trainierten, während die Erwachsenen ihre Ringkämpfe durchführten. Die Palaistra war eine öffentliche Einrichtung, ausgestattet mit Umkleideräumen, Waschmöglichkeiten und Geschäften. Alle Jugendlichen der Stadt konnten sie gegen eine geringe Gebühr für den Trainer benutzen. Die Gymnasien waren großflächige Sportanlagen mit vielen Möglichkeiten, die oft in der Nähe von Quellen und großen schattigen Bäumen angelegt waren. Athen besaß drei Gymnasien. Eines davon, das berühmt für seine Schönheit war, war die Akademie, wo Plato seine berühmte Schule für Philosophie gründete.

Die Vorliebe der Griechen für Athleten hat ihren ursprünglichen Grund sicherlich in der Ertüchtigung des Körpers der Städter, um für einen Kampf fit und trainiert zu sein. Aber schon lange vor der klassischen Zeit hatten die Athleten eine eigene persönliche und soziale Bedeutung erlangt. Gymnasien, offen für alle Bürger, wurden wahrscheinlich zu den wichtigsten sozialen Treffpunkten der Stadt, in welchem die sportlichen Übungen, die Entspannung und die Konversation dazu dienten, männliche Bündnisse zu fördern. Ein großes Angebot von Bequemlichkeiten begleiteten den Aufenthalt: vor den Übungen wurde der Körper eingeölt und bestaubt, nachher gewaschen und in Ermangelung einer Seife mit einem gebogenen Bronzegerät, der *Strigilis*, abgeschabt.

Anmutiger Sieger. Der Kranz ist Zeichen seiner Tapferkeit. Der Athlet bewegt sich mit großen Schritten vorwärts. Die lebensgroße Statue verbindet Schönheit mit Sportlichkeit. 1. Jhdt. v. Chr.

Die Griechen liebten Wettkämpfe und waren durstig nach Ruhm. Sportliche Tapferkeit galt als eine der größten Formen von Heldenmut, wert, in Gedichten unsterblich gemacht zu werden. Sportveranstaltungen waren wichtige Ereignisse im Laufe eines Jahres. Die meisten Veranstaltungen hatten auch sportliche Wettkämpfe im Programm. Die wichtigsten waren zweifellos die Panhellenischen Spiele (für die Menschen der gesamten griechischen Welt). Die Olympischen Spiele, gegründet 776 v. Chr., wurden alle vier Jahre bis 396 n. Chr. abgehalten und waren die ersten dieser Art. Die modernen Olympischen Spiele wurden erst wieder 1896 zum Leben erweckt. Seit dem frühen 6. Jahrhundert v. Chr. gab es noch weitere beachtenswerte Spiele: die Panhellenischen Isthmischen Spiele in Korinth, die Nemeischen Spiele in Nemea im Nordosten der Peloponnes, beide zweimal jährlich, und die Pythischen Spiele in Delphi, die alle vier Jahre stattfanden. Alle diese Ereignisse waren religiöse Feste, begleitet von Opfern und feierlichen Ritualen, aber sie waren auch ein Heidenspaß, die Touristen und Zuschauer aus ganz Griechenland anzogen. Mittendrin machten Verkäufer von Essen, Schmuck und Weissagungen gute Geschäfte, und Philosophen und Historiker trugen allen ihre Werke vor, die ihnen zuhörten.

Die Olympischen Spiele legten das Muster für andere Sportveranstaltungen für alle Zeiten fest. Olympia im Nordwesten der Peloponnes war ein Heiligtum, das dem Zeus geweiht war, dem König aller Götter. Die olympischen Spiele waren im Hochsommer angesetzt und dauerten fünf Tage. Bereits Wochen davor sandte die Stadt Elis Boten aus, um sowohl Sportler als auch Zuschauer zur Teilnahme an diesem Ereignis aufzufordern. Die Stadtstaaten waren während dieser Zeit auch verpflichtet, einem alten Brauch nachzukommen: Jeder, der auf dem Weg zu oder von den Olympischen Spielen war, durfte auch in Kriegsgebieten und in feindlichen Territorien nicht zu Schaden kommen.

In Olympia und bei anderen panhellenischen Spielen wurden die Wettkämpfe in Laufdisziplinen im Stadion durchgeführt. Pferde- und Wagenrennen wurden im Hippodrom abgehalten. Bis auf eine kleine Ehrentribüne hatten die Zuseher keine eigenen Sitzplätze, sondern saßen auf Hügeln, von denen sie die Kämpfe beobachten konnten. Die Athleten waren ausschließlich unbekleidet, bis auf einen Wettlauf, den sie in voller Rüstung bestreiten mussten. Das Programm setzte sich aus vier Wettläufen und dem Pentathlon – dem Fünfkampf – zusammen. Zum Pentathlon gehörten Speer- und Diskus-

Junge Männer spielen Hockey. Diese Szene ist eher unüblich, denn die meisten Griechen hatten keinerlei Interesse an Mannschaftssport. Attisches Marmorrelief vom Sockel einer Statue, um 510 v. Chr.

wurf, Weitsprung, Wettlauf und Ringen. Gewinner war der, der mindestens drei dieser Disziplinen gewinnen konnte. In ganz Griechenland trainierten die Athleten hart für die Olympischen Spiele. Vernünftigerweise waren auch talentierte Sportler zu den Lauf- und Felddisziplinen zugelassen, wogegen die teuren Pferde- und Wagenrennen wahrscheinlich der reicheren Bevölkerung vorbehalten waren. Eine der glänzendsten Persönlichkeiten der griechischen Geschichte, Alkibiades, ließ einmal sieben Wagen zu einem Lauf antreten und brüstete sich hinterher damit, den ersten, zweiten und vierten Preis gewonnen zu haben – bei Wagenrennen war nicht der Lenker, sondern der Eigentümer des Gespanns der Sieger.

Zu Ehren der Göttin Hera wurde in Olympia auch ein Wettlauf für Frauen durchgeführt, der jedoch nicht Teil der offiziellen Spiele war. Viel ist uns über diesen Wettkampf nicht bekannt, außer dass die Frauen mit einer kurzen Tunika bekleidet waren und die Teilnehmerinnen aus Sparta dominierten. Sie waren aber auch die einzigen Frauen Griechenlands, zu deren Ausbildung ein körperliches Training gehörte.

Finanzielle Reichtümer konnten bei den Spielen nicht erworben werden. Der Preis für den Sieger war ein Zweig eines der Gottheit geweihten Olivenbaums, manchmal eine Amphore

Training in der Palaistra, dem Sportzentrum. Hier erhielten die jungen Männer ihre sportliche Ausbildung. Es diente auch zum Austragen von Ringkämpfen zwischen Erwachsenen, wie dieses Marmorrelief zeigt, ca. 500 v. Chr.

Vorbereitungen zum Speerwurf. Die meisten Sportarten haben wahrscheinlich ihren Ursprung im militärischen Training, beim Speerwurf ist das jedoch besonders offensichtlich. Rotfigurige Schale aus Vulci in Italien, etwa 470 v. Chr.

Unten: Ein junger Athlet reinigt sich mit einem Schaber. Vor dem Sport wurde der Körper eingeölt, danach mit einer dünnen Staubschicht bedeckt und anschließend der Schweiß mitsamt dem Staub mit dem Schaber vom Körper wieder abgekratzt. Attische rotfigurige Vasenmalerei, spätes 6. Jhdt. v. Chr.

voller Öl und unvergänglicher Ruhm. Die Athleten traten als Einzelpersönlichkeiten auf, nicht als Repräsentanten ihrer Polis; selbstverständlich wirkte sich ihr Erfolg auch auf ihre Geburtsstadt aus (ganz besonders auf die Städte Großgriechenlands, die zwar reich waren, aber noch immer mit ihrer Unterlegenheit den Stadtstaaten des Festlandes gegenüber kämpften). Immer intensiveres und längeres Training brachte eine eigene Klasse professioneller Athleten hervor, die mit Ende des 5. Jahrhunderts von einem Wettkampf zum anderen reisten und die meisten Preise davontrugen. Die Olympischen Spiele behielten zwar ihre Individualität, die meisten anderen Wettspiele wurden jedoch immer größer, man hörte von randalierenden Zuschauern, von Betrug und Schwindel – mit einem Wort, die Spiele der Amateure wurden durch ein reines Geschäft der Unterhaltungsindustrie ersetzt.

FRAUEN, HEIRAT UND SEX

Der Status der griechischen Frau war deutlich niedriger als der des Mannes. Als junges Mädchen war sie ihrem Vater zu absolutem Gehorsam verpflichtet. Er entschied, wen sie heiraten sollte, und auch nach der Eheschließung war die junge Frau nicht unabhängig, sondern wurde vom Ehemann beherrscht. In den meisten Staaten konnte sie keinen eigenen Besitz erwerben oder auch nur an den primitivsten wirtschaftlichen Transaktionen teilnehmen (hier war Sparta eine Ausnahme). Ihr Mann konnte über die Aussteuer nach seinem Willen entscheiden, außer er ließ sich scheiden. In einem solchen Fall konnte der Vater die Aussteuer der Tochter zurückverlangen. Die griechischen Männer heirateten spät (mit ca. 30) und der große Altersunterschied trug noch dazu bei, die Autorität des Mannes zu verstärken. Von der Frau wurde erwartet, dass sie ihre Zeit im Haus verbrachte, in reichen Familien die Angestellten beaufsichtigte und sich darum kümmerte, dass das Essen gekocht und die Stoffe für die Familienbekleidung gesponnen und gewebt wurden. Frauen ärmerer Männer haben wahrscheinlich gearbeitet, auf einem Marktstand oder als Amme – das alles verstärkte jedoch den niedrigen Stand der gesamten Familie. Ob reich oder arm, kamen Freunde (natürlich männliche) ins Haus, mussten sich die Frauen in so genannte Frauenquartiere zurückziehen, die wie ein Harem für Männer verboten waren. Keine anständige Frau hätte mit jemand anderem gegessen als mit ihrer Familie. Außer zu gewissen Festen und zum Einkaufen trat sie nie in der Öffentlichkeit auf. Kam es anlässlich verschiedener öffentlicher Aufgaben des Mannes zu sexuellen Abenteuern, so hatte die Frau diese zu akzeptieren, Abenteuer ihrerseits wurden jedoch gnadenlos bestraft.

Königliche Hausfrau. Diese Elfenbeinfigur zeigt eine reiche Frau mit Perlen in den Haaren und am Hals. Sie trägt die Symbole häuslicher Pflichten: den Spinnrocken in der einen und eine Spindel in der anderen Hand. Ephesos, spätes 7. Jhdt. v. Chr.

Das Los der Frauen war schwer und viele griechische Schriftsteller haben es auch so beschrieben. Dieses Los wurde und wird von allen Frauen im Westen geteilt, sogar bis ins 20. Jahrhundert, und ein kurzer Blick in den heutigen Süden Europas oder die islamische Welt bestätigt das. Dieser Vergleich soll auch nicht die niedrige Stellung entschuldigen, sondern zeigen, dass sich die Position der griechischen Frau nicht wirklich von der heutiger zivilisierter Frauen unterscheidet. Wahrscheinlich war auch das Eheleben dem heutigen ziemlich ähnlich: Es gab schlaue und dominante, unterdrückte und sich unterwerfende Frauen; die Menschen erhofften sich häusliches Glück oder schlossen Kompromisse. Es gibt kei-

Eine sitzende Frau öffnet einen Weidenkorb. Tonrelief aus Lokri in Süditalien, 5. Jhdt. v. Chr. Die häusliche Einrichtung ist für griechische Verhältnisse luxuriös, mit wunderschön verzierten Möbeln. Die elegant gekleidete Frau könnte durchaus auch eine Göttin darstellen.

ne Beweise von Frauenverachtung in der griechischen Literatur. Homer sympathisiert mit einer feinen und berührenden Frau wie Hektors Frau Andromache, die zur Witwenschaft und Sklaverei verurteilt war, oder einem lieblichen, noch unerfahrenen Mädchen wie Nausikaa, der Prinzessin in Homers *Odyssee,* die den schiffbrüchigen Odysseus, salzüberkrustet und nackt, am Strand entdeckt und ihn zum Mann nehmen möchte. Auch über Heldinnen oder unheilvolle Frauen wurde in den griechischen Dramen geschrieben: Königin Alkestis, die ihr Leben für ihren Mann gibt (Drama des Euripides); Phädra, die in ihren Stiefsohn Hippolytos verliebt war und sich selbst umbrachte; Medea, die von Jason verlassen wurde, ihre gemeinsamen Kinder ermordete und ihre Rivalin vergiftete; die rachsüchtige Klytaimnestra, die ihren Mann Agamemnon ermordete; und die Anhängerinnen des Dionysos, die ihren König zerrissen, als er versuchte, sie in ihrer Ekstase zu bremsen.

In der Hochblüte Athens schienen sich die Griechen mehr für das Leben ihrer Frauen zu interessieren. Gruppen von Hausangestellten wurden zur Erinnerung auf Grabsteinen verewigt, und Vasenmalereien zeigten Szenen aus dem täglichen Leben. Auch in der Literatur spielten Frauen eine größere Rolle. Das konventionelle Ideal war jedoch noch immer die unterwürfige Frau. Perikles beschreibt es so: „Zum größten Ruhm gereicht es der Frau, wenn der Mann so wenig wie möglich mit ihr reden muss, weder um sie zu loben, noch um sie zu kritisieren." Und der Dichter Euripides, der viele verschiedene weibliche Charaktere beschrieb, galt als Frauenfeind. Der Komödienschriftsteller Aristophanes, eine ausgezeichnete Quelle von Informationen über das tägliche Leben, lieferte die stärksten Beweise dafür, dass die Frauen Athens keineswegs machtlos waren. In seinem Drama *Lysistrata* verweigerten sich die griechischen Frauen ihren Männern, um diese zu zwingen, den Krieg zu beenden. Die Männer wurden überlistet und kapitulierten, denn Abstinenz ist für beide Seiten schwierig, besonders für Paare, die sich lieben. Wir sollten nicht zu viele Schlüsse aus den Werken von Aristophanes ziehen, aber sie zeigen doch, dass die gegenseitige Befriedigung im Familienleben die gleiche Bedeutung hat – im 5. Jahrhundert wie heute – und dass homosexuelle Beziehungen oder käufliche Liebe kein wirklicher Ersatz sein können. In Aristophanes' Posse *Thesmophoriazusen* verkleidet sich der Schwiegervater von Euripides als Frau und spioniert bei einem Fest, von dem Männer ausgeschlossen sind, was denn die Frauen so im Schilde führen. Die Frauen sind sehr verärgert, aber hauptsächlich, so scheint es, weil sie ertappt worden sind. Die Ehemänner versperren darauf die Türen der Frauen, Wachhunde sollen andere Männer verjagen und sogar die Speisekammern werden verschlossen (wahrscheinlich um ihre Frauen am Trinken zu hindern). Die Frauen wären solche frechen Flittchen, meint der Schwiegervater, dass sie auch unter den Augen der Männer Ehebruch begehen würden und, sollte die Anwesenheit der Männer zu lästig sein, diese auch beiseite schaffen würden.

Liebespaar auf dem Boden einer Trinkschale. Erst wenn der Becher leer war, konnte das Bild gesehen werden. Sowohl liebevolle Gefühle als auch erotische Unterhaltungen fanden ihren Niederschlag in der griechischen Kunst. Schale des Malers Makron, Anfang des 5. Jhdts. v. Chr.

Die Prostitution blühte im alten Griechenland, wahrscheinlich jedoch nicht mehr als in anderen Gesellschaften. Auf den Straßen flanierten Prostituierte beiderlei Geschlechts, Flöten spielende und tanzende Knaben und Mädchen, die auch sexuelle Pflichten hatten, unterhielten die Gäste bei Festen. Die *hetairai*, ähnlich den japanischen Geishas und den *grandes horizontales* der Franzosen um 1890, konnten musizieren, waren gute Gesprächspartnerinnen und anregende Gespielinnen. Ob sie wirklich so kultiviert und großherzig waren, wie die Geschichten berichten, bleibt offen, da die griechischen Schriftsteller im 4. Jahrhundert diesen ältesten aller Berufe glorifizierten. Die *hetairai* waren emanzipierte Sklaven oder Ausländer.

Die berühmte Aspasia, Geliebte von Perikles, kam aus der ionischen Stadt Milet. Sie jedenfalls entspricht den Legenden, denn sie war sowohl Freundin von Sokrates wie auch von Perikles, der sich ihretwegen von seiner Frau scheiden ließ, um mit ihr zu leben. Perikles hatte das Gesetz unterstützt, dass nur diejenigen die Staatsbürgerschaft erhalten sollten, deren beide Elternteile aus Athen stammten; nun musste er einen Weg finden, dieses Gesetz zu umgehen, damit seinem und Aspasias Sohn die Staatsbürgerschaft zugesprochen werden konnte.

Wie die Stücke des Aristophanes und auch der gesunde Menschenverstand vermuten lassen, war

Gäste empfing, war auch auf der Vorderseite des Hauses, sodass keiner der Gäste den im Haus lebenden Frauen begegnen konnte.

Die meisten griechischen Haushalte waren wahrscheinlich Selbstversorger. Die Wolle für die Bekleidung wie auch die notwendigen Lebensmittel stammten vom Bauernhof des Hausherrn außerhalb der Stadt. Trotzdem war der Markt, die *agora*, voll mit Waren für jedermann – Parfum und Kosmetika, zarte Stoffe und andere Luxusartikel für Frauen, aber auch Fisch, Käse, Öl, Getreide etc. Tavernen und Marktstände verkauften Getränke, ein billiger und unterhaltsamer Gegensatz zu den Gelagen *(symposion)* der oberen Klassen, und Kreditverleiher (12% Zinsen) machten ihre Geschäfte mit optimistischen oder verzweifelten Kunden. Auf dem Athener *kerameikos* verkauften Töpfer Vasen und Terrakotten für Weihgeschenke. Die Preise zu kontrollieren und die Wege frei zu halten war Aufgabe der Marktaufsicht, aber das Durcheinander von Geschäften, Tischen, Verkaufsständen und Buden muss ihre Arbeit sehr erschwert haben. Aristophanes gibt ein besonders lebendiges Bild eines Marktes: Ein aufgeblasener Offizier mit klirrender Rüstung patrouilliert zwischen Gemüse- und Geschirrständen, ehe er mit einem Omelette heimgeht, sorgfältig verpackt in seinem Helm.

Gerechtigkeit auf dem Marktplatz von Athen oder einer kleineren Handelsstadt in Attika: Die Männer wiegen in Ballen verpackte Waren ab. Der Marktplatz war sowohl wirtschaftlich wichtig als auch ein soziales Zentrum. Schwarzfigurige Vasenmalerei, Mitte 6. Jhdt. v. Chr.

Ein Jäger auf dem Heimweg nach einer erfolgreichen Jagd. Die Jagd von Kleinwild brachte willkommene Abwechslung in die etwas eintönige Küche der meisten Menschen. Schwarzfigurige Schale, um 500 v. Chr. Die Figuren sind geschickt in das kreisförmige Bildfeld eingepasst.

DAS LEBEN AUF DEM LAND

Die griechische Kunst und Literatur erzählen nur wenig über das Leben auf dem Land und auch heute gibt es noch kaum Informationen über den Besitz und die Verwaltung von landwirtschaftlichen Gütern. Doch die Mehrheit der Bevölkerung waren Bauern und es war ihre Arbeit außerhalb der Stadtmauern, die der Polis ihre kulturelle Blüte ermöglichte. Unüberwindbare Berge und die schlechte Kommunikation zwangen die griechischen Staaten zur Selbstversorgung (nur Athen war ein großer Importeur von Lebensmitteln). Bis zur klassischen Zeit hatte sich die Landwirtschaft immer mehr spezialisiert und intensiviert. Ihr Ziel bestand darin, die verschiedenen Arten von Böden und Klimazonen optimal zu nutzen, um die rasch anwachsende Bevölkerung zu ernähren, während die griechische Erde eher mager und das Wetter (und somit die Ernte) unberechenbar waren.

Getreide spielte dabei eine wichtige Rolle. In den meisten Gegenden gedieh Gerste, die zwar nicht so schmackhaft wie Weizen war, doch zuverlässiger gedieh. Verbreitet wurden Olivenbäume und Wein angebaut. Oliven waren vielseitig verwendbar, sie dienten als Nahrung, als Öl für Lampen und als Hautreinigungsmittel. Wein war dagegen eine wertvolle Exportware.

Bohnen, Feigen und andere pflanzliche Lebensmittel vervollständigten die Mahlzeiten der Griechen und versorgten den Körper mit Kohlenhydraten und Kalorien. Fleisch wurde kaum gegessen und hatte daher einen so hohen Stellenwert, dass sogar Geschichten über griechische Helden von großen Festen berichten. Wahrscheinlich haben die Städter nur dann Fleisch zu essen bekommen, wenn ein Opfertier während einer öffentlichen Feier in einzelnen Portionen an die Feiernden verteilt wurde. Rinder, Schafe, Ziegen und Schweine wurden aufgezogen, Ochsen zogen Wagen und Pflug, aus der Milch der Rinder und Ziegen wurde Käse erzeugt und die Schafwolle diente zur Herstellung der Bekleidung. Nur Pferde wurden in der Landwirtschaft nicht verwendet – sie waren den Aristokraten als Reittiere vorbehalten.

Fisch spielte in der Ernährung eine größere Rolle als Fleisch, da er durch die Nähe des Meeres immer verfügbar war. Er wurde gesalzen, eingelegt oder getrocknet, um ihn haltbar zu machen, oder gleich frisch vom Wasser gegessen. Die Armen konnten sich auf dem Markt Fischteile oder Fischkuchen kaufen.

Am meisten Arbeit hatten die Bauern in der Zeit vom frühen Sommer bis zum Spätherbst. Das Getreide musste zwischen Mai und Juli eingefahren werden, die Weinlese war im September, und von Oktober bis Mitte Dezember wurde gepflügt, gesät, wurden die Bäume beschnitten, Oliven geerntet und alle weiteren Vorbereitungen für den Winter getroffen. Die größten Festspiele und Sportveranstaltungen wurden im Frühjahr und im Sommer abgehalten, da die Bauern in diesen Monaten relativ wenig Arbeit hatten. In dieser Zeit wurden auch die meisten Bauwerke errichtet: Die Ochsen konnten zum Ziehen der Marmorblöcke eingesetzt werden und es gab genügend Arbeitskräfte. Selbst der Zeitplan der kriegerischen Auseinandersetzungen war abhängig vom Kreislauf der Natur: Sie konnten nur in jenen Monaten ausgetragen werden, in denen die Bauern keine Arbeiten auf dem Feld zu erledigen hatten.

Olivenernte: Oliven waren der Haupthandelsartikel der mediterranen Länder, wertvoll ob ihres Öls und als Nahrung. Auf dem Bild werden die Oliven vom Baum geschüttelt und geschlagen und dann vom Boden aufgelesen. Schwarzfigurige attische Vase, um 520 v. Chr.

GESELLSCHAFT, ARBEIT UND SKLAVEREI

Die meisten Quellen über diese Themen stammen aus dem Athen des 5. Jahrhunderts und werden hier auch auf die anderen Stadtstaaten übertragen, obwohl Athen reicher, herrschaftlicher und weiter entwickelt war als jene. Die meisten Stadtstaaten waren wahrscheinlich einfacher strukturiert, ländlicher organisiert und altmodischer in ihrer Verwaltung. Doch auch wenn sie sich gegen die Vorherrschaft Athens aufgelehnt haben, betrachteten sie die Stadt niemals als Missgeburt, sodass die Verzerrung des Bildes nicht größer sein dürfte als bei jeder auf Städten basierenden Beschreibung der Funktionsweise einer Gesellschaft.

Der Einfluss der Aristokraten auf das Leben Athens hörte nie wirklich auf. Die Führer der rivalisierenden Parteien im demokratischen Staat waren ausschließlich Aristokraten. Doch auch reiche Geschäftsleute wurden als Mitglieder der oberen Klasse akzeptiert und mussten ihre geschäftlichen Interessen nicht für eine politische Karriere aufgeben. Nikias, der Befehlshaber der unglücklichen sizilianischen Expedition, war unglaublich reich. Allein für die Arbeit in den Silberminen Athens in Laureion stellte er tausend Sklaven zur Verfügung. Unbewusst waren sich die Griechen jedoch einig, dass nur ein reicher Privatmann geeignet war den Staat zu lenken, da ja die höchsten Positionen nicht bezahlt wurden.

Aristophanes war ein typischer Konservativer in seinem Verhalten den radikalen Demokraten gegenüber, die während der letzten Kriegsjahre den größten Einfluss in Athen hatten. Er warf ihnen immer vor, ihre Taschen auf Kosten des Staates zu füllen – ob zu Recht, kann heute nicht gesagt werden. Von den reichsten Einwohnern wurde erwartet, dass sie die Verwaltung bei der Finanzierung öffentlicher Projekte unterstützten,

Ein Bauer hinter seinem mit Ochsen bespannten Pflug. Wie in allen alten Gesellschaften war die Bearbeitung des Bodens die Voraussetzung für das Funktionieren des städtischen Lebens. Deutlich erkennbar scheint, wie müde der Bauer und die Tiere sind. Terrakottagruppe aus Theben in Böotien, frühes 6. Jhdt. v .Chr.

wie der Ausrüstung staatlicher Schiffe oder der Ausrichtung von Theaterstücken für Festspiele.

Die restliche Bevölkerung wurde im 5. Jahrhundert in zwei Gruppen unterteilt: in Hopliten und Theten. Hopliten waren jene männlichen Bürger, gleich, ob Bauer, Händler oder Handwerker, die sich Rüstungen und Waffen leisten konnten, um als bewaffnete Fußsoldaten (eben als Hopliten) dienen zu können. Die Theten waren die ärmere Klasse, meistens Kleinbauern und ärmste Handwerker, die als Tagelöhner arbeiteten; sie dienten als Hilfstruppen oder Schiffsmannschaften. Die mageren Informationen aus Verwaltungsregistern, Armeelisten und Mitgliederlisten religiöser Bruderschaften weisen darauf hin, dass die beiden Gruppen ziemlich gleich stark waren. Die Größe der Hoplitenklasse bestätigt den Eindruck, dass in Athen Wohlstand unter den Bürgern recht verbreitet war. Dank der vielen Kriege Athens blieb diese militärische

Trinken als dionysisches Ritual. Eine Frau schöpf Wein in den Becher, die andere nimmt am Trinkritual teil, die dritte spielt auf der Flöte. Das abgebildete Objekt (und auch das auf dem Vasenbild) ist ein *stamnos*, das wichtigste dionysische Kultgefäß. Attisches rotfiguriges Bild des Villa-Giulia-Malers, 460 v. Chr.

Die tägliche Nahrung. So wie der Mann auf den Feldern arbeitet, damit der Weizen wächst, verwandelt ihn die Frau zu Brot, indem sie Teig knetet. Vielleicht eine Sklavin oder Dienerin. Tonfigur mit Farbspuren aus Aulis, etwa 500–475 v. Chr.

Einteilung der Bevölkerung bestehen und wurde zur Basis politischer Gruppierungen. Als die Stärke und das Überleben Athens immer mehr von seiner Flotte abhing, erhielten die Theten die bis dahin verwehrten politischen Rechte; obgleich die Gesetze nicht geändert wurden, durften sie stillschweigend öffentliche Ämter bekleiden – auch Mitglied im Rat der Fünfhundert werden. Geringe Tagesdiäten ermöglichten es dieser ärmeren Schicht, regelmäßig die Volksversammlung und die Gerichtshöfe zu besuchen. (Die Diäten waren jedoch nicht hoch genug, um sich ausschließlich der Politik verschreiben zu können und nicht mehr arbeiten zu müssen, obwohl Konservative das natürlich behaupteten). Nach der Zerstörung der Flotte Athens in Sizilien verlor die Marine an Prestige und die Klasse der Theten an Einfluss und es folgte die oligarchische Reaktion von 411, offenbar mit Unterstützung der Hopliten. Als eine der ersten Aktionen der Oligarchie wurden den Theten ihre Vorrechte und die geringfügige Bezahlung entzogen. Die Oligarchie fiel hauptsächlich deswegen, weil die in Samos stationierte attische Flotte ihre prodemokratische Einstellung behielt, und nach dem großen Sieg über die Spartaner bei Kyzikos wurden die Macht der Flotte und die Rechte der Theten wiederhergestellt.

Die Metoiken (fremde Einwohner) lebten und arbeiteten außerhalb dieser engen sozio-politischen Verbindung. Nachdem sie keine Staatsbürgerschaft hatten, durften sie nicht wählen, kein Grundstück kaufen und blieben so wurzellos. Die Metoiken waren zwar zum Militärdienst verpflichtet, dürften aber nur in Notfällen herangezogen worden sein. In der griechischen Polis waren Verwandtschaft, Landbesitz, politische Aktivitäten und die Mitgliedschaft in religiösen Gruppen so wichtige Teile des täglichen Lebens, dass die Metoiken Außenseiter waren, ungebundene Einzelwesen. Trotzdem dürften sie nicht sozial diskriminiert worden sein, denn sie scheinen bei Festen und anderen wirtschaftlichen und öffentlichen Anlässen den gleichen Rang eingenommen haben wie einheimische Bürger. Viele von ihnen waren wohl Kaufleute und in größeren Städten wie Athen oder Korinth bildeten sie vermutlich große Kolonien.

Wahrscheinlich haben in solchen Städten auch mehr Sklaven gelebt als anderswo. Während der Dunklen Jahrhunderte und auch etwas später war der Besitz von Sklaven kein wirklicher Vorteil, denn er bedeutete, in schlechten Jahren eine Person mehr zu ernähren, während einem in guten Jahren der Überschuss nichts einbrachte. Die Einführung von Geld und die Ausweitung des Handels veränderten die Situation. Dies galt vor allem für Athen, denn die Produktion von landwirtschaftlichen Gütern und der steigende Außenhandel verlangten nach billigen Arbeitskräften. Die Zahl der Sklaven im Jahr 431 v. Chr. wird auf 80–100.000 geschätzt, ein Drittel bis ein Viertel der Gesamtbevölkerung.

Auf den ersten Blick ist die Einstellung der Griechen zur Sklaverei verwirrend. In der *Ilias* meint der trojanische Held Hektor zu seiner Frau Andromache, dass sein eigener unabwendbarer Tod in der Schlacht ihm weniger Sorgen bereite als die Tatsache, dass sie und seine Kinder als

Gefangene in einem fremden Land würden leben müssen. Es gibt noch viele andere zu Herzen gehende Passagen in den Werken von Homer, Aischylos und anderen, in denen die Wechselfälle des Lebens bejammert werden, die zur Sklaverei führen. Doch in der Literatur finden wir nur die Sympathie für die Betroffenen; es gibt keinen Hinweis auf einen Aufschrei des Protests gegen dieses Schicksal an sich. Hierfür kann es nur eine Erklärung geben: Griechen und Römer erachteten es als ebenso sinnlos, die Sklaverei zu verdammen wie den Tod, beide gehörten einfach zum Leben dazu. Nur wenige Dichter hielten es für nötig, die Sklaverei zu rechtfertigen. Aristoteles setzte Sklaven und Barbaren, welche im Gegensatz zu den Griechen von Geburt an Sklaven waren, auf die gleiche Stufe – ein schwaches Argument, denn Aristoteles wusste sehr wohl, dass die Griechen ihre Kriegsgefangenen versklavten, während wahrscheinlich eine noch größere Anzahl von griechischen Frauen und Kindern aus eroberten Städten von Athen selbst als Leibeigene verkauft wurden.

Die meisten Sklaven in Athen waren jedoch keine Griechen, sondern thrakische Opfer der griechischen Siedler, die sich entlang der Küste niedergelassen hatten, oder Asiaten von den großen Sklavenmärkten des Ostens. Genauere Angaben sind leider nicht möglich: Nur Sklaven wären daran interessiert gewesen, ihre Herkunft festzuhalten, und die damaligen Aufstellungen enthielten keine weiteren Informationen. Das Schicksal der Sklaven im Athen des 5. Jahrhunderts war sicherlich nicht zu schwer. Sie hatten einige Rechte, durften nicht getötet und nur nach einer Provokation angegriffen werden, doch erfahrungsgemäß ließen sich solche Rechte immer schwer durchsetzen, besonders in einer Welt, die von der besitzenden Klasse regiert wurde. In der Praxis war für die Sklaven der milde Ton und die häusliche Verbundenheit der Athener wichtiger. Wenige Familien dürften eine größere Anzahl Sklaven besessen haben. Die Norm war eine Familie mit zwei bis drei Sklaven, einem oder zwei Männern, die dem Hausherrn auf den Feldern oder in der Werkstatt halfen, und einer Kinderfrau oder Magd für den Haushalt. Die Athener hatten im Gegensatz zu den Spartanern keine Angst vor ihren Sklaven und oft entwickelte sich in diesem vertrauten Klima eine gewisse Zuneigung und Kameradschaft zwischen Herrn und Sklaven. Soweit Sklaven in der Literatur Athens überhaupt eine Rolle spielten, so war diese die der liebenswerten Spitzbuben und Schelme – eine Rollenaufteilung für Meister und Arbeiter, die sich bis in die heutige Zeit nicht verändert hat. Die Atmosphäre war so entspannt, dass manche Sklaven tageweise an andere Bürger verliehen wurden und sogar eigenen Geschäften in eigenen Geschäftsräumen nachgehen durften. Bei einem solchen Abkommen musste der Sklave seinem Besitzer ein Sechstel seines Einkommens abliefern, den Rest konnte er behalten. War er erfolgreich, so konnte er genug Geld sparen, um sich freizukaufen. Wie oft so etwas vorkam bzw. wie

Schuhmacher bei der Arbeit. Der Knabe, für den die Schuhe bestimmt sind, steht auf der Werkbank, während der Schuster an seinen Füßen Maß nimmt. Der Vater des Knaben schaut zu. Die Möbel sind sehr detailreich wiedergegeben. Attisches schwarzfiguriges Vasenbild des Eucharides-Malers, etwa 500–475 v. Chr.

Gegenüber: Ein Künstler bei der Arbeit. Ein junger Mann in einer Töpferwerkstatt bemalt einen Glockenkrater, Ausschnitt aus einem Vasenbild auf einem Glockenkrater mit Töpferbildern; attische rotfigurige Malerei des sog. Komaris-Malers, etwa 430–425 v. Chr.

oft ein Herr seinem Sklaven die Freiheit schenkte, ist unbekannt. Freigelassene spielten in der Geschichte Griechenlands keine große Rolle – im Gegensatz zu Rom.

Griechische Sklavenhaltung war vorwiegend freundlich, relativ freundlich, denn ein schlecht gelaunter Herr konnte seinen Sklaven ohrfeigen, verkaufen, wenn er Schulden hatte, oder quälen, wenn er in Schwierigkeiten kam. Ein wirkliches Unglück war jedoch die Entsendung in die Silberminen von Athen. Zumindest einmal in der Geschichte kam es jedoch zu einer Abstimmung mit den Füßen: 413, während des Peloponnesischen Krieges, kontrollierten die Spartaner fast das ganze attische Land und bauten Lager vor den Toren der belagerten Stadt Athen. 20.000 Sklaven flohen aus Athen, um sich den Spartanern anzuschließen. Näheres ist nicht bekannt, aber die Gefühle der Sklaven sind deutlich.

Die geringe Vielfalt der Waren stand nicht im Widerspruch zur lebhaften Aktivität und der Expansion des Handels. Der größte Teil des Landes wurde von Getreideanbau auf Oliven und Wein umgestellt. Wein und Öl wurden in die Stadt zum direkten Konsum oder für den Export verkauft. Der Wegfall des Getreides wurde durch Importe aus den Gebieten des Hellespont und des Schwarzen Meeres ersetzt.

Diese Unausgeglichenheit in der Produktion von Getreide, Olivenöl und Wein war typisch für Athen. Der Bedarf an Tausenden Vorratsbehältern für Öl und Wein machte aus der Töpferei ein blühendes Gewerbe. Die wunderbaren attischen Vasenmalereien aus dem 5. Jahrhundert sind ein bewundernswerter Nebeneffekt. Ihr Export muss den Athenern viele Möglichkeiten geboten haben, unzivilisierte Barbaren und weniger weit entwickelte Griechen mit immer neuen Modellen zu beeindrucken. Metallarbeiten aus Athen wurden sogar in Mitteleuropa und im Süden Russlands gefunden. Die größten Kaufleute hatten Agenturen in verschiedenen Häfen, und so wie ihr Geschäft mit vielen Risiken verbunden war, konnte es auch großen Profit bringen (das hat sich wohl bis zur heutigen Zeit nicht verändert).

Die Produktionsstätten in Athen waren klein; die größte Werkstatt in der Stadt gehörte einem Metoiken aus Syrakus; er beschäftigte 1200 Sklaven und produzierte Schilde. Auch ein sehr reicher Mann wie der Vater von Demosthenes, dem Redner, besaß lieber eine Reihe von kleineren Grundstücken und Firmen, als sich nur auf ein großes Unternehmen zu verlassen. Selbst die großen Gebäude auf der Akropolis waren nicht das Werk eines Teams, sondern einer Vielzahl unabhängiger Handwerker und kleiner Unternehmer.

Wir wissen nur von einem wirklich industriell geführten Unternehmen in ganz Griechenland: die Silberminen von Laureion, an der südlichsten Küste von Attika. Die Minen wurden seit dem 6. Jahrhundert v. Chr. ausgebeutet und sie spielten eine entscheidende Rolle in der Geschichte Griechenlands. Athen konnte ohne Schulden bei anderen Staaten seine eigenen Münzen prägen und sogar Silber dorthin exportieren, wo Öl und Wein weniger gefragt waren. Besonders wichtig wurde eine neue reiche Ader, erschlossen 483, deren Ertrag auf Themistokles' Anordnung zum Bau einer großen Flotte von Dreiruderern benutzt wurde. Diese Flotte war es, die die persische

Ein junger Mann trägt eine Bank und einen dreibeinigen Tisch auf seinem Rücken. Wahrscheinlich arrangiert er die Möbel für ein Symposium. Ein eher ungewöhnliches Bild von einer alltäglichen Arbeit im Haus. Rotfigurige Malerei des Pan-Malers, etwa 480 v. Chr.

Flotte bei Salamis zerstörte und Athens Position als Seemacht begründete. Die Minen gehörten dem Staat, der Abbau wurde aber verpachtet. Der geringe Mietpreis von Sklaven, kaum höher als ihr Kaufpreis, lassen ahnen, wie schrecklich die Arbeitsbedingungen in den Minen gewesen sein müssen. Nach Laureion geschickt zu werden war eine schwere Strafe für einen aufsässigen Sklaven und gleichbedeutend mit einem Todesurteil. Da dort andererseits bis zu 30.000 Mann arbeiteten, war das aber wohl nur eine Seite der Medaille.

Nur wenige Informationen liegen uns über die Kosten des täglichen Lebens vor. Die Silberdrachme war das Hauptzahlungsmittel, doch es gab noch kleinere Münzen (Obolen), von denen sechs Stück den gleichen Wert hatten wie eine Drachme. Die Münzen Athens zeigten ein Bild der Göttin Athena, der Schutzgöttin der Stadt und Göttin der Weisheit. Ihr Vogel, die Eule, war auf der Rückseite der Münze abgebildet. Im 5. Jahrhundert konnte ein ungelernter Arbeiter etwa zwei bis drei Obolen am Tag verdienen, ein gelernter vielleicht doppelt so viel. Einige sehr reiche Personen hinterließen bei ihrem Tod 80.000 und mehr Drachmen, aber die Mittelklasse in Athen war finanziell nicht sehr viel besser gestellt als die ärmeren Bewohner. Einer überzeugenden Schätzung zufolge verfügten etwa 90 Prozent der Bevölkerung über ein Jahreseinkommen zwischen 180 und 480 Drachmen. Preise sind bis auf einige Beispiele noch weniger bekannt: ein ordentlicher Kochtopf kostete weniger als eine Obole, ein gewöhnlicher Sklave ca. 150 Drachmen (dieser Preis variierte beträchtlich und war abhängig vom Alter, von der Gesundheit und den Fähigkeiten des Sklaven, der alles sein konnte, ein Arbeiter, ein Steinmetz, ein Goldschmied oder ein Lehrer); ein Stadthaus der oberen Mittelklasse konnte für 3000 Drachmen gekauft werden. Zur Erleichterung des Rechnens wurden 100 Drachmen eine Mine genannt und 60 Minen waren ein Talent. Diese Bezeichnungen wurden vor allem für die Staatsfinanzen und den Handel verwendet. Athen zum Beispiel hatte Rücklagen für einen Notfall in der Höhe von 100 Talenten, die nach der Katastrophe von Sizilien für den Bau einer neuen Flotte verwendet wurden. Mindestens ein Beispiel zeigt, dass das hoch bezahlte Showbusiness der Gegenwart keine Neuheit ist: der im 4. Jahrhundert sehr berühmte Schauspieler Polus soll für nur zwei Auftritte ein ganzes Talent erhalten haben.

Gegenüber: Mädchen mit Flöte. Ihre Nacktheit zeigt, dass sie entweder eine Sklavin oder eine bezahlte Künstlerin ist. Eines der Reliefs des berühmten Ludovisischen Throns, ca. 470 v. Chr., gefunden in Rom.

Frauen beim Brunnen. Die Maler liebten dieses Thema, was darauf schließen lässt, dass Brunnen zu den Annehmlichkeiten des Stadtlebens gehörten. Außerdem boten solche Darstellungen dem Maler Gelegenheit, bei der Wiedergabe verschiedener Stoffmuster seine Kunstfertigkeit zu zeigen. Schwarzfigurige attische Vase, um 525 v. Chr.

LEBEN IN SPARTA

Der Krater aus Vix. Dieser großartige Bronzekessel, 1,64 m hoch, wurde in Vix in Ostfrankreich gefunden, ein Beispiel für den weit reichenden Export wahrscheinlich Spartas. Ein Fries mit Kriegern und Kampfwagen umschließt den Kesselrand. Die Griffe haben die Form einer Schnecke und eines Gorgonenhaupts. 6. Jhdt. v. Chr.

Das soziale Leben in Sparta wurde von der Tatsache beeinflusst, dass eine kleine Minderheit das Volk beherrschte. Spartas Leben war nicht nur spießig und militaristisch, wie die Gedichte von Alkman aus dem 7. Jahrhundert, feine Töpferwaren und Bronzefiguren bezeugen. Doch nach dem Aufstand der Heloten in Messenien war Sicherheit das oberste Gebot. Die Spartaner wurden Soldaten und nichts als Soldaten, ihr Leben konzentrierte sich auf Baracken und Schlachten. Die Erziehung des jungen Spartaners endete mit 20 Jahren. Anschließend wurde er in eine der Verbindungen aufgenommen, in die die Gesellschaft geteilt war. Er schlief und aß mit den anderen Mitgliedern, auch nach seiner Heirat, die vor dem 30. Lebensjahr nicht erlaubt war. Es gab keine wirkliche Ablenkung vom militärischen Leben. Kein Spartaner bewirtschaftete seinen Besitz, das machten Heloten, die eine bestimmte Menge der Produkte an den Besitzer abliefern mussten, welcher diesen wiederum an seine Verbindung ablieferte. Diese Gesellschaftsordnung wurde mit allen Mitteln gefestigt und die Bürger geradezu entmündigt. Jeder Mann erbte ein Stück Land, das er nicht verkaufen durfte; die Heloten konnten nicht verspielt, weggegeben oder freigelassen werden, denn sie gehörten dem Staat und nicht der Person, deren Land sie bearbeiteten. Geld war verboten (Eisen kam dem vielleicht am nächsten), und nachdem Luxus verpönt war, spielte auch der Handel kaum eine Rolle und wurde von wenigen Nicht-Spartanern mit einer eigenen Lizenz geführt. Mindestens 250 Jahre lang bewirkte dieses System einen sehr engen sozialen Zusammenhalt. Trotz ihres oligarchischen Staatsapparates nannten sich die Spartaner „die Gleichen“, nicht ganz zu Unrecht.

Die Heloten waren die wirtschaftliche Basis des spartanischen Systems – mehr noch als die Sklaven in demokratischen Staaten. Eine ähnliche Form der Leibeigenschaft gab es auch in Thessalien, Argos und Kreta. Rechtlich gab es zwischen Sklaven und Heloten keine großen Unterschiede. Sklaven konnten gekauft, verkauft und hin- und hergeschoben werden, während Heloten an ihren Grund und Boden gebunden waren. Sklaven konnten ihre Freiheit kaufen oder wenigstens erhoffen, Heloten nicht. Die Situation der Heloten dürfte schlechter gewesen sein als die von Sklaven: Quellen berichten von Helotenaufständen, aber nicht von Sklavenrevolten, und viele Geschichten schildern die brutale Behandlung der Heloten durch die Spartaner. Einmal ermutigten die Spartaner jene Heloten, die der Meinung waren, bereits viel für Sparta geleistet zu haben, dazu, ihre Freiheit zu fordern. Diese Männer wurden in einem Triumphzug in einen Tempel geführt – und nie wieder gesehen. Auf diese Weise räumten die Spartaner die mutigsten und damit gefährlichsten Heloten aus dem Weg.

Andere Quellen behaupten, dass die Spartaner

Gewichtskontrolle und Transport einer Fracht unter den aufmerksamen Augen von König Arkesilas. Diese handlungsreiche Szene ist eines der wenigen Beispiele spartanischer Vasenmalerei. Sie spielt in der griechischen Kolonie Kyrene in Nordafrika. Zweite Hälfte des 6. Jhdts. v. Chr.

den Heloten jedes Jahr den Krieg erklärten, um vor sich selbst ihre Exzesse zu rechtfertigen, und für junge Spartaner soll die Jagd auf Heloten ein Teil ihrer Ausbildung gewesen sein. Nachdem die Spartaner kein sehr gebildetes Volk waren, hinterließen sie fast keine schriftlichen Zeugnisse über ihr tägliches Leben, doch die meisten Geschichten über ihre Behandlung der Heloten stammen aus ihnen wohlgesinnten Quellen. Sie mögen zwar etwas übertrieben sein, sie werden jedoch die Grundeinstellung der Spartaner zu ihren Heloten widerspiegeln. Jedenfalls gab es solche und solche Heloten, denn viele von ihnen dienten in der Armee und waren ihren Herren gegenüber loyal. Einige fielen mit Leonidas an den Thermopylen. Dieser Unterschied könnte daher rühren, dass die loyalen Leibeigenen aus dem spartanischen Umland in Lakonien kamen, welches fügsamer war, während die Messenier, einstmals freie Menschen, von den Spartanern, einer fremden Macht, unterworfen worden waren. Diese waren auch die treibende Kraft bei zwei Aufständen, die fast das spartanische System stürzten. Letztendlich besiegten die Thebaner die Spartaner und zerstörten ihre wirtschaftliche Basis, indem sie Messenien die Freiheit gaben.

Die Freuden eines Banketts. Die Gäste liegen seitwärts auf einer Couch und trinken Wein, einer bedient sich gerade selbst. Die niedrigen Tische sind voll Speisen und eine nackte Künstlerin spielt Flöte. Attische rotfigurige Vasenmalerei, 4. Jhdt. v. Chr.

FREIZEIT UND VERGNÜGEN

Die Griechen waren ein sehr geselliges Volk, sowohl in ihrem privaten als auch in ihrem öffentlichen Leben; gegessen, getrunken und gebadet wurde meistens in Gesellschaft; viele andere gemeinsame Aktivitäten werden in den nächsten Kapiteln dieses Buches behandelt.

Dreimal am Tag wurde gegessen, ziemlich ähnlich unserem Frühstück, Mittagessen, Abendessen; das Frühstück war mäßig – etwas Brot, eingeweicht in Wein –, das Mittagessen etwas ausgiebiger, aber zweckmäßig, das Abendessen jedoch wurde zum Fest (für die, die es sich leisten konnten). Die Männer luden ihre Freunde ein, wurden eingeladen oder trafen sich in Clubs. Die Mitgliedsbeiträge wurden für die Miete des Hauses und die Mahlzeiten verwendet (die Clubs waren unseren heutigen Restaurants sehr ähnlich, während auf dem Marktplatz nur Imbisse und Wein in Marktbuden verkauft wurden – angeblich samt und sonders Betrüger und Giftmischer). Manchmal brachten die Gäste ihr eigenes Essen mit und der Gastgeber stellte nur den

Keine schöne Unterhaltung! Junge Athener beobachten den Kampf zwischen Hund und Katze. Die Grausamkeit dieser Handlung war ihnen offenbar nicht bewusst, denn dieses Relief gehört zu einer Gruppe von Sportszenen auf der Basis einer Statue vom Dipylon-Friedhof in Athen, ca. 570 v. Chr.

Wein zur Verfügung. Bei seiner Ankunft musste der Gast die Schuhe ausziehen und ein Sklave wusch seine Füße. Dann wurden die Tische voller Nahrungsmittel gebracht, da die Speisen erst vor den Gästen zubereitet wurden. Wie später auch die Römer lagen die Griechen seitlich auf Sofas und aßen mit einer Hand. Messer und Gabeln wurden nicht verwendet, nur Löffel. Die Mahlzeiten wurden während des 5. Jahrhunderts etwas ausgiebiger, aber die üppigen Feste mit Importen aus dem Orient und anderen Feinheiten waren erst im Hellenismus üblich.

Wein wurde erst nach dem Essen getrunken: Ein Trankopfer wurde dargebracht, eine Hymne gesungen und dann wurde gefeiert. Der schwere griechische Wein wurde gewässert, hatte aber, wie die Tonmalereien zeigen, trotzdem die allgemein bekannte Wirkung. Die meisten Töpferwaren waren Teil eines Rituals – des gemeinschaftlichen Trinkens. Der Wein wurde ähnlich wie Wasser in großen Krügen mit zwei Griffen, den Amphoren, transportiert und gelagert. Für ein Bankett wurde der Wein in einem großen Becken *(krater)* mit Wasser gemischt, mit einem Krug *(oinochoe)* aus dem Krater geschöpft und den Gästen serviert. Getrunken wurde aus Bechern und Schalen, am beliebtesten war die *kylix*, eine Flachschale.

Viele verschiedene Vergnügungen dienten den Gästen zur Unterhaltung: Der gemeinsame Gesang, begleitet von einer Leier, wurde bevorzugt, Rätsel wurden gelöst, Witze erzählt und Gedichte rezitiert. Seltener als uns die vorhandene Literatur glauben machen möchte, arteten diese Feste in ernst zu nehmende Diskussionen aus. Das griechische Wort für Bankett oder Trinkgelage war *symposion*. Der Philosoph Plato benannte einen seiner berühmtesten Dialoge *Das Symposion*. Darin diskutieren Sokrates, Aristophanes und andere intellektuelle Athener über das Wesen der Liebe. Nach Platos Werk bezeichnen wir bis heute nicht Trinkgelage, sondern intellektuelle Treffen als Symposion. Bei den griechischen Festen wurden auch professionelle Unterhalter für einen Abend engagiert, meistens ausgebildete Sklaven, die in Gruppen auftraten, musizierten und tanzten, oder Zauberkünstler und Akrobaten. Die Künstler konnten auch aufgefordert werden, am Fest teilzunehmen oder zu intimeren Diensten zur Verfügung zu stehen.

Tagsüber trafen sich die Männer mit Bekannten um Neuigkeiten auszutauschen. Ein beliebter Treffpunkt war der Frisör, nicht zum Rasieren, sondern um sich neue Frisuren formen zu lassen. Sport wurde im *gymnasion* betrieben. Die öffentlichen Bäder dienten der Erholung, aber wie alles andere im griechischen Leben auch der Kommunikation. Die Bäder waren erstaunlich luxuriös, ähnlich unserem heutigen Dampfbad und Sauna, obwohl sogar die schönsten hellenistischen Bäder mit den großen römischen Einrichtungen nicht konkurrieren konnten. Die Spartaner, wie nicht anders zu erwarten, badeten dagegen im kalten Flusswasser.

Die Griechen kannten auch eine Reihe anderer Spiele, die sich einfach und überall spielen ließen: Murmeln, „fünf Steine" (heute ein Kinderspiel; die Figuren oder Steine werden in die Luft geworfen und auf dem Handrücken aufgefangen), diverse Würfel- und Ballspiele sowie Brettspiele. Schach und Dame wurden vor Zuschauern gespielt – die Regeln sind heute leider nicht mehr bekannt. Wetten wurden bei Hahnenkämpfen abgeschlossen (aber auch andere Tiere mussten gegeneinander kämpfen). Es war bezeichnend für die Einstellung der Griechen, dass keines dieser Spiele ein Teamspiel war, denn sie waren wie besessen von dem Wunsch, den anderen in den Schatten zu stellen.

Trotzdem gab es auch gemeinschaftliche Vergnügungen und Unterhaltungen. Die meisten waren religiöser Art oder ursprünglich religiös, wie die Dramen, die sich aus dem Ritual zu Ehren des Gottes Dionysos entwickelt haben. Die Griechen liebten Feste, Prozessionen, Opfer und gemeinsames Singen und Tanzen. Kennzeichnend für die vier großen Spiele in Olympia, Korinth, Delos und Nemea waren die athletischen Wettkämpfe, während die Vorführungen der Männer mit ihren Streitwagen typisch für die Panathenäen in Athen waren. Die bewaffneten Männer zeigten ihre Kunststücke, indem sie in rasender Fahrt auf die Streitwagen sprangen oder wieder herunter und die Wagen mit großer Geschwindigkeit stoppten und wieder starteten, ganz in der Art einer modernen Militärparade.

Auf der Tempelmauer von Delphi stehen die Worte „Nichts im Übermaß“ eingraviert. Sie entsprechen vollkommen dem griechischen Verhaltensideal. Alle Vergnügungen, körperliche wie geistige, sollten sich mit einer gewissen Selbstkontrolle und Mäßigung abspielen. Damit verbunden war ein gewisser Sinn für Schicklichkeit, der dafür sorgte, dass alles zu seiner Zeit und am rechten Ort stattfand. Jedes Verhalten, das eine Vernachlässigung der familiären oder öffentlichen Verpflichtungen nach sich zog, stieß auf strenge Missbilligung, auch wenn es an sich harmlos war. Diese Werte haben wohl auch die Einstellung der Griechen im Bereich Sex und Glücksspiel maßgeblich beeinflusst, wahrscheinlich mehr als moralische Beweggründe.

Wie ethische Vorschriften allerorts und zu allen Zeiten wurde der Aufruf zur Mäßigung in der Praxis allgemein missachtet, ganz speziell natürlich von den jungen und reichen Männern. Ein Playboy konnte seinen Besitz bei Hahnenkämpfen oder beim Würfeln verspielen oder zum hoffnungslosen Trunkenbold verkommen. Die meisten Ausschweifungen beschränkten sich jedoch auf die *symposia* und auf Sex. Verschwenderische Feste konnten zur Sucht werden und außerdem bei großem Luxus und einer dementsprechenden Gästeliste auch das Vermögen in kürzester Zeit auf ein Minimum reduzieren. Am gefährlichsten jedoch war die Vorliebe für Frauen und Knaben, und es ist eigentlich erstaunlich, dass sich die rationell denkenden Griechen für die Erfüllung ihrer Leidenschaft ruinierten. Ob sie nun das Objekt ihrer Liebe aus der Sklaverei freikauften

Lustbarkeit und Intimität. Eine geläufige und ausdrucksstarke Darstellung eines Männerbündnisses und Banketts. Die großartigen Gesten verraten ein Trinkgelage, und zwei Männer dürften heftig diskutieren. Wandmalerei, Grab des Tauchers in Paestum, Süditalien, 480 v. Chr.

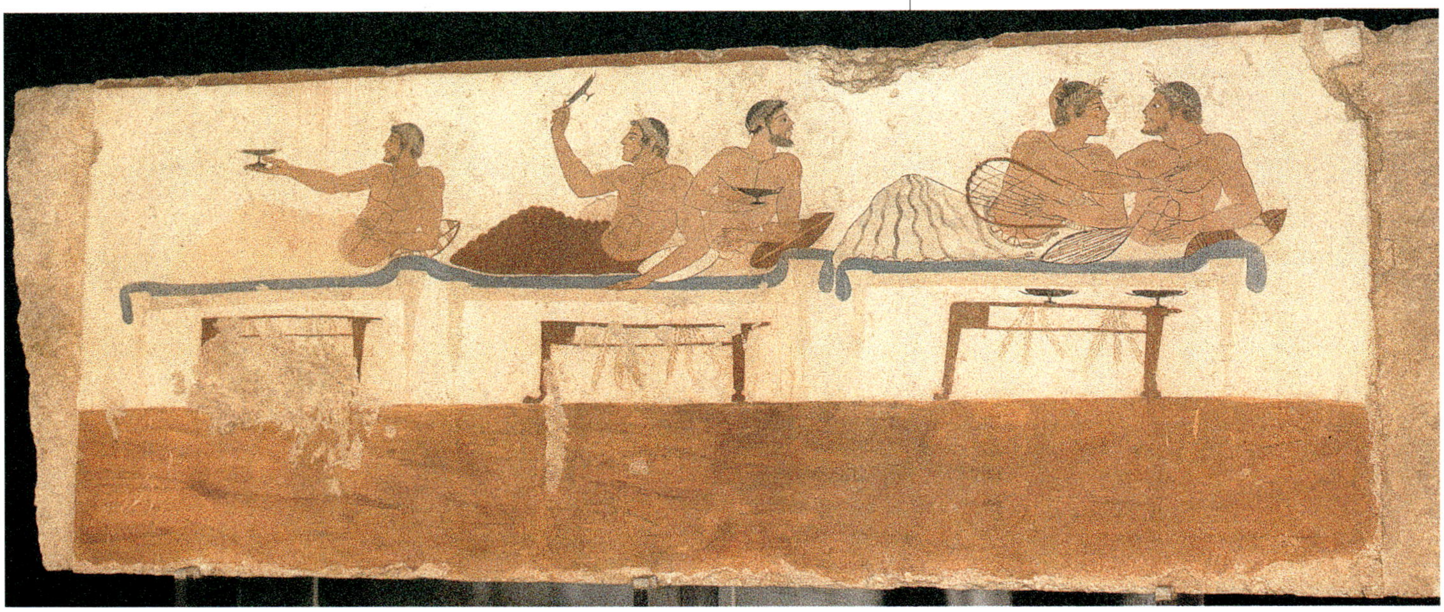

oder mit teuren Geschenken eine berechnende *hetaira* überschütteten, das Resultat war das gleiche – verheerend! Übertrieben oder unanständig, das Benehmen des Liebhabers spiegelte jedenfalls eine Abhängigkeit wider, die in den Augen der Griechen demütigend war. Die alten Griechen haben diese unkontrollierbare Abhängigkeit, beginnend bei Paris und Helena, als eine Art geistiger Krankheit und tiefes Unglück dargestellt. Dieser Einblick in das griechische Leben zeigt uns aber, dass Worte wie „stille Größe und edle Einfalt", mit denen Klassizisten des 18. Jahrhunderts das Leben der Griechen gern beschrieben, keineswegs der Wirklichkeit entsprechen.

Ein Brettspiel in voller Rüstung. Ajax und Achilles, die beiden Helden des Trojanischen Krieges, sind voll auf ihr Brett- oder Würfelspiel konzentriert. Amphore mit einem Gemälde des Exekias, wahrscheinlich des größten Meisters der schwarzfigurigen Vasenmalerei. Er signierte seine Arbeiten als Töpfer und als Maler. Athen, 540–530 v. Chr.

KLEIDUNG UND MODE

Für Männer und Frauen spielte ihr äußeres Erscheinungsbild eine große Rolle, und trotz der geringen Anzahl von Kleidungsstücken und Dekorationsmöglichkeiten wetteiferten sie miteinander darum, stets nach der neuesten Mode gekleidet und frisiert zu sein. Üblicherweise trugen die Männer in der klassischen Zeit einen Bart, aber sie waren Stammgäste beim Frisör, der ihre Locken stutzte, formte und parfümierte. In der hellenistischen Zeit prägte das glatt rasierte Gesicht und die dichte Mähne Alexanders des Großen eine neue Mode und wurde richtungsweisend für die politische Elite. Doch der Generationensprung war schon viel früher zu erkennen. Noch vor den Perserkriegen kreierten die jungen Männer einen Stil, der sicherlich die älteren zur Verzweiflung brachte: Sie hatten lange Haare, hüllten sich in hübsch verzierte Gewänder, trugen Schmuck und sogar Blumen. Auch die Frauen konnten sehr elegant sein: In den Komödien von Aristophanes finden wir zahlreiche Hinweise auf safrangelbe Roben, Parfums und zierliche Schuhe, alles in einem Ton, der erkennen lässt, dass sich Aristophanes darüber lustig gemacht hat, jedoch ohne die geringste Hoffnung (und wohl auch Absicht), etwas daran ändern zu können.

Die Wollstoffe, die die Griechen trugen, wurden zu Hause gesponnen und ließen keine großen Variationen zu. Nur durch gemusterte Bordüren und durch das Einfärben der Stoffe konnten sie sich ein wenig unterscheiden. Wer es sich leisten konnte, trug im Athen der klassischen Zeit importiertes Leinen. Der Schnitt war einfach: Männer wie Frauen falteten ein langes, rechteckiges Stück Stoff um ihren Körper und hielten es mit Nadeln oder manchmal auch mit Nähten fest. Es konnte bodenlang und an den Schultern fixiert sein wie der *peplos* aus Wolle, den die Frauen der Frühzeit und auf der Peloponnes auch noch später trugen, er konnte kurz sein und sogar Ärmel haben wie der dünne *chiton* aus Leinen. Bei kaltem Wetter oder bei formellen Anlässen trug der Mann einen Mantel, ein *himation,* über der

Tunika, und als es modern war, nur einen Mantel zu tragen, wurde der Stoff um den Körper gewunden und über eine Schulter gelegt. Ehrenwerte Frauen trugen in der Öffentlichkeit immer ein Himation über dem Chiton oder Peplos. Sie waren nie barbusig oder gar nackt: Die Kunst ist hier missverständlich. Das Gleiche galt auch für Männer. Der Eindruck, als wären die Griechen bezüglich ihrer Nacktheit vollkommen unbefangen und als verleitete ihre Bewunderung für männliche Nacktheit sie dazu, bei verschiedenen sportlichen Wettkämpfen auf jede Bekleidung zu verzichten, ist falsch, denn die meiste Zeit trugen die Athleten aus leicht verständlichen und praktischen Gründen eine sportliche Bekleidung. (Auf Vasenbildern kämpfen die Soldaten nackt, obwohl sie in Wirklichkeit vollkommen bekleidet und bewaffnet waren, d. h. ihre Nacktheit ist ihre Uniform, die sie vor ihrem Feind schützt.)

Nachdem die Kleidung nicht sehr aufregend war, steckten die Frauen ihre langen Haare auf die verschiedenste Art und Weise auf. Sklaven, Männer wie Frauen, trugen ihr Haar kurz, auch von Frauen in Trauer wurde erwartet, dass sie ihre Haare kürzten. Die reiche Athenerin verwendete die gleichen Schönheitsutensilien wie die Frauen von heute: Juwelen, Perücken, Haarspangen, Lockenwickler, Parfum und Kosmetika – alles konnte auf der *agora* gekauft werden. Die elegante, reiche Frau hatte eine blasse Haut, da sie ihr Leben nur im Haus verbringen konnte und nicht, wie etwa die Frauen aus niedrigeren Klassen, im Freien arbeiten musste. Blässe wurde zum Symbol für Wohlstand und Eleganz, und die, die von Natur aus dunkelhäutig waren, bleichten ihre Haut mit Bleiweiß, um der Mode zu entsprechen (aber auf Kosten der Gesundheit).

Abgesehen von zarten Frauenschuhen für festliche Anlässe trugen die Griechen Sandalen und manchmal Lederschuhe – wenn sie überhaupt etwas an den Füßen trugen, denn die meiste Zeit, besonders in ihren Häusern, gingen die Griechen barfuß. Spazierstöcke außer Haus waren selbstverständlich, nicht jedoch Hüte, die nur zum Schutz gegen die Elemente dienten. Die Hüte waren aus Fell oder Leder, groß und mit breiter Krempe. Handwerker und Reisende bevorzugten jedoch eine kegelförmige Kappe, den *pilos*.

Gegenüber: Spiegel mit einer nackten männlichen Figur als Griff. Die Spiegel waren aus Bronze und so gründlich poliert, dass sich der Benutzer sehen konnte. Aus einer der griechischen Kolonien in Süditalien, 5. Jhdt. v. Chr.

Unten: Parfumfläschchen in fantasievollen Formen aus den ostgriechischen Territorien in Kleinasien. Sie zeigen einen geduckten Affen, einen behelmten Kopf eines Soldaten und einen Fuß in einer Sandale. Diese reizenden Gegenstände wurden im 7. Jhdt. v. Chr. erzeugt.

Links: Schönheitspflege. Eine junge Frau begutachtet ihr Aussehen im Spiegel, während sie in ihrer anderen Hand eine Schatulle mit Juwelen oder Make-up hält. Sie trägt ein elegantes, plissiertes Kleid und ihr Haar ist modisch frisiert. Rotfigurige Vasenmalerei, etwa 420–410 v. Chr.

NIEDERLASSUNGEN IN ÜBERSEE

Die Geburt der Aphrodite, Göttin der Liebe, aus dem Schaum des Meeres. Relief von der Rückseite des Ludovisischen Throns (eher ein Altar), ca. 470 v. Chr. In Großgriechenland (Unteritalien) tauchen weibliche Nacktheit und durchsichtige Stoffe früher auf als im ägäischen Kernland.

Während der Dunklen Jahrhunderte verteilten sich die Griechen auf dem Festland und besetzten die Inseln der Ägäis und vor der Küste Kleinasiens. Diese Gebiete wurden zum Zentrum der griechischen Welt, mit ihren angesehenen Städten und ihren religiösen Festen und sportlichen Wettkämpfen. Bald besiedelten sie aber auch den ganzen Mittelmeerraum und die Schwarzmeerküsten, um der Bevölkerungsexplosion zu entgehen und in Hoffnung auf wirtschaftliche Erfolge.

Ab ca. 750 v. Chr. schickten die Stadtstaaten ihre Bürger mit dem Auftrag aus, Kolonien zu gründen, die zwar die gleichen Gesetze und religiösen Kulte hatten, aber ansonsten unabhängig von ihrer Mutterstadt waren. Die Motive der Mutterstädte sind für uns nicht klar zu erkennen, doch die wahrscheinlichste Erklärung dafür ist eine drohende Hungersnot als Auslöser. Die einzigen schriftlichen Aufzeichnungen stammen von der Insel Thera, die 630 v. Chr. Bewohner aussandte, die Stadt Kyrene in Libyen zu gründen. Von jeder Familie musste ein Sohn gehen und es war den Mitgliedern unter Androhung der Todesstrafe verboten, in die Heimat zurückzukehren. Nach der Wahl des Führers wurde noch das Orakel von Delphi befragt.

Wir haben keine Aufzeichnungen darüber, welche Garantien die Mutterstädte hatten, dass

ihre Anordnungen auch wirklich befolgt wurden, doch muss es so gewesen sein, denn Hunderte solcher Niederlassungen wurden auf der Höhe der Kolonisationswelle gegründet.

Die Kolonien wurden an der Küste mit einem geschützten Hafen errichtet. Sie hatten dadurch die Möglichkeiten, mit ihrer Heimatstadt in Verbindung zu bleiben und sowohl mit ihr wie mit dem Hinterland Handel zu treiben. Das Hinterland war durch weniger kultivierte Stämme besiedelt, die Rohmaterial oder Sklaven für griechische Betriebe lieferten. (Es gab keine Versuche, Kolonien in politisch und wirtschaftlich höher entwickelten Ländern wie Ägypten zu gründen, obwohl die Gründung von Handelsposten absolut gefördert wurde.) Wenn sich eine Kolonie erfolgreich entwickelte, schickte die Mutterstadt neue Siedler, sodass weitere Niederlassungen gegründet werden konnten. Die lokalen Stämme begrüßten zuerst die Neuankömmlinge und ihre Waren, aber auch unter noch so starkem griechischen kulturellen Einfluss kam es zu keiner Integration und die ewigen Auseinandersetzungen schwächten die Kolonien, oft bis zu ihrem Untergang.

Die erste Welle der Kolonisation im späten 8. Jahrhundert v. Chr. richtete sich auf Süditalien und Sizilien. Im 7. Jahrhundert folgten Niederlassungen entlang des Bosporus, des Hellespont und um das Schwarze Meer (meistens Siedler von Milet). Von Kyrene aus entwickelten sich weitere Niederlassungen entlang der Libyschen Küste. Der weiteren Expansion in Nordafrika und im westlichen Mittelmeerraum traten die Etrusker in Italien und die Karthager, also Phönikier, die in der Stadt Karthago in Nordafrika lebten, entgegen. Nachdem die Griechen die Karthager in einer Seeschlacht besiegen konnten, nutzten sie ihren kurzfristigen Vorteil und gründeten etwa 600 v. Chr. die Siedlung Massilia, das heutige Marseilles. Es war die wichtigste Niederlassung der Griechen im westlichen Mittelmeerraum. Die geografische Reichweite der Griechen war enorm. Massilia wurde z. B. von Siedlern aus Phokaia in Kleinasien aufgebaut, und trotz der großen Entfernung vom Mutterland setzte es die Tradition fort, indem es ein Schatzhaus in Delphi unterhielt, ein Bauwerk voller Weihgeschenke.

Der Tempel der Concordia in Akragas (Agrigent) auf Sizilien. Die Tyrannen, die die griechischen Kolonien in Italien regierten, bauten in großem Stil: Dieser beeindruckende dorische Tempel ist besonders gut erhalten, wenn auch nicht der größte in Agrigent; 5. Jhdt. v. Chr.

Der Reichtum und die Größe der griechischen Niederlassungen in Süditalien und Sizilien beruhten auf ihrem Überschuss der Weizenproduktion. Die sizilianische Stadt Syrakus entwickelte sich zu einem mächtigen Staat. Mehrere hundert Jahre war sie der Schauplatz der Kämpfe zwischen Griechen und Karthagern um die Kontrolle über die Insel. Unter Hiero, Dionysos und anderen Tyrannen lebten berühmte Dichter und Philosophen in der Stadt (Aischylos, Pindar, Simonides und Platon). Eine ihrer militärischen Leistungen war die Vernichtung der sizilianischen Expedition Athens, 415–413, der Wendepunkt des Peloponnesischen Krieges. Als sich Syrakus jedoch mit seinen alten Feinden, den Karthagern, gegen die Römer verbündete, bedeutete dies das Ende seiner Unabhängigkeit. Die Römer nahmen die Stadt 211 v. Chr. ein.

Die griechische Kolonisation war bis zum Beginn des 5. Jahrhunderts zum Erliegen gekommen, obwohl die Athener auch weiterhin auf den Gebieten unverlässlicher Verbündeter kolonieartige Garnisonen erbauten; und viel später errichteten Alexander der Große und seine Nachfolger im ganzen Osten Garnisonssiedlungen, von denen einige sich zu glänzenden Städten und zu Zentren der griechischen Kultur entwickeln sollten.

Ein Handelsschiff wird von einem Kriegsschiff attackiert – vielleicht ein Akt von Piraterie. Räuber waren eine Gefahr zu Land und zu Wasser. Die Griechen, hervorragende Seefahrer, die sie waren, fuhren mit ihren Schiffen immer in Sichtweite vom Land. Schwarzfigurige Vase, um 500 v. Chr.

HANDEL, REISEN UND ENTDECKUNGEN

Trotz der großen Probleme, die mit einer Reise verbunden waren, legten die Menschen in der Alten Welt sowohl zu Lande als auch zu Wasser riesige Strecken zurück. Die Griechen übertrafen in ihrer Mobilität sogar die Phönikier. Sie reisten in die Kolonien und waren als Händler, Pilger, Diplomaten oder Soldaten unterwegs – denken wir nur an die Strecke, die Alexander der Große und seine Armee zurücklegten und die sie in die entferntesten Teile der bekannten Welt brachte – zu Fuß oder zu Pferd.

Eine andere Fortbewegungsmöglichkeit gab es nicht, denn das Land war gebirgig und unwegsam, die Straßen eigentlich nicht mehr als Pfade.

Wagen und Karren konnten nur über kurze Strecken verwendet werden, während die Lasten von Eseln und Maultieren getragen wurden. Einfacher ließen sich große Strecken zu Wasser überwinden und so entwickelten sich die Griechen zu erfahrenen Seeleuten. Schon die alten Mythen berichteten über Jason und seine Argonauten und die Irrfahrten des Odysseus. Für den weit verbreiteten Handel wurden Segelschiffe verwendet, breitbauchig, mit nur einem Mast und einem Deck. Der Einzelreisende musste ein Handelsschiff finden, auf dem Weg zum richtigen Hafen, dessen Kapitän bereit war, natürlich gegen Bezahlung, ihn mitzunehmen.

Die meisten Menschen reisten nur, um Handel zu treiben. Die Kolonien waren Teil des griechischen Handelsnetzes und lagen an Plätzen, die vorher von Handelsreisenden und Seefahrern erforscht worden waren. Selbst in Gebieten, die für eine Besiedlung ungeeignet waren, wurden Handelsposten errichtet. In Al Mina in der heutigen Südtürkei wurde bereits 800 v. Chr. ein Posten errichtet, wohl eine der ersten Überseefahrten der Griechen nach den Dunklen Jahrhunderen. Viele östliche Einflüsse liefen über diesen Posten und trotzdem gibt es keine schriftlichen Quellen. Erst Archäologen des 20. Jahrhunderts fanden diesen bis dahin unbekannten Handelsposten.

Über den Handelsverkehr mit Ägypten gibt es dagegen genaueste Unterlagen, da er so wichtig war, dass Griechen 620 v. Chr. im Westen des Nildeltas ein eigenes Handelszentrum errichten durften, die Stadt Naukratis. Sie stand anders als eine Kolonie nicht unter griechischer Herrschaft und sie wickelte die Geschäfte aller Stadtstaaten ab, die mit Ägypten Handel trieben.

Aus Ägypten, Großgriechenland und vom Schwarzen Meer wurde Getreide importiert. Es glich Missernten aus und sorgte in guten Jahren für Weizen anstelle der heimischen Gerste. Wegen seiner großen Bevölkerung hing Athen mehr als andere Städte von regelmäßigen Lieferungen ab und bemühte sich sehr, die Wege zum Schwarzen Meer zu kontrollieren. Die Griechen importierten viele weitere Lebensmittel, unbearbeitete Steine und Erz. Bezahlt wurde mit dem Export von Olivenöl, Wein, Vasen, Kesseln, Ornamenten und Waffen. Die Reichweite und der Einfluss dieses Handels wurde durch archäologische Funde bestätigt, von Bronzeobjekten bei Paris bis zu Waffen und Silber- und Eisenarbeiten in einem skythischen Grab in der Ukraine.

Einige Griechen reisten nur, um ihre Neugier zu befriedigen. Im 6. Jahrhundert bereiste Hekataios Ägypten und den Nahen Osten und veröffentlichte eine *Reise um die Welt.* Das meiste davon ist verloren gegangen, leider auch die beigefügte Landkarte. Es gibt keine einzige Landkarte aus dem alten Griechenland. Sie dürfte Griechenland mit Delphi als Nabel *(omphalos)* der Welt in der Mitte zeigen, umgeben vom Mittelmeer und den angrenzenden Ländern, und rings um sie wiederum den Okeanos, den Ozean.

Zu den Reisenden zählte auch der Historiker Herodot, der in Ägypten und im Nahen Osten Material für sein großes Werk sammelte, sowie die Feldherren Xenophon und Alexander der Große. Keiner von ihnen war Forscher, wenngleich Alexanders Feldzüge über den Oxus in unbekannte Welten führten. Der hellenistische Pharao Ptolemaios Euergetes sandte den Gelehrten Eudoxus von Kyzikos auf zwei Reisen vom Roten Meer bis nach Indien. Später versuchte Eudoxus, Indien auf dem Seeweg rings um Afrika zu erreichen – er wurde nie wieder gesehen.

Die Griechen versuchten kaum je, hinter die Säulen des Herkules (die Straße von Gibraltar) zu gelangen und den Atlantik zu erforschen. Erst 340 v. Chr. segelte Pytheas von Massilia entlang den Küsten von Spanien und Frankreich bis nach Cornwall im Westen Englands. Seine Motive sind uns nicht bekannt, doch er könnte nach englischem Zinn gesucht haben. Anstatt zurückzufahren segelte er weiter nach Norden bis zu einem Land, das er Thule nannte und wo die Nacht nur zwei bis drei Stunden dauerte (wahrscheinlich Island); Packeis hinderte ihn an der Weiterfahrt und so wandte er sich nach Osten, entdeckte eine an Bernstein reiche Insel (was dazu passt, dass die Ostseeländer reich an Bernstein waren) und fuhr erst dann reich beladen in die Heimat zurück. Die Heldentaten Pytheas' wurden nur durch spätere Quellen überliefert, aber die geografischen Angaben stimmen so genau, dass man Pytheas als den größten Forscher des alten Griechenlands bezeichnen kann.

Griechische Frau mit Reisehut und warm verpackt als Schutz gegen schlechtes Wetter. Auf Grund des schlechten Zustandes der Straßen war eine Reise zu Fuß empfehlenswerter als mit einem Wagen. Terrakottafigur aus Tanagra, etwa 300–250 v. Chr.

DAS STADTLEBEN

Gegenüber: Der Reichtum Ägyptens, gefeiert auf griechische Art. Die symbolischen Figuren – Isis und der Nil – sind ägyptisch, der künstlerische Stil entspricht dem hellenistischen Geschmack der herrschenden Ptolemäer. Geschnittene Schale aus mehrfarbigem Achat, bekannt als Tazza Farnese, vermutlich 1. Jhdt. v. Chr.

Die großen hellenistischen Staaten, die sich nach dem Tod von Alexander dem Großen entwickelten, waren völlig anders als die Polis der klassischen Zeit. Auch die hellenistischen Städte waren anders; sie wurden größer, stark bevölkert, aber auch unpersönlicher und kosmopolitischer. Wie überall spiegelten die Städte die städtische Gesellschaft, sie waren aber nicht mehr Mittelpunkt der Existenz des Einzelnen. Selbst Athen verwandelte sich in ein Touristen- und Universitätszentrum. Die Bürger waren nicht mehr Mitglied einer kleinen, überschaubaren Gemeinschaft, sondern wurden isolierte Individuen in einem Riesenstaat. In vieler Hinsicht ähnelte die Situation der des 20. Jahrhunderts und war auch ähnlich paradox: Individualismus in Kunst und Philosophie, gigantische öffentliche Kunstwerke, die den Staat glorifizierten, der mächtiger war, als man es sich je vorstellen konnte, und eine wachsende Nostalgie. Das Großstadtleben in Städten wie Alexandria und Antiochia war weniger politisch verpflichtend, kulturorientierter und viel bequemer für die reiche Bevölkerung. Die Größe der Paläste machte Tempeln Konkurrenz und die Qualität der Einrichtung zeigte, dass Luxus nicht mehr als Vorrecht der Götter galt. Nur der Grundriss folgte noch immer dem alten griechischen Muster, mit den verschiedenen Räumlichkeiten, die rund um einen Innenhof angelegt waren, der nun meist einen Säulengang besaß.

Eines der wenigen Bilder des Leuchtturms Pharos, eines der sieben Weltwunder. Es wurde zu einer Zeit angefertigt, als er noch stand. Der Leuchtturm stand auf einer Insel im Hafen von Alexandria. Außer dem Pharos zeigt diese römische Münze ein Schiff und einen Triton (Wassermann), der das Muschelhorn bläst.

Die berühmteste Stadt des Hellenismus war Alexandria, der von Alexander dem Großen in Ägypten gegründete Hafen. Unter Ptolemaios und seinen Nachfolgern wurde sie zu einer kosmopolitischen Hauptstadt des Reiches. Ein buntes Bevölkerungsgemisch bewohnte die Stadt – wahrscheinlich eine Million Griechen, Juden, Ägypter und viele andere. Ägyptens unglaublich große Weizenernten verhalfen der Stadt zu ihrem Aufschwung. Die Bevölkerung hatte genug zu essen, und die Stadt lebte vom Weizenexport. Natürlich diente der Hafen auch dem Handel mit anderen Waren: Papyrus zum Schreiben, luxuriöse Stoffe, Glas, Parfum, Medikamente, Kunst- und Luxusgegenstände. Durch den Hafen verdiente die Stadt an fast jedem Geschäft zwischen Ägypten und der Außenwelt.

Alexandrias Vorteile als Hafenstadt wurden durch menschliche Anstrengungen verbessert: Den Hafen schützte die vorgelagerte Insel Pharos, die durch eine Mole mit Alexandria verbunden war und den Hafen in zwei Teile teilte. Schiffe, die in den Osthafen einfahren wollten, wurden durch den großen Leuchtturm (eines der sieben Weltwunder) geführt. Er war so hoch, dass sein Licht noch 50 km vor der Insel gesehen wurde.

Die Entscheidung Ptolemaios', Alexandria zu seiner Hauptstadt zu machen, erhöhte noch den Ruhm der Stadt. Eine ganze Reihe überwältigender Paläste wurde entlang dem Osthafen gebaut und es wurde Tradition, dass jeder der Ptolemäer seinen eigenen Palast erbaute. Der Leichnam Alexanders des Großen wurde von Ptolemaios I. geraubt und neben den nun griechischen Pharaonen beigesetzt. Alexandria bot auch alle Vorzüge eines angenehmen griechischen Lebens: die *agora*, ein Theater, ein Amphitheater, ein *gymnasion*. Mitten in der Stadt stand ein künstlicher Hügel, der dem Kult des Gottes Pan gewidmet war, und das Serapeion, ein Tempel des Gottes Serapis, den die Ptolemäer den Griechen näher brachten.

Zum königlichen Palast gehörte das *Museion*, ein den Musen geweihter Platz. Hier arbeiteten Gelehrte, Wissenschaftler und Schriftsteller unter dem Schutz des Herrschers. In gewisser

Hinsicht überschattet von der Akademie Platons, war das Museion eine einzigartige Einrichtung; sich selbst verwaltend und von Steuern befreit. Es war kein Museum in unserem Sinn, sondern eher ein wissenschaftliches Forschungsinstitut. Seine herausragendste Einrichtung war die berühmte Bibliothek von Alexandria, die in erstaunlich modernem Geist eingerichtet wurde. Alle wichtigen in Griechisch geschriebenen Werke wurden in der Bibliothek in den genauesten verfügbaren Fassungen aufbewahrt, und in königlichem Auftrag suchten Bibliothekare in ganz Griechenland nach Manuskripten, für die sie oft hohe Preise zahlten – und manchmal auch zu hohe.

Das Asklepieion, ein großer Komplex in Pergamon mit Krankenhaus, Theater und anderen Einrichtungen. An der Westküste der Türkei gelegen, war das pergamenische Reich berühmt für seine Silberminen und für Pergament, das zunächst als *charta pergamena* bezeichnet wurde.

Ptolemaios II. ließ auch griechische Bücher schreiben – so die Geschichte seines eigenen Reiches vom ägyptischen Hohepriester Manetho – und gab Übersetzungen in Auftrag. Dazu gehörte angeblich auch die Übersetzung des Alten Testaments ins Griechische, die Septuaginta. Diese Bezeichnung bezieht sich auf die 72 Gelehrten, die Ptolemaios aus Jerusalem holte und zur Arbeit auf die Insel Pharos setzte. Die Analyse der Septuaginta hat aber ergeben, dass sie nicht zu einem Zeitpunkt und an einem Ort zusammengestellt worden sein kann, obwohl sie nahezu sicher die Arbeit ägyptischer Juden ist.

Auch kreative Schöpfungen fanden in Alexandria statt. Literatur spielte keine große Rolle; der Hellenismus war an und für sich keine literarische Zeit, soweit man aus den erhaltenen Werken schließen kann. Ein Beispiel für die Wirkung fürstlicher Förderung ist Theokritos, der größte Poet Alexandrias. Er stammte aus Syrakus und fand lange keinen Förderer, bis ihn Ptolemaios II. aufnahm. Er verbrachte nun die meiste Zeit in Alexandria oder auf der Insel Kos, die zum ptolemäischen Reich gehörte. Alexandrias Rolle als Zentrum mathematischer und wissenschaftlicher Forschungen war wesentlich bedeutender. Es war die Heimatstadt von Euklid, der die Geometrie methodisch ordnete, des Erfinders Ktesibios, des Mathematikers und Astronomen Apollonios von Perge und von Eratosthenes von Kyrene, der Chefbibliothekar wurde und mit erstaunlicher Genauigkeit den Erdumfang berechnete. Die Wissenschaft und der Handel Alexandrias florierten auch während der Zeit der Römer. Der Geograf Ptolemaios (kein Mitglied der königlichen Familie) zeichnete im 2. Jahrhundert n. Chr. eine Karte des Universums, mit der Erde majestätisch und unbeweglich in der Mitte. Erst die revolutionäre Lehre des Kopernikus im 16. Jahrhundert löste dieses ptolemäische Weltbild ab.

Außer Syrakus auf Sizilien lagen alle großen hellenistischen Städte im östlichen Mittelmeerraum. Sie verdankten ihren Reichtum dem Handel mit Asien. Das Seleukidenreich war der wichtigste politische Widersacher Ägyptens. Die Hauptstadt Antiochia überholte bald ihr östliches Pendant Seleukia und entwickelte sich zu einem kosmopolitischen Zentrum, das die strategisch wichtigsten Routen und Handelswege vom Norden nach Süden und Osten nach Westen kontrollierte. Die Stadt war stolz auf ihre königliche Bibliothek und ihre Schule für Poeten – der bekannteste war Meleager –, aber sie konnte nie mit dem kulturellen Ansehen Alexandrias konkurrieren. Hierin war Pergamon, die Hauptstadt eines viel kleineren Königreiches in Kleinasien, erfolgreicher. Ihre Herrscher konnten ihre Unabhängigkeit in einer Welt mächtiger Reiche bewahren und verwendeten den Erlös aus ihren Silberminen mit verschwenderischer Freigebigkeit zur Verschönerung der Stadt. Alle diese hellenistischen Hauptstädte hatten einen netzartigen Grundriss, im Unterschied zu dem Häuser- und Straßengewirr der alten Stadtstaaten; nur Pergamon hob sich davon ab: Geschickt angelegt auf den Stufen eines Hügels, trafen sich die einzelnen Terrassen beim Theater, bei der Akropolis und beim königlichen Palast. Der Zeus und Athena geweihte Altar ist sicherlich das beeindruckendste pergamenische Kunstwerk. Er wurde um 180 v. Chr. zur Erinnerung an den Sieg Pergamons über gallische Stämme, die Kleinasien verwüsteten, errichtet. Die pergamenischen Könige zeigten ihre kulturelle Verbundenheit mit Athen durch Stiftungen; das sicher aufwändigste Geschenk an die Stadt war die Attalos-Stoa auf der Agora, ein langer Säulengang zum Spazieren und Einkaufen. Heute restauriert, dient sie als Museum.

Auch die Insel Rhodos war ein florierender hellenistischer Staat. Sie wurde durch die Öffnung zum Osten durch Alexander den Großen reich und blieb wie Pergamon unabhängig. Der Koloss von Rhodos (292–280 v. Chr.) – eines der Sieben Weltwunder – war eine Bronzestatue des Sonnengottes Helios. Die rund 33 m hohe Statue stand neben der Hafeneinfahrt der Stadt. Der Legende nach stand er so breitbeinig auf zwei Felsen, dass die Schiffe zwischen seinen Beinen in den Hafen einfahren konnten. Der Koloss zerbrach während eines Erdbebens 226 v. Chr., aber seine Reste waren bis ins 7. Jahrhundert sichtbar, als die Araber sie einschmolzen und wieder verwendeten. Die Blütezeit der Insel Rhodos dauerte bis ins 2. Jahrhundert n. Chr., bis die Römer den Großteil des Handels nach Delos verlegten.

Ein junger Mann im wehrfähigen Alter *(ephebe)* streift sich geschickt den Haltegurt seines Schwertes über die Schulter; zu seinen Füßen (soweit die Position nicht auf die runde Form des Bildrahmens zurückzuführen ist) liegen sein Helm und sein Schild; Innenbild einer rotfigurigen Schale, 5. Jhdt. v. Chr.

GRIECHEN IM KRIEG

Die frühesten Aufzeichnungen über griechische Krieger finden wir in Homers *Ilias,* wo die Helden auf den Schlachtfeldern in einer langen Reihe von Duellen gegeneinander kämpfen. Die mykenische Kriegsführung mag dem auch ziemlich ähnlich gewesen sein, obwohl es schwer zu glauben ist, dass die Feldherren oder aristokratischen Führer nicht von einer mutigen und geschickten Gefolgschaft unterstützt wurden. Die Helden waren privilegiert: Sie verfügten über ein Pferd oder einen Streitwagen, der sie ins Zentrum des Geschehens brachte. Die leichten Streitwagen und die kleinen Pferde waren für einen panzerartgen Angriff ungeeignet und verschwanden nach der mykenischen Ära. Nun entwickelten die Stadtstaaten die Hoplitentaktik. Jeder der schwer bewaffneten Fußsoldaten trug einen bronzenen Helm, eine Brustplatte und Beinschützer und war mit einem großen, runden Schild, einem Schwert und einem Kampfspeer bewaffnet. Der Hoplite wurde nach seinem Schild (hoplon) benannt, einem konkaven Gegenstand mit Haltegriffen für Arm und Daumen, der breiter war als der Körper des Soldaten. Bei einem Angriff sah sich der Feind einer Mauer von Schilden gegenüber. Die Kämpfer bildeten eine Phalanx, einen Block von meist acht Reihen, die Speere auf den Schultern. Der Erfolg hing wesentlich von der Disziplin der Soldaten ab, denn die Phalanx sollte wie ein Mann auf Befehle reagieren, in Formation

Votivtafel auf dem Schrein des großen Heilers Amphiaraos von dem dankbaren Patienten Archinus. Eine Schlange, Symbol für Heilung, leckt die Schulter des jungen Mannes auf der Couch. Diese Gedenktafel wurde unter den Erinnerungsstücken im Amphiaraion in Oropos gefunden. Erste Hälfte des 4. Jhdts. v. Chr.

Sohn Apolls, hoch geachtet, mit Tempeln und Schreinen in ganz Griechenland (und später im ganzen griechisch-römischen Reich). Die berühmtesten Asklepiosheiligtümer waren in Epidaurus auf der Peloponnes und auf der Insel Kos. Hier versammelten sich die Kranken und befragten die Priester und beteten um Hilfe. Am sichersten erhielten sie diese, wenn sie innerhalb des Heiligtums schliefen, in der Hoffnung, dass eine der dem Asklepios geweihten Schlangen in der Nacht kommen würde, um ihre Wunden zu lecken. Die Kranken konnten aber auch die Antworten des Gottes im Traum erhalten (Der „Tempelschlaf" war überhaupt eine beliebte Methode, Anordnungen oder Informationen für alle Lebenslagen von den Göttern zu bekommen, vom Schicksal des Reiches bis hin zu einem verlorenen Gegenstand). Wie auch in der heutigen Zeit berichteten viele Anhänger von wunderbaren Heilungen und hinterließen Inschriften im Heiligtum zur Erinnerung daran.

Die ersten Ärzte in unabhängigen Praxen erhielten ihr Wissen vermutlich von den Tempelpriestern; der „Erfinder" wissenschaftlicher Medizin, dessen Eid noch heute von den Medizinern geschworen wird, war Hippokrates aus dem Asklepieion von Kos. Er lebte von etwa 460 bis 370 v. Chr., aber sonst gibt es keine weiteren Informationen über ihn. Die große Anzahl von Texten, die mit seinem Namen in Verbindung gebracht werden, kommen aus verschiedenen Perioden des 5. und 4. Jahrhunderts und lassen nicht einmal Gemeinsamkeiten des Ansatzes oder der medizinischen Tradition erkennen. Wie der spartanische Gesetzgeber Lykurg könnte „Hippokrates" für eine Epoche stehen, und wenn dem so ist, so ist „er" ein Beispiel für die griechische Vorliebe, die Vergangenheit zu personifizieren. Die hippokratischen Schriften zeigen, dass die damaligen Ärzte Krankheit als eine Art himmlischer Strafe empfanden, und befasst sich weitgehend mit der Suche nach Ursachen und Heilmitteln. Die

Sammlung enthält viele Krankengeschichten, die aber eher deprimierend zu lesen sind, da die meisten Patienten starben. Sie enthält auch viele praktische Tipps für eine Karriere als Arzt: Der Arzt sollte ordentlich und gesund aussehen, denn die Kranken haben ein Vorurteil gegen Ärzte, die krank wirken („Arzt, hilf dir selbst!"), und sein Blick sollte gedankenvoll, aber nicht mürrisch sein. „Hippokrates" legte besonderen Wert auf die Fähigkeit, den Verlauf einer Krankheit vorherzusagen, was ein Zyniker vielleicht als „Erfolg ersetzt Wissen" bezeichnen würde.

In den meisten Fällen dürfte der Arzt jene Maßnahmen verschrieben haben, die zum Standard seines Berufes wurden: Bettruhe, harmlose Kräutermittel und Diät. Die Doktrin „Die Natur ist der beste Heiler" war zwar bekannt, wurde aber nicht immer berücksichtigt. Chirurgische Eingriffe waren verständlicherweise gefährlich und äußerst schmerzhaft (es gab noch keine Narkose) und die meisten Ärzte beschränkten sich daher auf das Schröpfen und den Aderlass – eine Behandlungsmethode, die noch bis vor kurzem vollauf akzeptiert wurde.

Schlaf und Tod, Hypnos und Thanatos tragen einen toten Mann. Sein Helm wurde deutlich sichtbar entfernt. Solche skizzenähnlichen Zeichnungen sind meistens auf *lekythoi*, Totenvasen, zu finden, deren weißer Untergrund den Malern große künstlerische Freiheiten erlaubten. Um 450 v. Chr.

Bis zum Hellenismus dürften die Ärzte die gleiche soziale Stellung besessen haben wie bessere Handwerker; sie hatten ein Geschäft in der Stadt, einige Angestellte und warben um Patienten. Ein Arzt benötigte keine Lizenz und war auch keiner öffentlichen Kontrolle unterstellt. Ab dem 5. Jahrhundert dürfte es in einigen Städten öffentliche medizinische Einrichtungen gegeben haben, doch ist darüber nur sehr wenig bekannt. Demokedes aus Kroton in Süditalien war einer der hervorragendsten Ärzte des 6. Jahrhunderts (nach der Überlieferung des Historikers Herodot). Der Tyrann Polykrates zahlte Demokedes den immensen Betrag von 2 Talenten im Jahr und er wurde noch üppiger belohnt, als er den persischen König Darius und die Königin von einer schweren Krankheit heilte. Darius wollte ihm danach die Ausreise aus Persien verweigern, doch Demokedes, ein Grieche, zog es vor, seinem goldenen Käfig in der Barbarei zu entfliehen, und kehrte in seine Heimat zurück.

Falls ein Patient starb, war er selbst oder ein Gott schuld an seinem Tod. Der Körper wurde gewaschen, parfümiert und weiß gekleidet. Dann bahrte man ihn auf einem mit Kräutern bestreuten Lager an der Vorderseite des Hauses auf, wo ihn jeder sehen konnte. Die Menschen legten Münzen in seinen geöffneten Mund, damit er in der Unterwelt den Fährmann Charon für die Überfahrt über den Fluss Styx in das Land der Toten bezahlten konnte. Eine Ölflasche wurde neben den Leichnam gestellt und begleitete ihn ins Grab. Angehörige und Freunde besuchten das Haus untertags, beweinten den Toten und trösteten die Angehörigen. Wenn sie das Haus wieder verließen, reinigten sie sich mit frischem Wasser aus einem Krug vom „Hauch des Todes".

Das Begräbnis fand am nächsten Tag statt. Es begann mit einer Prozession. Der Tote wurde entweder in einer Sänfte getragen oder auf einem Wagen gezogen, je nachdem, wie reich die Familie war. Die engsten Mitglieder der Familie und nahe Verwandte trugen schwarze Kleider, weinten, jammerten, schlugen sich auf die Brust und umklammerten wehklagend ihre Köpfe. Lautstärke und Wirkung diesser Vorstellung wurden durch die erprobten Bemühungen alter Weiber verstärkt, die man anstellte, damit die Präsentation der Trauer noch eindrucksvoller erschien. Aus den Verboten in Athen und anderswo geht indirekt hervor, dass enthusiastische Trauernde bereitwillig ihre Gesichter und Arme zerkratzten und ihre Kleider zerrissen. Am Ende der Prozession ging ein Flötist und spielte eine melancholische Weise.

Die Bestattungsformen wandelten sich: In mykenischer Zeit wurden die Toten begraben, von 1200 v. Chr. bis ins 5. Jahrhundert waren Feuerbestattungen üblich und ab dann beide Formen (bei einer Feuerbestattung wurde der Verstorbene auf einem Scheiterhaufen verbrannt und seine Reste beigesetzt). In allen Fällen war es wichtig, eine gute Hand voll Erde auf die Reste zu streuen, damit die Schatten des Toten nicht in der Welt der Lebenden blieben, sondern in das Reich der Toten eingingen. Die Vernachlässigung solcher Riten bedeutete eine furchtbare Pietätlosigkeit, und eine der größten griechischen Tragödien, die *Antigone* von Sophokles, erzählt von der Entscheidung der Heldin, ihrem verräterischen Bruder trotz des Verbots des Königs ein ordentliches Begräbnis zu geben; unausweichlich bringt ihr das selbst den Tod. Dieses Stück ist die erste bekannte dramaturgische Verarbeitung des inneren Konfliktes zwischen der Pflicht dem Staat gegenüber und dem persönlichen Gewissen.

Die Friedhöfe lagen normalerweise außerhalb der Stadt, nur die Särge der Kinder, die nie kremiert, sondern stets beigesetzt wurden, wurden immer innerhalb der Stadtmauern begraben. Die Toten wurden mit Münze und Ölkrug und anderen Grabbeigaben beerdigt. Die Vorstellungen der Griechen über das Leben nach dem Tode dürften nichts mit der Unterwelt, den Elysischen Gefilden oder der Insel der Seligen, die aus der Literatur bekannt sind, zu tun gehabt haben und sich voneinander erheblich unterschieden haben. Die Beigabe von Tellern, Bechern, Lampen und diversen Gegenständen verweist auf ein Leben nach dem Tode, das dem diesseitigen Leben ähnelte und im und rund um das Grab stattfand, ähnlich wie bei den alten Ägyptern. Zu Ehren des oder der Toten brachten die Angehörigen auch noch nach der Beisetzung Lebensmittel ans Grab. Nach der Beisetzung hielten sie die Totenwache, ehe Tage des Opfers und der Trauer folgten. All diese Vorgänge geben uns einen Einblick in das religiöse Leben und religiöse Praktiken – ein sehr wichtiger Teil des griechischen Lebens.

Charon, der Fährmann, erhält eine der Seelen der Toten, die er in die Unterwelt bringen muss. Da er von jedem Passagier eine Obole (noch heute würden wir sagen: einen Obolus) erhielt, ging er voll Eifer ans Werk. Vasenbild des Thymbos-Malers auf einer weißgrundigen *lekythos,* etwa 475–450 v. Chr.

Links: Ein doppeltes Mahnmal. Die Amphore zeigt eine *stele* (eine steinerne Säule), die ihrerseits Erinnerungsfunktion hat (Erinnerung an ein Begräbnis). Die geschmückte Stele wird von tatsächlich oder symbolisch trauernden Figuren flankiert. Die Amphore kommt aus Süditalien.

5 MYTHEN UND RELIGION

Wolken bedecken die Bergspitze des Olymp, die Heimat von Zeus und anderen Göttern. Es gab noch eine Fülle anderer übernatürlicher Wesen, von Hades in der Unterwelt bis zu den Geistern der Pflanzen und des Wassers.

VIELE MENSCHEN NEHMEN DIE GRIECHISCHE RELIGION NICHT SEHR ERNST, BESONDERS WEGEN DER VIELZAHL IHRER GÖTTER: DA GAB ES ZEUS, DEN VATER ALLER GÖTTER UND MENSCHEN; SEINE FRAU HERA; SEINE BRÜDER POSEIDON, GOTT DES MEERES, UND HADES, KÖNIG DER UNTERWELT; SEINE TOCHTER ATHENA, SCHUTZGÖTTIN DER KÜNSTE, DER KÜNSTLER UND DER STADT ATHEN; ARTEMIS, DIE JUNGFRÄULICHE GÖTTIN DER JAGD; APHRODITE, DIE GÖTTIN DER LIEBE; APOLLO, DEN GOTT DES LICHTES, DER MEDIZIN UND DER MUSIK; DIONYSOS, DEN GOTT DES RAUSCHES – DURCH EKSTASE ODER WEIN; ARES, DEN GOTT DES KRIEGES; HERMES, DEN GÖTTERBOTEN UND GOTT DER DIEBE UND KAUFLEUTE, UND VIELE ANDERE, OFT MIT EINANDER ÜBERSCHNEIDENDEN ODER WIDERSPRECHENDEN ZUSTÄNDIGKEITEN.

GÖTTER UND MYTHEN

Die Götter waren wohl das wichtigste Thema aller Mythen, von denen viele von einer solchen Schönheit oder archetypischen Kraft waren, dass Künstler und Schriftsteller aller Zeiten sie immer wieder neu gestalteten oder neu schrieben. Eine eher einfache Geschichte berichtet Folgendes über die Entstehung der Erde und die Abstammung der Götter: Während Uranos (der Himmel) mit Gaia (der Erde) die Ehe vollzog, bekam ihr Sohn Kronos die Obergewalt, indem er Uranos die Genitalien abschnitt und sie ins Meer warf; später jedoch überwältigte ihn sein Sohn Zeus und sperrte ihn ein, um selbst König der Götter zu werden. Viele Mythen berichten von den Streitereien der Götter untereinander oder zeigen sie lächerlich oder in zwiespältigem Licht. Zeus setzt einen Aasgeier ein, der ewig an der ewig nachwachsenden Leber des Halbgottes Prometheus frisst, welcher den Göttern das Feuer gestohlen und es den Menschen gegeben hat; Hephaistos, der Gott der Schmiedekunst, erwischt seine Frau Aphrodite bei einer Liebesnacht mit Ares und hängt das Paar in einem Netz an die Decke. Die Interventionen der Götter in der Welt der Menschen sind meist erotisch oder vollkommen willkürlich: Zeus, ein unersättlicher Liebhaber, verwandelte sich in einen Stier, einen Schwan oder einen Regen aus Gold. In Homers Bericht über den Trojanischen Krieg ergreifen die Götter wie Schulkinder Partei und werden je nach ihren eigenen Rivalitäten oder aus Ärger über ihre menschlichen Opfer aktiv.

In der mythischen Hierarchie kamen nach den Göttern die Helden (menschliche oder übermenschliche), die auch kultisch verehrt wurden: Theseus, König von Athen und Bezwinger des Minotauros, oder Herakles, zu dessen 12 Taten auch die Reinigung der Augiasställe gehörte. Mythen vermischten sich mit der Geschichte wie im Trojanischen Krieg, im thebanischen Zyklus von Ödipus und seinen Kindern oder in der Sage von Jason, den Argonauten und dem Goldenen Vlies. Außer Göttern und Helden gab es Nymphen und Satyrn, Mischwesen wie die Kentauren, Riesen und eine ganze Reihe weiterer Monster, von den Furien (hundeköpfige Frauen, die Schuldige plagten und verfolgten) bis hin zu den Sirenen, deren Gesang die Seeleute in den Tod lockte.

Dieses faszinierende Durcheinander könnte verschiedene Ursachen haben. Die griechische

Zeus, der König der Götter, auf seinem Thron. Eine majestätische kleine Figur (14 cm) aus Bronze. Einst hielt Zeus seine Waffen in den Händen, einen Blitz in der rechten und ein Zepter in der linken.

Aphrodite, die Göttin der Liebe. Hellenistische Bronzestatue. Obwohl sich die Griechen nach Mäßigkeit und Selbstbeherrschung sehnten, waren sie sich bewusst, dass die Liebe die Quelle der Schönheit, der Freude, aber auch des Unglücks ist.

Religion kannte weder eine Bibel noch einen Propheten oder Gesetzgeber, keine Dogmen und keine „Institution Kirche“. Mythen lebten von der Fantasie der Menschen und der Dichter, die sie variieren und immer neu deuten konnten. Die ersten Schriften über Götter und Mythen stammen von Homer (spätes 8. Jahrhundert v. Chr.) und von Hesiod, einem böotischen Dichter, der in seiner *Theogonie* um 700 v. Chr. den Stammbaum der Götter beschrieb.

Diese frühen Aufzeichnungen über Götter und Mythen lassen darauf schließen, dass sich im Lauf der Zeit doch einiges geändert haben muss. Viele Götternamen erscheinen auf den Linear-B-Tafeln aus mykenischer Zeit, mindestens 500 Jahre vor Hesiod. Die olympischen Götter (die wichtigsten Götter lebten dem Mythos zufolge auf dem Berg Olymp) waren möglicherweise eine Fusion zweier Religionen, nachdem Zeus und andere Götter vielleicht der Dorer an die Stelle alter Erd- und Fruchtbarkeitsgötter traten und deren wichtigste Züge übernahmen. Vieles spricht dafür, dass

Der Abschied zwischen Orpheus und seiner Frau Eurydike. Hermes, Götterbote und Seelenbegleiter, schaut zu. Eurydike ist an ihn gefesselt, da Hermes sie in die Unterwelt bringen wird. Orpheus' Versuch, sie zu retten, ist eine berühmte Episode des griechischen Mythos.

Die Göttin Artemis – mit römischem Namen Diana. Sie zeigte sich auf viele verschiedene Arten – als Jägerin, als die Hüterin der Keuschheit und als Göttin des Mondes. Statue aus Zypern, 2. Jhdt. v. Chr.

Athena eine vordorische Göttin war. Bezeichnenderweise behaupteten die Athener, dass ihre Stadt niemals von den Dorern besetzt wurde. Einem anderen Mythos zufolge sollen Athena und Poseidon in einen Wettkampf um das attische Land getreten sein. Athena gewann, aber in der Frühzeit verehrten die Athener auch Poseidon sehr aufmerksam. Offensichtlich konnte sich die alte Göttin einem Neuen gegenüber behaupten – und von da an wollten sich die Bürger nicht festlegen. Wahrscheinlich haben auch andere „göttliche Streitigkeiten" eine einfache Erklärung.

Andere Mythen wollen die Welt erklären. Am einfachsten sind geografische Erläuterungen: Die Flüsse sind im Sommer trocken, weil Poseidon über die Flussgötter verärgert ist und sich noch nicht beruhigt hat; Vulkaninseln sind die Gefängnisse der Titanen, besiegt von den Göttern, die noch immer zu entkommen versuchen, etc. Komplexere Erklärungen sind mit poetischer Symbolik kombiniert wie in der Geschichte von Persephone. Hades entführte sie in die Unterwelt; als ihre Mutter Demeter, Göttin des Ackerbaus und der Feldfrüchte, Hungersnot über die Erde brachte, indem sie das Korn nicht wachsen ließ, griff Zeus ein und zwang Hades, Persephone freizulassen. Aber sie muss ein Drittel des Jahres in der Unterwelt verbringen und in dieser Zeit wächst auf der Erde kein Getreide – es ist die Zeit des Winters auf der Erde.

Die Griechen nahmen die meiste Kritik an ihrer Religion vorweg. Der Kritiker Xenophanes kritisierte Homer und Hesiod für ihr Götterbild, das den Göttern alle Laster verlieh, für die die Menschen verdammt wurden, wie Diebstahl, Ehebruch und Treulosigkeit. Der ionische Schriftsteller Xenokrates (spätes 6. Jahrhundert) verachtete sogar alle von menschlicher Fantasie geschaffenen Götter: Nicht nur die Griechen schufen sich ihre Götter nach ihrem Ebenbild, so stellte er fest, sondern die Äthiopier beteten schwarze Götter an und die rothaarigen Thraker rothaarige. Für Xenokrates gab es nur einen Gott, den er mit dem Universum direkt identifizierte. Tatsächlich sprachen viele Griechen von einer Erfahrung mit der Gegenwart oder Inspirationen durch „Gott" oder „den Gott", ohne den Begriff weiter zu definieren. Im 5. Jahrhundert fanden es einige Schriftsteller notwendig, sich für die Götter zu entschuldigen. Der große lyrische Poet Pindar leugnete indigniert, dass die Skandalgeschichten über die Götter wahr sein könnten. Aischylos, Vater der Tragödie, ignorierte die Geschichten in seiner Trilogie über den Tod von Agamemnon und Orests Rache: Bei ihm fordert Apollo sofortige Rache, während Athena will, dass Gerechtigkeit geübt wird – gegen die Ansicht älterer Gottheiten, der Furien (entstanden aus dem Blut des kastrierten Uranos), die überholte religiöse und Rechtsauffassungen verkörpern und Gerechtigkeit als Blutfehde begreifen.

Apollo und Artemis opfern Zeus auf seinem Altar. Wie normale Griechen zeigen sie ihre Frömmigkeit und versuchen vielleicht, Wohlgefallen in den Augen des Königs aller Götter zu erlangen. Attisches rotfiguriges Vasenbild, etwa 490–480 v. Chr.

Andere Denker waren noch radikaler in ihrer Ablehnung. Einer z. B. vertrat eine Version der modernen Ansicht, Religion sei „Opium fürs Volk" – erdacht, um die Menschen unter Kontrolle zu halten. Im Gegensatz dazu trat der Philosoph Plato dafür ein, Mythen frei zu erfinden, um die Gedanken und Gefühle der Bevölkerung in seinem Idealstaat zu manipulieren. Viele befassten sich auch ernsthaft mit dem alten Problem vieler seriöser Denker: Wie kann man einen guten und gerechten Gott (oder Götter) mit der Existenz einer von Grund auf ungerechten und oft auch verdorbenen Welt in Einklang bringen? Unter diesem Aspekt hatten griechische Philosophen die Aufgabe, den ethischen und naturgemäßen Sinn einer Welt zu finden, die durch die existierenden Götter, Mythen und Rituale keineswegs ausreichend erklärt werden konnte.

DAS ZEITALTER DER HELDEN

Eigentlich bedeutet *mythos* Geschichte, und die griechische Mythologie besticht durch ihre wunderbaren Geschichten. Anders als die Mythen anderer Kulturen geht es in vielen griechischen Geschichten um menschliche Wesen und ihre Leidenschaften, die in einer erkennbaren Landschaft – trotz aller magischen und märchenhaften Züge – Abenteuer und Intrigen bewältigen müssen, die zeitlose Züge tragen. Obwohl die Erde auch von Nymphen, Satyrn, Najaden, Kentauren und anderen Wesen bevölkert ist, spielen Helden in den Geschichten die wirkliche Hauptrolle. Helden sind Kinder von Göttern oder Göttinnen mit Menschen, sie sind stärker oder schöner als normale Sterbliche, aber sie teilen ihre Leidenschaften und müssen irgendwann sterben, es sei denn, eine besondere Vorliebe oder eine Leistung bringt die Götter dazu, ihnen die Unsterblichkeit zu schenken.

Die meisten Heldenmythen sind Zyklen oder Serien von Abenteuern oder Familiengeschichten, oft in Verbindung mit den früher herrschenden Dynastien. Die Griechen selbst hatten nur eine schwache Vorstellung, wann dieses „früher" war, denn die Geschichten griffen ineinander und die meisten Ereignisse lassen sich vor, während oder nach dem Trojanischen Krieg „datieren". Er endete traditionell (nach heutigem Kalender)

Die Flucht der Argonauten: Jason wird von der Schlange, die ihn zuerst verschlungen hat, wieder ausgestoßen. Die Geschichte von Jason, Medea und der Argo dürfte einer der ältesten griechischen Mythen sein. Homer schildert sie so, als sei sie weit und breit bekannt.

Herakles bei seiner ersten Aufgabe: Er musste den Nemeischen Löwen töten, der unempfindlich gegen seine Keule und Pfeile war. Mit seiner ganzen Kraft gelang es Herakles, den wilden Löwen zu erwürgen. Schwarzfiguriges Vasenbild, um 500 v. Chr.

1184 v. Chr. sodass für einen Athener des 5. Jahrhunderts die Zeit der halbgöttlichen Heroen noch gar nicht so lange zurücklag.

Natürlich kann keine Chronologie der Heldenmythen aufgestellt werden, denn viele sind nur Fiktion, kommen in vielen Variationen vor und greifen nicht gut ineinander. Doch die Verbindungen zwischen ihnen sind interessant und ein historischer Überblick lässt das Ausmaß und die Komplexität der Heldenmythen erkennen.

Hinweise in Homers Werk bestätigen das Alter der Sage von Jason und den Argonauten: Peleus, König von Iolkos in Thessalien, hat sich des Thrones seines Halbbruders Aison bemächtigt. Als nun Aisons Sohn Jason seine Recht auf den Thron forderte, überredete ihn Peleus zu einer langen Reise, um das Goldene Vlies nach Hause zu bringen. Dieses Vlies hing in einem von einem Drachen bewachten Hain in Kolchis, einer Stadt am Ende der griechischen Welt am Schwarzen

Meer. Ein Schiff für 50 Ruderer wurde für Jason gebaut, die Argo, und viele der größten Helden begleiteten ihn auf dieser Fahrt – sie wurden als „Argonauten" (die Segler der Argo) bekannt. Unter dem Schutz der Göttin Athena überlebten sie eine Vielzahl von Gefahren und kamen sicher in Kolchis an. Der König stimmte der Übergabe des Goldenen Vlieses an Jason zu, falls dieser einige Aufgaben lösen könne. Er musste zwei Feuer speiende Ochsen einspannen, mit ihnen pflügen, Drachenzähne säen und die Kämpfer töten, die dann aus dem Boden wuchsen. Zum Glück für Jason verliebte sich des Königs Tochter Medea in ihn und half ihm mit ihrer Zauberkraft. Als ihr Vater sein Versprechen nicht hielt, gab Medea dem Drachen ein Schlafmittel, und die Liebenden flohen mit dem Goldenen Vlies und den Argonauten. Die Heimreise endete nach einigen Gefahren erfolgreich, aber das spätere Schicksal von Jason und Medea endete tragisch. Jason verließ Medea und Medea ermordete nicht nur ihre Rivalin, sondern auch ihre Kinder mit Jason.

Einige der Argonauten waren selbst große Helden mit eigenen Mythen. Orpheus, der Poet und Musiker aus Thrakien, erhielt seine Leier von Apollo. Er sang und spielte so wundervoll, dass er die wildesten Tiere verzaubern konnte. Sein Gesang verzauberte auch die Bewohner der Unterwelt, als er seine verstorbene Frau Eurydike aus dem Hades zurückbringen wollte. Sie bekam die Erlaubnis, den Hades zu verlassen, doch Orpheus durfte sich auf dem Weg nicht nach ihr umdrehen. Im letzten Augenblick erlag er seiner Ungeduld und verlor sie für immer.

Weitere Argonauten waren die Zwillingssöhne des Gottes Zeus, Kastor und Polydeukes, die Dioskuren, die für ihre brüderliche Liebe verehrt wurden, und Peleus, Ehemann der unsterblichen Thetis und Vater von Achill, des größten Kämpfers der Griechen im Trojanischen Krieg.

Der berühmteste aller Begleiter Jasons war Herakles, der noch wesentlich mehr Abenteuer zu bestehen hatte. Tatsächlich spielte er bei den Argonauten nur eine kleine Rolle. Er wurde auf der

Das Haupt der Medusa. Relief vom Apollontempel in Didyma, Türkei. Jeder, der die schlangenhaarige Medusa ansah, wurde sofort zu Stein. Perseus tötete sie durch eine List, indem er ihr Spiegelbild in seinem Schild beobachtete und sie mit seinem Schwert erschlug, ohne sie anzusehen.

Hinreise an der Küste von Mysien (Kleinasien) zurückgelassen, als er nach seinem Geliebten Hylas suchte, den jedoch die Najaden geraubt hatten. Herakles war der Sohn von Zeus und Alkmene, die Zeus in Gestalt ihres Gatten Amphitryon verführt hatte. (Amphitryon und Alkmene waren nebenbei die Enkel von Perseus, einem weiteren Sohn von Zeus. Perseus, der die Medusa tötete und Andromeda vor einem Seeungeheuer rettete, wurde Herr des geflügelten Pferdes Pegasos.) Die verärgerte Hera, Zeus' Frau, verfolgte Herakles mit Unglück und ließ ihn in einem Anfall von Raserei seine Frau und seine Kinder ermorden. Als Sühne wurden ihm 12 nahezu unmögliche Aufgaben auferlegt, wie der Kampf gegen die neunköpfige Hydra, der anstelle eines abgeschlagenen Kopfes zwei neue Köpfe wuchsen, oder die Herbeischaffung des Kerberos, des dreiköpfigen Höllenhundes, aus der Unterwelt. Nach der Erfüllung aller Aufgaben und einem abenteuerreichen Leben versöhnte sich Hera mit Herakles, der nach seinem Tod zum Gott erhoben wurde. Der Kult des Herakles (römisch: Hercules) war in der gesamten antiken Welt verbreitet.

Ein weiteres Heldentreffen war Jagd auf den Kalydonischen Eber, den Artemis geschickt hatte, um eine ihr angetane Beleidigung zu rächen. Jason und die Dioskuren nahmen daran teil wie auch Nestor, der als alter Mann einer der Führer der Griechen vor Troja werden sollte, und Meleager, der Sohn des kalydonischen Königs. Bei seiner Geburt hatte eine der Schicksalsgöttinnen seiner Mutter vorausgesagt, dass Meleager sterben würde, sobald das gerade im Feuer glühende Scheit verbrannt sei. Die Mutter nahm das Brandscheit, löschte es und versteckte es. Nach der Eberjagd entbrannte ein Streit, wem die Hauer und Klauen zustünden. Meleager schenkte sie der Jägerin Atalante, in die er verliebt war. Seine Onkel, die mit bei der Jagd waren, waren darüber so verärgert, dass sie Meleager angriffen. Doch er tötete beide. Als die Mutter vom Mord an ihren Brüdern erfuhr, nahm sie das Brandscheit aus seinem Versteck, legte es in die Flammen, bis es verbrannt war, und brachte so ihrem Sohn den Tod.

Die jungfräuliche Atalante war Artemis versprochen, hatte jedoch viele Bewerber. Sie jedoch verlangte, dass der Mann, den sie heiraten würde, sie im Wettlauf bezwingen sollte; die Verlierer hätten ihr Leben verwirkt. Trotz der hohen Opferrate versuchten immer neue Bewerber ihr Glück, bis endlich Aphrodite eingriff und dem jungen Hippomenes drei goldene Äpfel der Hesperiden schenkte. Er forderte Atalante heraus und ließ immer wieder einen Apfel fallen. Dreimal blieb Atalante stehen, um diese Äpfel aufzuheben; so gewann Hippomenes den Kampf und die Frau.

Der Trojanische Krieg bildete den Rahmen für eine Fülle mehr oder weniger zusammenhängender Episoden, die mit den Ursachen, dem Verlauf und den Nachwirkungen des Krieges zusammenhängen. Der direkte Anlass war Helena, eine

Achill tötet die Amazonenkönigin Penthesilea. Die Amazonen, kriegerische Frauen, waren Verbündete der Trojaner. In einer Version der Geschichte verlieben sich Achill und Penthesilea während ihres tödlichen Zweikampfes ineinander. Ein Meisterwerk schwarzfiguriger Vasenmalerei des Malers Exekias, 540–530 v. Chr.

Der ungepflegte Odysseus wird an die phäakische Küste gespült und trifft seine Beschützerin, die Göttin Athena. Seine zehnjährige Irrfahrt nach dem Trojanischen Krieg ist bald vorüber. Attische rotfigurige Vasenmalerei, um 450 –440 v. Chr.

Tochter des Spartanerkönigs Tyndareios und der Königin Leda – eigentlich jedoch eine Tochter des Zeus, der Leda in Gestalt eines Schwanes geschwängert hatte. Dank ihrer göttlichen Abkunft war Helena überirdisch schön. Sie und ihr Bruder Pollux waren Zeus' Kinder, während bei Kastor und Klytaimnestra Tyndareios der Vater war.

Bevor für Helena ein Mann auserwählt wurde, willigten ihre Bewerber ein, sich ihrer Wahl zu beugen und sie im Fall, dass jemand Helena entführen sollte, gemeinsam zu ihrem Mann zurückzubringen. Das erklärt, warum so viele Griechen bereitwillig gegen die Trojaner kämpften. Doch als es so weit war, wurden auch viele rekrutiert, die ihrem prophezeiten Schicksal entrinnen wollten. Odysseus, der wusste, dass er erst sehr spät als Bettler in seine Heimat Ithaka zurückkehren würde, spielte den Verrückten. Er verriet sich aber, als er sofort mit dem Pflügen seines Feldes aufhörte, als sein Sohn vor das Pferd geworfen wurde. Thetis, die Mutter des Achill, steckte den Helden in Frauenkleider und versteckte ihn bei den Töchtern des Lykomedes, doch als es Alarm gab, griff eine der „Damen" zu den bereit liegenden Waffen und verriet so ihre wahre Identität.

Der Krieg bereitete den Boden für eine Fülle von Konflikten zwischen den Helden vor; um nur einige zu nennen: bei den Griechen Agamemnon und sein Bruder Menelaos, der große Krieger Achill und sein großsprecherischer Rivale Ajax, der listige Odysseus und der weise Nestor; bei den Trojanern der alte König Priamos, seine Frau Hekuba, seine Söhne Hektor und Paris, Hektors Frau Andromache und seine Schwester Kassandra, eine Prophetin, die verflucht war, die Zukunft korrekt vorherzusagen, ohne dass man ihr glaubte.

Zu den kleineren Episoden gehört jene über den großen Bogenschützen Philoktet. Er hatte den Scheiterhaufen, der das menschliche Leben Herakles' beendete, angezündet und zum Dank dessen Bogen und die vergifteten Pfeile geerbt. Als einer der Werber um Helena war er verpflichtet, gegen Troja zu ziehen. Bei einer Unterbrechung der Reise auf einer Insel biss ihn eine Schlange in den Fuß. Die Wunde wollte nicht heilen und verbreitete einen solchen Gestank, dass die Griechen Philoktet auf der Insel Lemnos aussetzten. Im zehnten Jahr des Krieges prophezeite das Orakel, dass der Krieg gegen Troja nur mit dem Bogen des Herakles gewonnen werden könne. Odysseus und Diomedes reisten nach Lemnos und überredeten Philoktet, mit ihnen wieder in den Krieg zu ziehen. Seine Wunde war in einem Apollontempel geheilt und so zog er aus, Paris, Helenas Entführer, zu töten.

Nach dem Krieg soll sich Philoktet in Italien niedergelassen haben. Viele griechische Kämpfer hatten ein weniger glückliches Ende. Sie waren einfach umgesiedelt worden oder wurden von ungünstigen Winden (oder Göttern) an entfernte Gestade geweht wie Menelaos und Helena oder Odysseus; die Reisen und Abenteuer des Odysseus gipfeln in seiner Heimkehr wie vorausgesagt als Bettler und in seinem Kampf gegen die Freier, die seine Frau bedrängten und seine Nahrungsmittel und sein Vermögen verprassten.

Die schrecklichste und blutigste Heimkehr erwartete Agamemnon, den König von Mykene. Er hatte die Griechen zum Sieg gegen Troja geführt, nur um zu Hause von seiner Frau Klytaimnestra und ihrem Liebhaber Aigisthos ermordet zu werden. Dieser Mord setzte die Reihe von Morden in dieser Dynastie fort. Seit Agamemnons Urgroßvater Tantalos den Göttern seinen Sohn Pelops als Mahlzeit serviert hatte, lag ein Fluch auf seinem Haus. Agamemnon erntete den Hass Klytaimnestras, weil er ihre Tochter Iphigenie den Göttern geopfert hatte, um günstigen Wind zu erhalten, der seine Flotte nach Troja bringen würde. Aigisthos wollte Rache für die Morde, die Agamemnons Vater Atreus begangen hatte. Atreus war noch Kannibale und betrog seinen Bruder Thyestes, indem er ihm das gekochte Fleisch seiner eigenen Kinder vorsetzte. Der überlebende Sohn von Thyestes, Aigisthos, erschlug Agamemnon, den Klytaimnestra in einem Netz gefangen hielt. Der Fluch ging weiter in die nächste Generation, als Orest, der Sohn von Agamemnon, seinen Vater mit einem Muttermord rächte. Verfolgt von den Furien floh er nach Athen, wo dank der Göttin Athena der Fluch endlich aufgehoben wurde.

Ein ähnlicher Fluch lag über dem Königshaus von Theben. Die Unmöglichkeit, dem Schicksal zu entfliehen, eines der wichtigsten Themen des

Odysseus, wieder zu Hause in Ithaka. Sein Haus ist voller Freier, die seine Frau bedrängen und seine Lebensmittel verzehren. Als er die Möglichkeit hat, nimmt er seinen mächtigen Bogen und tötet sie alle.

Ödipus und die Sphinx. Er kann ihr Rätsel lösen, worauf sich die Sphinx selbst zerstört. Durch diesen Triumph wird er als König von Theben akzeptiert und erfüllt so sein tragisches Schicksal.

Theseus, der Held von Athen, besiegt den Minotauros, halb Mensch, halb Stier, der im Herzen eines Labyrinths auf Kreta lebte. Theseus war der einzige Held, der Herakles an Zahl und Vielfalt seiner Abenteuer gleichkam.

griechischen Mythos, war Basis für die fürchterliche Ironie des Ödipusmythos. Der Prophezeiung entsprechend würde er seinen Vater ermorden und seine Mutter heiraten. Sein Vater Laios versuchte diesem Schicksal zu entgehen und gab Befehl, Ödipus zu ermorden, doch das Kind überlebte und wuchs am Königshof von Korinth auf. Als er von der Prophezeiung hörte, verließ er seine (Zieh-) Eltern, tötete einen alten Mann (Laios) bei einer Straßenkeilerei, heiratete – nachdem er das Rätsel der Sphinx gelöst hatte – die verwitwete Königin Iokaste (seine leibliche Mutter) und wurde König von Theben. Erst als das Land später von einer Seuche verwüstet wurde, erfuhr Ödipus von seiner Schuld, mit fürchterlichen Konsequenzen für ihn, für Iokaste, für seine Kinder und letztendlich auch für Theben.

Ein anderer großer Zyklus von Heldenmythen betrifft Theseus, der seinen Weg durch das Labyrinth fand, den Minotauros tötete und nach seiner Rückkehr König von Athen wurde. Einigen Quellen zufolge war er auch einer der Argonauten und nahm an der kalydonischen Eberjagd teil. Auf alle Fälle scheint er ein jüngerer Zeitgenosse von Herakles gewesen zu sein und dürfte vor dem Trojanischen Krieg gelebt haben (an dem rätselhafterweise Athen nicht teilgenommen hat). Viele weitere Abenteuer wurden Theseus zugeschrieben (wie Herakles litt er unter Anfällen von Raserei), aber er wurde auch betrogen, als er in hohem Alter die junge Phaedra zu seiner Königin machte. Sie verliebte sich in seinen Sohn Hippolytos, ihren Stiefsohn, einen großartigen Wagenlenker, der jedoch ihre Annäherungsversuche zurückwies. Aus Rache behauptete Phaedra, Hippolytos habe sie vergewaltigt. Theseus bat die Götter um die Vernichtung seines Sohnes, und Poseidon erhörte ihn. Er schickte einen Stier aus dem Wasser, der Hippolytos' Pferde erschreckte. Der junge Mann verwickelte sich in den Zügeln und wurde zu Tode geschleift. Als Phaedras Verbrechen entdeckt wurde, beging sie Selbstmord. Für Theseus jedoch war das abenteuerliche Leben noch lange nicht zu Ende.

RELIGION IM ALLTAG

Die Griechen nahmen ihre Religion fraglos sehr ernst, sie gab ihnen psychologische sowie emotionale Befriedigung. Es gibt genug Hinweise darauf, dass die Religion ein wichtiger Teil ihres Alltags war. In den Privathäusern standen Altäre, Hermen (Bronze- oder Marmorfiguren von Göttern) standen an der Straße und Schreine überall in der Stadt, zusätzlich zu den Tempeln auf der Akropolis. Die Schreine waren gefüllt mit Votivgaben von Menschen, die die Götter um Gnade oder Vergebung baten. Zu Beginn eines jeden Festes wurde ein Opfer dargebracht, vor jedem Trinkgelage ein Trankopfer. Große Entscheidungen wurden von Omen, Orakeln oder Vorzeichen beeinflusst; Ereignisse wie die Eröffnung eines Geschäftes oder der Beginn einer Reise wurden von Gebeten begleitet. Die Götter könnten vielleicht einen Hilferuf beantworten, aber sie waren auch leicht beleidigt und mussten mit großer Sorgfalt behandelt werden. Auf alle Fälle war es wichtig, jede Art von Vermessenheit *(hybris)* zu vermeiden, die die olympischen Götter zu fürchterlicher Vergeltung *(nemesis)* animieren würde. Diese Lektion lehrt die Literatur immer wieder, denn Literatur wie Kunst waren stark von der Religion inspiriert, meist in Form von Mythen, und antworteten auf religiöse Bedürfnisse.

Eine Vielzahl jährlicher Feste – groß oder klein, feierlich oder leicht frivol – gaben dem Leben jedes einzelnen Menschen einen religiösen Aspekt. Wie immer ist es Athen, worüber wir am meisten wissen. Mindestens 50 Veranstaltungen wurden im Jahr abgehalten. Die jungfräuliche Göttin Athena beaufsichtigte verschiedene Riten, in denen Phalloi und andere mächtige Objekte zur Schau gestellt wurden, um die Fruchtbarkeit der Männer und Frauen, der Tiere und der Felder sicherzustellen. Als Kontrast (oder als Ergebnis der Fruchtbarkeitsriten) wurde das Familienfest der Apaturien gefeiert – ein drei Tage dauerndes Ereignis, zu dem sich alle Stammesgruppen *(phratries)* versammelten, in die ja die Bürger allgemein aufgeteilt wurden. Kinder, die im vergangenen Jahr geboren worden waren, wurden dem Clan vorgestellt, junge Männer, die das 18. Lebensjahr erreicht hatten, wurden zu Erwachsenen erklärt und Männer, die seit dem letzten Fest geheiratet hatten, berichteten darüber. Die Frauen feierten zur Zeit der Herbstsaat ihr eigenes Fest, die Thesmophorien, zu Ehren von Demeter und Persephone. Während der drei Tage wurden die Geschlechter getrennt – jedenfalls die verheirateten Paare –, denn dieses Fest war nur für Frauen, die ihre Häuser verließen und an einem geschützten Platz wohnten und feierten. Die Frauen opferten ein Ferkel und erfreuten sich an Erinnerungen. Auch andere Gruppen feierten ihre eigenen Feste, wie die wichtigsten Handwerker oder die Mitglieder der städtischen Verwaltung.

Nicht alle Feste waren gewissen Gruppen vorbehalten. Zwei große Ereignisse bedeuteten für alle in Athen einen freien Tag – für Fremde, Freigelassene, Sklaven und alle Bürger. Im März wurden die städtischen Dionysien abgehalten (es gab auch eigene ländliche Dionysien): Der Herrscher Peisistratos hatte dieses Fest ziemlich spät eingeführt und damit sicherlich nicht nur seine Popularität vergrößern, sondern auch die Schönheit und Macht Athens verkünden wollen. Obwohl sich das Fest zu einem wirklich spannenden Ereignis entwickelte, diente es doch hauptsächlich feierlichen Fruchtbarkeitsriten. Das Erntedankfest im Juli, die Panathenäen, war sicherlich das größte Ereignis und wurde in der Nacht begangen. Die Athener feierten es zu Ehren ihrer Schutzgöttin Athena. Alle vier Jahre wurde besonders groß gefeiert, wenn die Großen Panathenäen begangen wurden. Eine endlose Prozession von Streitwagen, Opfertieren und Feiernden zog durch die *agora* und hinauf zur Akropolis und mit ihnen ein Schiff auf Rädern. Sie brachten der Göttin ein neues Gewand, das um den Mast dieses Schiffes gewunden war. Diese Szene wurde für alle Zeiten in dem berühmten Fries des Parthenon festgehalten. Während der Dionysien und der Panathenäen wurde gesungen, getanzt, sportliche Wettkämpfe ausgetragen, Homer rezitiert und (besonders bei den Dionysien) Theaterstücke aufgeführt. Fast alles nahm die Form von Wettkämpfen zwischen rivalisierenden Gruppen an.

Gegenüber: Ein Paar beim Trankopfer. Trank- und Speiseopfer begleiteten alle Feste, obwohl die wirtschaftlich denkenden Griechen sich selbst überzeugten, dass die Götter die weniger schönen und guten Fleischstücke bevorzugen würden. Rotfiguriges Vasenbild, frühes 5. Jhdt. v. Chr.

MYSTERIEN UND ORAKEL

Delphi, für die Griechen „der Nabel der Welt", einer der heiligsten Plätze und die Stätte des berühmten Orakels. Die griechischen Stadtstaaten wetteiferten untereinander im Erbauen der größten Schatzhäuser und der schönsten Statuen. Das Foto zeigt die Überreste eines runden Bauwerks, der *tholos*.

Der Wunsch nach Unsterblichkeit spielte in der griechischen Religion keine sehr große Rolle; sie feierte das Hier und Jetzt, sie war ein Ausdruck der Sehnsucht nach Glück oder der Dankbarkeit dafür; des Bemühens, Schwierigkeiten aus dem Weg zu gehen, und des Bestrebens, in Macht und Schönheit dem Göttlichen nahe zu kommen, während Zeit und Licht bestehen blieben. Diese Haltung erklärt, warum die Griechen ihre Götter für Übermenschen hielten, süchtig nach menschlichen Vergnügen und Lastern und bereit, allzu glückliche Menschen zu bestrafen. Ihr Vorteil den Menschen gegenüber war, dass sie das ewige Leben genießen konnten – auf Erden. Falls es ein Leben nach dem Tode gab, so es fern vom Licht der Sonne, in der Unterwelt, im Reich des Hades, wo die Seelen der Toten nicht mehr waren als flatternde Schatten. Homer beschreibt in der *Odyssee* die Liebe der Griechen zum Leben mit den Worten des toten Achill, der Odysseus in der Unterwelt erklärt, er wäre lieber der einfachste, aber lebende Arbeiter als der König der Toten.

Wir kennen nur eine Ausnahme: Die Teilnehmer an den Eleusinischen Mysterien scheinen ein überwältigendes Gefühl von Unsterblichkeit erfahren zu haben. Die Stadt der Mysterien, Eleusis, lag nur 20 km von Athen entfernt, aber ihre Anhänger kamen aus ganz Attika. Sie sammelten sich im Morgengrauen in Athen und wanderten in weißen Gewändern und mit brennenden Fackeln auf der heiligen Straße zum Heiligtum von Demeter und Persephone in Eleusis. Doch trotz der beeindruckenden Wirkung auf das Publikum bezog das Ritual esoterisches Wissen ein, das auf Eingeweihte beschränkt war; und nur die Eingeweihten zweiten Grades hatten Zugang ins Zent-

rum des Mysteriums. Das Mysterium blieb dadurch, was es auch sein sollte – ein Geheimnis! Dazu gehörte die Meditation einer heiligen Getreideähre und all ihrer Bezüge zur Wiedergeburt, doch ob die Eingeweihten ihre ekstatischen Erfahrungen als Folge der Wirkung von Halluzinogenen, Illusionen oder ihres Glaubens machten, muss offen bleiben.

Die meisten Feste und Kulte waren ursprünglich lokal, aber einige wie die Panathenäen waren so berühmt, dass sie Teilnehmer von weither anlockten. Zwei Städte und ihre Feiern wurden von allen Griechen verehrt und konnten auch von allen besucht werden – sogar in Kriegszeiten: Delphi und Olympia. Sie wurden heilige Städte, mit wunderbaren Tempeln, Votivstatuen und Schatzhäusern der verschiedenen Stadtstaaten, die mit Weihgaben zu Ehren der Götter gefüllt waren. Ihre kleine Bevölkerung wuchs durch Bittsteller und Gläubige zu bestimmten Anlässen gigantisch an. Delphi lag in einem Hochtal an den Hängen des Parnass und war schon lange, bevor Apoll sein Schutzpatron wurde, ein heiliger Ort. In den Legenden war Delphi der Nabel *(omphalos)* der Welt. Hier saß das berühmte Orakel, das in der ganzen griechischen Welt in religiösen Angelegenheiten als absolut letzte Instanz galt. Am erstaunlichsten war jedoch (besonders für unser heutiges Verständnis), dass die Stadtstaaten ganze Delegationen nach Delphi sandten, um sich vom Orakel Prophezeiungen und Richtlinien zu holen. Die Fragen wurden von einem Priester an die Priesterin gestellt (die *pythia*), die auf einem Dreifuß saß und die Fragen in Trance beantwortete. Es ist nicht bekannt, wie dieser Trancezustand erreicht wurde, doch gab es verschiedene mögliche Erklärungen: extremes Fasten, Drogen, oder (eine früher oft gebrauchte Erklärung) giftige Dämpfe, die durch eine Ritze im Felsen in den Zeremonienraum drangen. Die Priester interpretierten die wilden Worte der Pythia und brachten sie in Versform – eine beeindruckende, aber auch etwas suspekte Vorstellung. Aber die Griechen vertrauten dem Orakel so sehr, dass sie sich selbst die Schuld gaben, wenn eine Prophezeiung nicht eintraf (sie waren aber oft genug sehr zweideutig). Auch Kroisos, der König von Lydien, hatte das Orakel befragt, ob er mit Persien Krieg führen sollte oder nicht. Die Antwort des Orakels lautete, wenn er die Perser angreife, werde er ein großes Reich zerstören. Er griff an und zerstörte ein Reich: sein eigenes! Diese Geschichte entstand zwar fast sicher später, aber sie zeigt die Einstellung der Griechen dem Orakel gegenüber.

Das zweite religiöse Zentrum war Olympia auf der Peloponnes (nicht zu verwechseln mit dem höchsten Berg Griechenlands, dem Olymp, der Heimat der olympischen Götter). Olympia, der Austragungsort der Olympischen Spiele, war das wichtigste Kultzentrum des Zeus selbst. Es erlangte im 5. Jahrhundert eine Hochblüte, besonders durch die Errichtung des großen Zeustempels, der ein kolossales sitzendes Kultbild des Gottes aus Gold und Elfenbein enthielt.

Demeter, Triptolemos und Persephone. Triptolemos, Sohn des Königs von Eleusis, half Demeter, ihre Tochter Persephone zu finden. Sie schenkte ihm dafür das „Wissen über die Landwirtschaft“. Seine Heimat Eleusis wurde zum Zentrum der berühmten Mysterien. Votivrelief, etwa 430 v. Chr.

6 KUNST UND ARCHITEKTUR

GRIECHISCHE KUNST UND ARCHITEKTUR GALT IN VIELEN ZEITEN ALS INBEGRIFF DER SCHÖNHEIT UND BESASS JAHRTAUSENDELANG EINEN EINFLUSS, DER KAUM ÜBERBETONT WERDEN KANN. DAS IST BESONDERS DESWEGEN SO BEMERKENSWERT, WEIL NUR EIN KLEINER TEIL DER GRIECHISCHEN WERKE ERHALTEN IST UND DAS IN SCHLECHTEM ZUSTAND UND UNVOLLSTÄNDIG. DIE GROSSEN TEMPEL SIND OHNE DÄCHER UND IHRER HERRLICHEN SKULPTUREN BERAUBT. DIE MALEREI, DIE DEN GRIECHEN BESONDERS WICHTIG WAR, IST – AUSSER AUF VASEN – SO GUT WIE NICHT MEHR VORHANDEN UND DIE MEISTEN MEISTERWERKE DER BILDHAUERKUNST AUS BRONZE UND MARMOR SIND NUR DURCH RÖMISCHE KOPIEN UNTERSCHIEDLICHER QUALITÄT BEKANNT. DOCH TROTZ ALL DIESER PROBLEME BEGEISTERT DIE GRIECHISCHE KUNST IMMER WIEDER UND WIR KÖNNEN IHRE GESCHICHTE VERFOLGEN. SEIT DEM ZUSAMMENBRUCH DER MYKENISCHEN KULTUR UND DEN „DUNKLEN JAHRHUNDERTEN" HAT SICH DIE KUNST UND ARCHITEKTUR DES LANDES KONTINUIERLICH ENTWICKELT; DIE UNTERTEILUNG IN PERIODEN DIENT NUR DAZU, LEICHTER EINEN ÜBERBLICK ZU ERHALTEN. VOM GEOMETRISCHEN BIS ZUM HELLENISMUS – FAST TAUSEND JAHRE LANG WAREN DIE GRIECHEN VERANTWORTLICH FÜR EINEN UNÜBERTROFFENEN AUSFLUSS AN OPTISCHER UND HAPTISCHER KREATIVITÄT.

Der Vaphio-Becher, einer von zwei mykenischen Goldpokalen, ca. 1500 v. Chr. Sie wurden nach ihrem Fundort auf der Peloponnes benannt. Das in Gold gehämmerte Relief zeigt Männer, die Stiere mit Netzen einfangen.

DIE MYKENISCHE KUNST

Als die Griechen ca. 2000 v. Chr. in der Ägäis erschienen, fanden sie bereits eine bemerkenswerte Kunst und Architektur vor. Die Inselbewohner der Kykladen hatten im Mittelmeerraum mit ihren Tonwaren Handel getrieben und aus ihrem eigenen Marmor kleine, wunderschön ausbalancierte Figuren geformt. Auch die Minoer von Kreta waren bekannt für ihre Palastbauten mit farbenfrohen Dekorationen und geschickter Handwerksarbeit. Der Einfluss der Kreter auf die mykenische Kunst lässt sich an den Fundstücken in mykenischen Schachtgräbern erkennen. Viele dieser Funde waren Gegenstände, die die Jahrhunderte nur selten überlebt haben, weil sie meist eingeschmolzen oder zerstört wurden: die goldenen Totenmasken; goldene Ornamente, gehämmert, granuliert oder graviert; Schwerter und Dolche aus Bronze, graviert oder mit Einlegearbeiten, oder Gefäße aus geschnittenem Bergkristall. Die Verzierungen unterschieden sich von den fröhlichen Szenen der Kreter, denn die Mykener liebten die Jagd und den Kampf. Sie dekorierten ihre Metall- und Tonwaren mit Kämpfen und Seeschlachten und meißelten Streitwagen in ihre Grabsteine, die daher die frühesten griechischen Reliefs bilden.

Spätere Funde wie die Vaphio-Becher aus einem Grab bei Sparta lassen erkennen, dass die mykenische Kunst ihren eigenen reifen Stil entwickelte, und Beispiele für Waffen, Elfenbein und Schmuck kamen zutage. Aus den späteren Jahrhunderten sind leider nur Töpferwaren erhalten und das in großen Mengen; ihr Material war billig und leicht zerbrechlich, ließ sich aber kaum vollkommen zerstören. Griechische Gefäße mit stilisierten oder bildlichen Dekorationen wurden überall zwischen Italien und Syrien gefunden und sind so Zeugen des mykenischen Handels auf seinem Höhepunkt. Die sparsamere Verzierung der Gegenstände späterer Zeiten ist ein Zeichen für den Verfall des mykenischen Griechenland und den Beginn der Dunklen Jahrhunderte.

Fragmente der Wandmalereien von Pylos und anderen Stätten lassen vermuten, dass die griechischen Arbeiten auf diesem Gebiet ebenfalls von den Minoern beeinflusst wurden. Doch die Anlage und die Bauweise der mykenischen Bauten entspringt einer anderen Tradition. Die großen Zitadellen von Mykene und Tiryns bestehen aus riesigen, unregelmäßigen, doch behauenen Steinen mit so engen Fugen, dass sie auch ohne Zement hielten – und Angriffen standhielten. Die späteren Griechen glaubten voller Furcht, dass diese Mauern von Kyklopen erbaut worden waren, einäugigen mythischen Riesen; bis heute heißt diese Bauweise Kyklopenmauerwerk. Rund um den Eingang wurden rechteckige Steine sorgsam aufgebaut, um eine beeindruckende Struktur zu erreichen. Das berühmteste Beispiel ist das Löwentor von Mykene, mit dem ersten bekannten griechischen Relief (Löwinnen auf beiden Seiten einer Säule, siehe Seite 16). Es ist über dem Türstock eingebaut. Die dreieckige Platte mit dem Relief ist nur 70 cm tief und füllt die Fläche aus, die sonst als Entlastungsdreieck frei geblieben wäre, um das Gewicht der Mauern auf den Türstock zu verringern.

Die wabenartigen Gräber *(tholos)* der Mykener, verbreiteter und etwas später als die Schachtgräber, wurden ebenfalls in Kyklopenbauweise errichtet. Die Dächer wurden nicht gewölbt oder mit Balken gedeckt, sondern mit von unten nach oben immer weiter vorkragenden Steinen, einem falschen Gewölbe, geschlossen. Diese Bauweise war vielleicht roh, vermittelt aber eine starke, beeindruckende Wirkung wie das berühmte Grab in Mykene, das als „Schatzkammer des Atreus" bezeichnet wurde. Innerhalb der Zitadelle lag der Palast aus Schalenmauerwerk: Zwischen hölzerne Schalen wurde Steinschutt gefüllt und verputzt. Der viereckige Raum in der Mitte des Palastes dürfte dem König für Staatszwecke gedient haben. Der Thron war auf der einen Seite des Raumes; in der Mitte ein Feuerplatz, umgeben von vier Säulen. Vielleicht feierten Könige und Helden hier ihre Feste im homerischen Stil und an langen Tischen – aber das ist nur Spekulation. Die Paläste überlebten als archäologische Fundstätten, nicht als sichtbare Gebäude. Sie wurden wie leider fast die gesamte mykenische Kunst in dem allgemeinen Zusammenbruch zerstört, der in die Dunklen Jahrhunderte führte.

Das wunderschöne Dach dieses wabenartigen Grabes gibt Zeugnis von der Geschicklichkeit mykenischer Baumeister. Es wurde zu Unrecht als „Schatzkammer des Atreus" oder als „Grab des Agamemnon" bezeichnet. Um 1250 v. Chr.

ÖSTLICHER EINFLUSS

Archäologische Funde in Lefkandi auf der Insel Euböa beweisen, dass die Dunklen Jahrhunderte auch ihre lichten Momente hatten: Diese mykenische Stadt scheint überlebt und bis ins 9. Jahrhundert als blühende Handelsstadt existiert zu haben. Trotzdem ist das Bild einer allgemeinen Verarmung und Unwissenheit während der Jahre 1100 bis 750 v. Chr. zutreffend und es wird auch dadurch bestätigt, dass die mykenischen Errungenschaften nur einen sehr geringen Einfluss auf die spätere Entwicklung der Griechen hatten.

Sogar während der Dunklen Jahrhunderte gab es neue künstlerische Entwicklungen. Ab etwa 1050 v. Chr. begannen die Töpfer und Maler in Athen ihre Gefäße mit Kreisen, Halbkreisen und anderen abstrakten Mustern zu verzieren, die mit Zirkel und Lineal präzise gezogen waren. Dieser Stil sprang auch auf die anderen griechischen Zentren über, doch deren Waren reichten niemals an die Qualität der Kunstwerke aus Athen heran. Die führende Rolle, die Athen bereits während dieser Zeit einnahm, rechtfertigt die Annahme, dass Attika beim mykenischen Zusammenbruch vom Ärgsten verschont blieb und während der Dunklen Jahrhunderte Flüchtlingen aus anderen Gebieten als Unterschlupf diente.

Töpferarbeit im geometrischen Stil: ein wunderschön bemalter Weinkrug aus der ersten Hälfte des 9. Jhdts. v. Chr. Solche Stücke beweisen, dass Naturalismus keine griechische Kunstrichtung war, sondern sich erst unter östlichem Einfluss entwickelt hat.

Aus diesen einfachen „protogeometrischen" Formen entwickelte sich um 900 v. Chr. der rein geometrische Stil, bei dem die Gegenstände mit dichten Ornamenten in horizontalen Bändern geschmückt waren. Die Maler verwendeten eine Reihe neuer Muster – Zickzack, Hakenkreuze, Mäander – und bemalten damit jede noch so kleine freie Fläche, auch innerhalb der Musterbänder. Erst im 8. Jahrhundert wurden die rein geometrischen Formen in einigen Bändern durch Menschen- und Tierdarstellungen ersetzt, die so schematisch und regelmäßig wie Scherenschnitte gebildet waren. Noch später trugen riesige Vasen, die auf dem Athener Friedhof als Grabmäler dienten, Bildbänder mit Begräbnisprozessionen, Kampfszenen oder Streitwagen; möglicherweise sollten diese Bilder mythische Szenen darstellen. Überraschend ist das hohe Maß an Musterbildung und Abstraktion dieses Stils, der so gar nicht zu dem späteren Naturalismus der griechischen Kunst zu passen scheint.

Die ersten sichtbaren Impulse einer anderen Richtung kamen von außen, in Form von Bildern und Techniken aus dem Nahen Osten. Diese orientalisierende Phase spiegelt den neuen Aufschwung des Handels und die intensiveren Kontakte mit der Außenwelt. Die vielleicht ersten Kontakte knüpften die griechischen Händler um 800 v. Chr. in Al Mina und intensivierten sie durch die Übernahme des phönikischen Alphabets. Und wieder einmal waren es die kunstvollen Tonwaren, die die ersten Ergebnisse der neuen Richtung zeigten. Von 700 v.Chr. an erschienen plötzlich Greifen, Sphingen und andere Fabelwesen sowie Löwen, Hirsche, Ziegen, Vögel und Pflanzen auf den Vasen und nahmen mit der Zeit immer mehr Raum auf dem Gefäß ein. Auch mit Umrisszeichnungen des menschlichen Körpers experimentierten die Künstler mit immer mehr Freiheit und Realismus. In Athen stellten Töpfer in der „protoattischen" Version dieses Stils viele große Vasen her. Führend auf diesem Gebiet war Korinth, das im 7. Jahrhundert v. Chr auf seinem

Der orientalische Stil. Obgleich in horizontalen Bändern dekoriert wie der Weinkrug gegenüber, zeigt dieser Krug Tiermotive, die ihren Ursprung im Osten haben. Der Krug stammt aus Rhodos und entstand im 7. Jhdt. v. Chr.

wirtschaftlichen Höhepunkt stand. Protokorinthische und korinthische Vasen (ab 625 v. Chr.) waren unglaublich fein und genau bemalt, mit schwarzen Silhouetten, die durch eingeritzte Linien belebt wurden, wodurch die Farbe des Tons in den wie gezeichneten Mustern durchschien. Auf diese Weise nahmen die Korinther die schwarzfigurige Vasenmalerei vorweg, einen Stil, den später die Athener mit noch viel größerer Wirkung einsetzen sollten.

Wahrscheinlich war der östliche Einfluss auch verantwortlich für die Wiederaufnahme und Weiterentwicklung der Metallbearbeitung und der Kleinkunst wie das Schnitzen von Elfenbein. Viele Statuen aus Bronze oder Terrakotta wurden auf Friedhöfen oder als Votivgaben in Heiligtümern gefunden. Und noch ehe das 7. Jahrhundert um war, verkündeten die Entwicklungen der Architektur und Großplastik eine neue Phase künstlerischer Vollendung.

DIE ARCHAISCHEN LEISTUNGEN

Edle Reste: Der Tempel des Apollo in Korinth, erbaut im dorischen Stil im späten 6. Jhdt. v. Chr. Die Säulen sind das Einzige, was von der Stadt Korinth nach ihrer Zerstörung durch die Römer 146 v. Chr. übrig blieb.

In der Kunst und Architektur werden die Jahre zwischen etwa 600 und 480 v. Chr. die „archaische Zeit" genannt. Diese Bezeichnung klingt so, als sei die archaische Zeit eine primitive Phase, die durch die Klassik im 5. Jahrhundert v. Chr. verdrängt wurde, doch eine solche Einstellung ist überholt und die Schönheit und Lebensfreude archaischer Skulpturen und Vasenmalereien werden allgemein anerkannt.

Die archaischen Bauwerke waren ein wichtiger Schritt in der Entwicklung der griechischen Architektur, obwohl leider nur mehr sehr wenig aus dieser Zeit vorhanden ist. Bei Ausgrabungen kommen meist öffentliche Bauten und keine Privathäuser zutage. Die meisten griechischen Häuser archaischer und klassischer Zeit waren eher bescheiden, denn alle Zeit, Kunst und alles Geld wurde für die öffentlichen Bauten verwendet.

Doch vor allem für den Tempel, der den religiösen und bürgerlichen Geist der *polis* verkörperte. Architektur galt als die Königin der Künste, der die anderen Tribut zollten. Die meisten Skulpturen waren für einen Tempel und standen mit ihm in Zusammenhang wie Votivstatuen, Reliefs auf einem Fries unter dem Dach oder frei stehende Figuren für die Giebelfelder an den Schmalseiten des Bauwerks. Die wichtigsten Aufgaben der Maler des 5. und 4. Jahrhunderts waren Tafel- und Wandgemälde für Tempel. Sie waren bei ihren Zeitgenossen und späteren Jahrhunderten berühmt und wurden von römischen Kunstkennern wie Plinius genauestens beschrieben. Sie sind längst verloren. Selbst Töpferwaren wurden vor allem für Weihgeschenke an die Götter oder als Grabbeigaben verwendet, obwohl sie natürlich auch in der Küche, bei Tisch oder (die besseren Stücke) bei Trinkfesten oder ähnlichen Anlässen gezeigt wurden.

Diese öffentliche Kunst war viel bunter, als wir uns das heute vorstellen können: Die erhaltenen Bauwerke und Statuen sind Beispiele griechischer Kunst, deren Bemalung verblichen und deren Accessoires zerstört oder geplündert sind. Abgesehen von Wandgemälden waren viele Ornamentbänder, Friese und andere architektonische Details in strahlenden Farben bemalt. Die Statuen hatten farbige Kleidung, Haare, Augen und Lippen. Polierte Bronzefiguren mit eingesetzten Augen, Lippen und Nägeln blitzten in der Sonne. Die Dreidimensionalität der Reliefs wurde durch die heute verschwundenen Ohrringe der Statuen, durch ihre Lanzen und durch das Zaumzeug der Pferde betont. Die Akropolis in Athen und die heiligen Städte Delphi und Olympia müssen auffallend bunte Punkte in der griechischen Landschaft gewesen sein, die den Pilgern und Besuchern tiefe Ehrfurcht einflößten.

Im Tempel selbst wurden keine Kulthandlungen durchgeführt; er war das Haus für den Gott oder die Göttin, enthielt das Kultbild und wurde von Priestern betreut. Die öffentlichen Zeremonien wurden an einem Altar vor dem Tempel abgehalten. Obwohl der Glanz des Tempels den Glanz der Götter widerspiegelte, bauten ihn die Griechen bis ins 7. Jahrhundert aus Holz und Lehmziegeln. Erst langsam wurde auf Steinbauweise übergegangen. Wahrscheinlich kam der Anstoß zu diesem Baumaterial von den ägyptischen Tempeln, die die griechischen Kaufleute zu dieser Zeit kennen gelernt hatten. Vom Heratempel in Olympia wurden wahrscheinlich noch 590 v. Chr. Teile des Gebälks aus Holz konstruiert, wie auch die Säulen des Umgangs. Diese wurden jedoch nach und nach durch Steinsäulen ersetzt; ihre Reste sind das Einzige, was von dem Tempel über dem Erdboden noch sichtbar ist.

Wie die Ägypter bauten auch die Griechen auf eine einfache Art: Säulen trugen Querbalken. Schon die Holzbauten wurden nach diesem Prinzip errichtet, wobei vertikale Pfosten ein Dach aus horizontalen Balken trugen. Die Baumeister jener Zeit verwendeten noch keine Bögen oder Gewölbe und ihre Kunstfertigkeit bestand in der Erweiterung der Distanz zwischen den inneren Säulen, die ein großes Bauwerk trugen.

Die architektonischen Ordnungen. Die von den Griechen entwickelten Dekorationsschemata beeinflussten die Architektur der nächsten 2500 Jahre. Diese Illustration des 17. Jhdts. zeigt von links nach rechts die dorische, die ionische und die korinthische Ordnung.

Der *kouros* Dionysermos, Statuette, ca. 600 v. Chr. Am Festland waren stehende Figuren junger Männer *(kouroi)* immer nackt, anders als dieses und andere Beispiele aus Kleinasien. Sein Gesicht trägt das charakteristische archaische Lächeln.

Die Schönheit griechischer Tempel wurde mit einfachen Mitteln erreicht. Ein rechteckiges gemauertes Gebäude, *naos* oder *cella,* mit einer Dachschräge, umgeben von einem Säulengang, war das Herz des Tempels und enthielt das Kultbild des Gottes oder der Göttin. Gebälk und Dach ragten über die Cella hinaus und wurden von den Säulen der Kolonnade (bei größeren Bauwerken von einer doppelten oder dreifachen Kolonnade) getragen, wobei das Gebälk noch horizontal unterteilt wurde, u. a. in einen Fries und ein Gesims. Die Giebelfelder auf den Schmalseiten des Tempels waren voller Skulpturen.

Die Verbesserungen im Tempelbau betrafen weniger die Konstruktion als die Ästhetik. Damit es nicht so aussah, als würden sich die Säulen in der Mitte verjüngen, wurden sie im Körper etwas verbreitert und ebenfalls aus optischen Gründen etwas nach innen geneigt. Die Tempelbasis dagegen wurde leicht gewölbt. Die einfache Bauweise machte es auch möglich, für öffentliche Gebäude jede Menge Subunternehmer heranzuziehen, selbstständige Handwerker, anstatt mit einer großen Zahl ständiger, spezialisierter und disziplinierter Arbeitskräfte zu arbeiten. Dieses Vorgehen war typisch griechisch und lädt zu Spekulationen über den unterschwelligen Zusammenhang zwischen der Erscheinung einer Kultur einerseits und den Techniken und Organisationsmethoden ihrer Mitglieder andererseits ein.

Zu Beginn der archaischen Zeit hatten sich zwei dekorative Stile, sog. Ordnungen, im Tempelbau entwickelt: dorisch und ionisch. Auf dem Festland und in Großgriechenland dominierte der dorische Stil, massig, mächtig und relativ einfach; die Säulen waren dick und kanneliert (mit senkrechten Rillen), hatten keine Basis und endeten in einem großen, kissenförmigen Kapitell (der „Kopf" der Säule, direkt unter dem Gebälk). Charakteristisch war auch der Fries aus Metopen, bemalten oder reliefierten Bildfeldern, die mit Triglyphen, mit drei vertikalen Stäben verzierten Zwischenfeldern abwechselten (die Stäbe waren wie viele andere Details auch den älteren Holzbauten nachempfunden).

Der ionische Stil entwickelte sich etwas später vor allem in Kleinasien und auf den vorliegenden Inseln. Er dürfte seine Wurzeln in den dekorativen Motiven des Nahen Ostens haben, vor allem das charakteristische ionische Kapitell, das seitlich in zwei Rollen ausläuft – die Voluten. Diese Ordnung wirkt leichter und dekorativer als der dorische Stil und besitzt schlankere Säulen auf Basen. Der Fries wurde nicht in Metopen und Triglyphen unterteilt, sondern lief ohne Unterbrechung um den ganzen Tempel herum. Im Lauf des 6. Jahrhunderts wurden drei berühmte ionische Tempel erbaut, zwei auf der Insel Samos und einer in Ephesos – der großartige Tempel der Göttin Artemis, einer der sieben Weltwunder. Alle drei sind verschwunden, wie auch die meisten dorischen Bauten der archaischen Zeit, einschließlich der prächtigen Tempel und öffentlichen Bauten, die unter dem Tyrannen Peisistratos und, in Konkurrenz dazu, von der darauf folgenden Demokratie erbaut worden sind. Der einzige noch großteils erhaltene Tempel der archaischen Zeit ist der Apollontempel in Korinth, der etwa 560 v. Chr. erbaut wurde. In Poseidonia (Paestum) in Süditalien zeugen die aufrechten Säulenhallen des Heratempels (um 550) und des Athenatempels zumindest in Überresten von ihrer früheren Großartigkeit.

Neben der großformatigen Architekrur kam in der archaischen Zeit die Monumentalplastik auf, die direkt von ägyptischen Vorbildern beeinflusst zu sein scheint. Im 7. Jahrhundert entstanden kleine Bronze- und Terrakottafiguren und Statuetten, die aus weichem Kalkstein gemacht wurden. Die bekannteste ist die 65 cm hohe „Dame von Auxerre" (um 640 v. Chr.). Sie repräsentiert den daedalischen Stil mit einem flachen, dreieckigen Gesicht, perückenähnlichen Haaren und anderen verallgemeinerten und stilisierten Zügen. Im späteren 7. Jahrhundert tauchten lebensgroße und überlebensgroße Figuren auf, die aus Marmor gearbeitet wurden, der auf Naxos, Paros, Samos und anderen griechischen Inseln gebrochen wurde. Die früheste lebensgroße Skulptur, die Statue der Nikandre von Delos, ist noch im daedalischen Stil gemacht (soweit dies bei ihrem Erhaltungszustand feststellbar ist). Im 6. Jahrhundert waren die meisten typischen lebensgroßen Figuren stehende junge Männer und Frauen, die man in Tempeln als Votivgaben oder als Grabstatuen aufstellte. Wozu sie auch immer gedient haben, jede von ihnen trug das archaische Lächeln. Sie wurden in der ganzen griechischen Ägäis angefertigt, aber wie so oft liefert Athen die meisten Funde – in diesem Fall durch bloßen Zufall: Als die Perser Athen 480 plünderten, zerstörten sie die Bauten auf der Akropolis und warfen die Votivstatuen an ihrer Seite hinunter. Die Athener begruben die

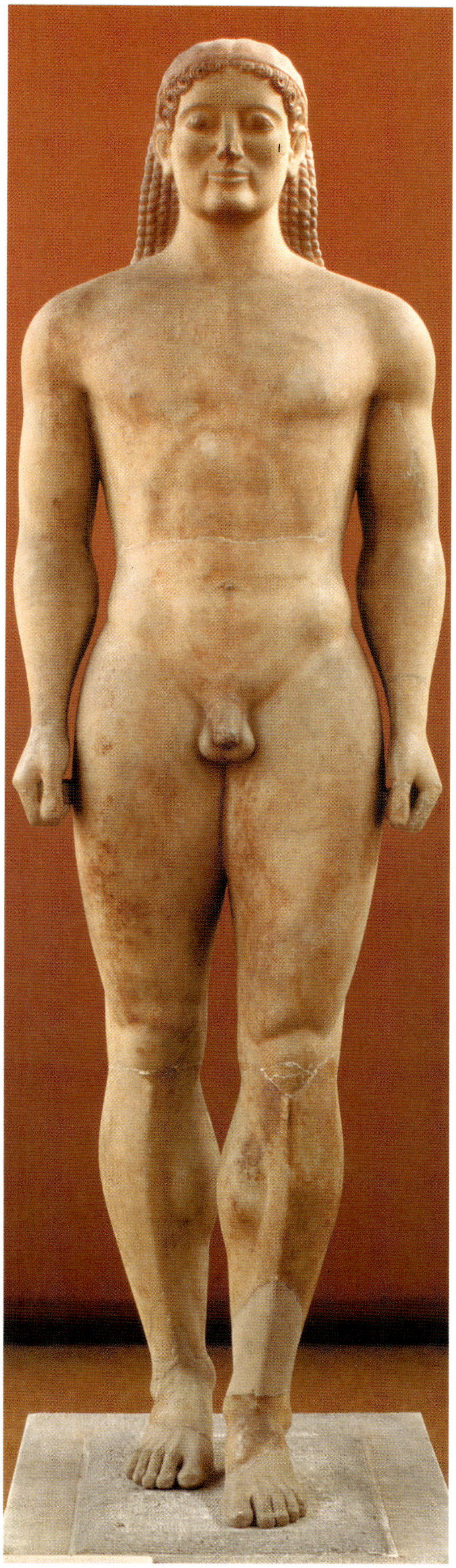

Kouros **von Anavissos in Attika; Marmor, ca. 500 v. Chr. Wie viele** ***kouroi*** **diente er als Grabstatue. Im Unterschied zu der älteren Figur links steht er in Schrittstellung, seine Arme sind vom Körper gelöst und die Muskulatur ist angegeben.**

Reste ehrfürchtig und erhielten sie damit sorgfältig für die Nachwelt, ohne dass sie weiter beschädigt oder wieder verwendet wurden.

Obwohl möglicherweise Vorbilder für die griechischen Denkmalsskulpturen aus Ägypten stammten, wurden diese niemals einfach imitiert. Im Gegensatz zu ägyptischen Sitten wurden die stehenden Figuren junger Männer immer nackt dargestellt. Sogar die frühesten Darstellungen waren um einiges menschlicher und weniger furchteinflößend als ihre ägyptischen Vorbilder. Aber die Begeisterung für Symmetrie und Frontalität ist kennzeichnend, gerade als ob die Figur soeben aus einem Marmorblock befreit wurde und sich noch nicht traut, ihre Arme auszustrecken. Das galt im Wesentlichen für die ganze archaische Zeit, aber im Laufe der Jahre wurden die Skulpturen auf andere Art weniger priesterlich, dafür menschlicher und natürlicher. Nach und nach trat der junge Mann, der *kouros,* mit einer neuen Geschmeidigkeit auf. Seine Muskulatur, ursprünglich nur durch schematische Oberflächenmuster angedeutet, wurde immer detaillierter und genauer ausgedrückt. Schließlich hörte er auf, starr aufrecht zu stehen, als ob er gegen eine Wand lehnen würde, und bekam einen natürlichen bequemen Stand, wobei er sein Gewicht auf einen Fuß verlagerte. Sein weibliches Gegenstück, die *kore,* folgte einer anderen Entwicklung: Sie wurde immer bekleidet dargestellt, der Bildhauer änderte in ihrem Fall die Darstellung ihres Kopfes und die Details ihrer Tunika. Zuerst ritzte er ein Muster in die glatte Oberfläche, um einen Faltenwurf anzuzeigen, und kerbte erst später die Falten ein, die immer deutlicher und natürlicher aussahen.

Die *kore* oder stehende Figur einer jungen Frau. Dieses Beispiel, starr und hochgradig stilisiert, wird auf 575 v. Chr. datiert und ist das älteste aus Attika bekannte. In ihrer rechten Hand hält die Figur einen Granatapfel, ein Symbol des ewigen Lebens.

Ein paar andere Statuen aus der Mitte des 6. Jahrhunderts sind erhalten, vor allem der Moschophoros, der Kalbträger, eine Votivstatue von der Akropolis in Athen. Einige Giebelskulpturen vom Ende der Epoche (etwa 500 bis 480) sind ebenfalls erhalten geblieben. Sie stammen vom Tempel der Aphaia auf der Insel Aigina. Die fast komplette Gruppe vom westlichen Giebel, in ihrer Mitte die Göttin Athena, zeigt die Bandbreite an bewegten Stellungen, die die Bildhauer beherrschten, und die Geschicklichkeit, mit der sie die Figuren in den dreieckigen Rahmen einfügten. Lebensgroße Figuren wurden auch aus Bronze gefertigt. Aber die Leichtigkeit, mit der man dieses Metall wieder einschmelzen und neu verwenden konnte, hatte zur Folge, dass nur sehr wenige Bronzestatuen überlebt haben (besser war die Situation bei Statuetten). Archäologen haben einen bronzenen *kouros* von etwa 520 v. Chr. mit ausgestreckten Armen ausgraben (von denen einer ursprünglich einen Bogen hielt), der um einiges natürlicher wirkte als seine Pendants aus Marmor.

Reliefskulpturen, bei denen das Problem der dreidimensionalen Gestaltung keine Rolle spielte, wurden noch schneller naturalistisch. Es gab sie auf Tempelfriesen, auf den Basen von Statuen und auf Stelen (aufrechten Marmorplatten, die als Grabsteine dienten), und sie stellten in den meisten Fällen einen jungen Athleten oder Krieger dar. In der frühklassischen Epoche konnte sich sogar eine Kolonie in Großgriechenland ein Meisterstück wie den Ludovisischen Thron mit seinen feinen und bewegenden Darstellungen der Geburt der Aphrodite und anderer weiblichen Figuren leisten.

Währenddessen halfen die „geringeren“ Künste einen Wohlstand zu schaffen, der die großen Bau- und Skulpturprojekte des 5. Jahrhunderts mit finanzierte. Dank verfeinerten Techniken der Gold- und Metallbearbeitung schufen griechische Kunsthandwerker Statuetten und dekorierten Waffen und Schmuck für den Export und für den heimischen Konsum. Eine große Schüssel aus Bronze, die verwendet wurde, um Wein zu keltern, wurde in einem keltischen Königsgrab in Vix in Ostfrankreich entdeckt. Im skythischen Tierstil erzeugte Goldobjekte, die auf der Krim gefunden wurden, waren oft die Arbeit griechischer Kunsthandwerker.

In Athen, wo Olivenöl- und Weinexporte für die Wirtschaft so wichtig waren, herrschte großer Bedarf an Gefäßen, der den Töpfern eine ständige Nachfrage nach Gebrauchsartikeln sicherte, neben verschiedenen Aufträgen für feinere Töpferei und Malerei. Nur wenige Werkstätten waren hoch spezialisiert. Viele Vasenmaler arbeiteten auch als Töpfer; vielleicht haben sie sich erst später im Leben, als ihr Talent offenbar wurde und sich die Möglichkeit dazu bot, spezialisiert. Es ist fraglich, ob sie irgendeine Anerkennung als Künstler erwarteten oder erhielten; als erfolgreiche bürgerliche Kunsthandwerker waren sie bekannt und geachtet. Ihre eigene Einstellung wird klar durch die Tatsache, dass sie ihre besten Stücke oft als Töpfer und/oder Maler signierten.

Bis etwa 600 v. Chr. beherrschten die Athener die neue schwarzfigurige Malerei. Sie war von Athens wirtschaftlichem Rivalen Korinth entwickelt worden, doch ihre große Beliebtheit verleitete die korinthischen Töpfer zu Überproduktion und niedriger Qualität. Die Athener griffen sie auf und dominierten gegen Mitte des 6. Jahrhunderts den Exportmarkt. Statt der korinthischen Vorliebe für Tierbilder zeigten athenische Maler Begeisterung für das Erzählerische, die sich bis in die schwarzen Figuren hineinzog. Der neue Stil arbeitete noch immer mit Silhouetten, aber die Figuren waren größer, voller und realistischer. Mit schwarzer Farbe wurde auf den unbe-

***Kore*, etwa 520 v. Chr.; der Unterschied in Freiheit und Naturalismus zwischen dieser und der älteren Figur auf der gegenüberliegenden Seite ist offenkundig. Wie ihr männliches Pendant diente die *kore* als Votivgabe oder Grabdenkmal.**

Schwarzfigurige Vasenmalerei: Die Figuren wurden mit schwarzem Schlicker auf rötlichen Ton gemalt, der ungefärbt blieb; die Binnenzeichnungen wurden eingeritzt und lassen die Grundfarbe durchscheinen. Diese dionysische Szene entstand 560–530 v. Chr.

malten rötlichen gebrannten Ton gemalt. Stoffe, Muskulatur und andere kleine Details der Figuren und der Objekte wurden in die schwarze Farbe hineingekratzt und erschienen als rote Linien. Andere Details wurden manchmal mit roter und weißer Farbe aufgetragen. Mit ihren charakteristischen attischen Glasuren waren schwarzfigurige Vasen sehr wertvolle Kunstwerke. Die Szenen des Krieges und des Todes haben eine unheilvolle Intensität (teilweise durch die Verbindung mit der

Farbe Schwarz). Die Auswahl von Themen reichte von den Mythen bis zu weinseligen Lustbarkeiten. In den Händen des Exekias, des größten schwarzfigurigen Malers, erreichte der Stil eine emotionale Intensität, die tragischen Themen wie wie dem Tod der Amazonenkönigin Penthesilea durch Achill oder Ajax' Vorbereitungen für seinen Selbstmord gerecht wurde.

Um 530 v. Chr. wurde in Athen die rotfigurige Technik vorgestellt, die die schwarzfigurige bald überall ersetzte. Für mehr als hundert Jahre blieb Athens Überlegenheit als Produzent feiner Tonwaren unangefochten. Bei der rotfigurigen Malerei füllte der Maler den Raum um die Figur mit schwarzer Farbe und ließ die Figur selbst frei. Innere Details konnten nun hineingemalt werden, was ganz neue Freiheit mit sich brachte. Der Nachteil dieser Technik war der steifere Gesamteindruck, der durch Rot auf Schwarz erzielt wurde. Größere Freiheit ermutigte jedoch zu mehr Realismus: Dreiviertel-Ansichten, im Profil anstatt frontal (im ägyptischen Stil) dargestellte Augen und eine Vielzahl an Bewegungsmotiven und Gesten wurden in den folgenden Jahrzehnten gemeistert. Dies gipfelte in den Arbeiten von Meistern wie dem Kleophrades-Maler, dem Berlin-Maler oder dem Brygos-Maler. Die attische Vasenmalerei ist neben ihren eigenen Verdiensten die Hauptquelle über die Entwicklung griechischer Malerei, die die gleichen Probleme löste.

Der Moschophoros oder Kalbträger wurde auf der Akropolis in Athen entdeckt, wo er nach der persischen Zerstörung im 5. Jhdt. begraben worden war. Trotz der Komplexität der Pose stammt er aus der Mitte des 6. Jhdts. Auch sein Gesicht trägt das archaische Lächeln.

DIE KLASSISCHE ZEIT

Die klassische Zeit dauerte von 480 bis 323 v. Chr.; die Zeit zwischen dem Sieg über die Perser bei Salamis, der die griechische Unabhängigkeit sicherte, und dem Tod Alexanders des Großen, als sich die griechische Welt in den östlichen Mittelmeerraum und Westasien ausdehnte. In Kunst und Architektur erlangten die Bildhauer eine wahre Meisterschaft über ihr Material, und

Der Diskuswerfer (Diskobolos), eines der bekanntesten Werke der klassischen griechischen Skulptur, von dem wir jedoch nur römische Marmorkopien kennen. Das Original aus dem 5. Jhdt., ein Werk des Bildhauers Myron aus Eleutherai, war aus Bronze und wäre als solches sicher feiner gearbeitet.

Baumeister, Bildhauer und Maler arbeiteten Hand in Hand beim Bau des Parthenon und anderer großartiger athenischer Bauwerke – zu ihrer Zeit überaus beeindruckend, aber heute unnatürlich isoliert in ihrer Großartigkeit, weil vergleichbare Werke wie der Zeustempel in Olympia verschwunden sind.

Frühklassische Skulpturen, die vor etwa 450 entstanden, werden wegen ihrer Strenge im Ausdruck und der künstlerischen Behandlung dem Strengen Stil zugerechnet. Es beendete die Entwicklung des archaischen *kouros* und der *kore* zu natürlich posierten Figuren, die aus jedem Winkel betrachtet werden konnten. Statt nur eckig dazustehen und einen Fuß vorzusetzen, um eine Bewegung ahnen zu lassen, begann der *kouros* seine Arme zu heben, seinen Kopf zu drehen und sein Gewicht zu verlagern. Die weibliche Figur wurde immer noch mit größerer Reserviertheit behandelt, doch zeigte sich ein neues Bewusstsein des weiblichen Körpers durch das Ersetzen des schweren *peplos* durch den leinenen *chiton*, der den Formen des Körpers genauer folgte.

Diese Zeit mit ihren Entwicklungen muss für Bildhauer, die in aller Freiheit nie zuvor gesehene Haltungen und Gesten in Marmor und Bronzen zu kreieren wagten, besonders aufregend gewesen sein. Der berühmteste war Myron aus Eleutherai, der den bronzenen Diskuswerfer (Diskobol) schuf, eine ausgezeichnete Arbeit, auch in den römischen Marmorkopien, die uns heute bekannt sind. Die schwierige Körperhaltung und die genau wiedergegebene Muskulatur scheinen Welten entfernt von den nur wenig älteren Figuren und verkörpern in der Tat etwas Neues: der ganze Mensch in Aktion, ebenso überzeugend im Detail wie als Ganzes. Zu den berühmten Statuen jener Zeit, die erhalten blieben, gehören die Giebelfiguren des Zeustempels in Olympia, vor allem der Apollon aus der Mitte des Westgiebels: Eine schlichtere Figur als der Diskobol, schenkt er mit einem ausgestreckten Arm den Lapithen, die gegen die Kentauren kämpften, den Sieg.

Die Kopien des Diskobols und der beschädigte Apollon stehen exemplarisch für die Überlieferungssituation der griechischen Kunst: Die meisten großen Einzelarbeiten sind aus der Literatur, durch römische Kopien (nicht immer von hohem Niveau und aus Marmor statt aus Bronze), von Münzen oder von Gemmen bekannt. Die anderen Reste sind rein architektonischer Natur und mehr oder weniger bruchstückhaft: Reliefs und frei stehende Giebelstatuen. Beide sollten weniger um ihrer selbst, sondern auch wegen der Kunstfertigkeit bewundert werden, mit der sie in ihren architektonischen Kontext integriert wurden. Es spricht für die künstlerischen Leistungen der Griechen, dass selbst ihre fragmentierte und unvollständige Geschichte von so vielen Menschen als „klassische“ Norm betrachtet wird.

Wie der Diskuswerfer waren auch die Tyrannenmörder von Kritios und Nesiotes aus Bronze

Eine mächtige Gottheit: Die um 460 entstandene überlebensgroße Bronzefigur des „Gottes aus dem Meer“, der vor Kap Artemision auf Euböa gefunden wurde. Ob es sich hierbei um Zeus, den Göttervater, der gerade einen Blitz werfen will, oder um den Meeresgott Poseidon handelt, der seinen Dreizack schwingt, war lange umstritten.

und sind heute nur durch eine römische Marmorkopie bekannt. Harmodios und Aristogeiton schwingen die Waffen, die den athenischen Tyrannen Hipparchos 514 niederstreckten. Die Gruppe wurde 477 auf die Athener *agora* gestellt als Ersatz für frühere Figuren der Helden, die von den Persern entfernt worden waren. Sie ist eine bemerkenswerte rundansichtige Darstellung von Figuren in voller Aktion, kein Doppelbildnis, was für die Darstellung eines historischen Ereignisses ungewöhnlich wäre. Sie ist politische Propaganda, die eine Tat feierte, die zur Gründung von Athens demokratischem System führte.

Dank einiger glücklicher Zufälle sind vier wichtige Bronzen der frühklassischen Zeit erhalten. Die erste, der Wagenlenker von Delphi, wurde anlässlich des Sieges des sizilianischen Tyrannen Polyzalos bei den pythischen Spielen von 478 oder 474 gestiftet; sie verdankt ihr Überleben einem Erdbeben, das sie für Jahrhunderte begrub. Um einiges steifer und unpersönlicher als die meisten Statuen dieser Zeit beeindruckt diese Figur trotzdem tief – vielleicht mehr, als stünde sie an ihrem Originalplatz mit einem von vier Pferden gezogenen Wagen.

Der „Gott aus dem Meer“, die majestätische Bronzefigur des Zeus, ist dagegen bewegter, seine Füße sind bereift und seine Arme ausgestreckt, als ob er sich vorbereitet den Blitz zu schleudern, der extra gearbeitet war und verloren ist. Diese Figur des Zeus wurde nicht eingeschmolzen, weil er auf dem Meer vor Euböa verloren ging und erst 1920 wieder aus den Tiefen aufstieg.

Eine ähnliche Rettung erlebten 1972 zwei überlebensgroße Bronzen von Kriegern, die man im Meer vor Riace in Süditalien entdeckte. Im Unterschied zu den rasierten Gesichtern und der Jugendlichkeit so vieler männlicher Figuren dieser Epoche tanzen diese bärtigen, muskulösen Männer in der Blüte ihres Lebens aus der Reihe – umso mehr, weil es keinen Hinweis auf ihre Berühmtheit in der Antike gibt; die ziemlich umfangreiche antike Literatur liefert keinen Hinweis auf eine mögliche Einordnung dieser Figuren. Die Entdeckung so wichtiger, in Quellen jedoch nicht dokumentierter Figuren zeigt, wie viel wir über das antike Griechenland noch nicht wissen. Obwohl sie einander sehr ähnlich sind und man annehmen könnte, dass sie zueinander gehören, sind die Figuren nicht identisch und möglicherweise nicht einmal das Werk desselben Künstlers. Jede Figur war mit einem Speer und dem Rundschild des Hopliten ausgestattet, was vermuten lässt, dass sie zu einer größeren Gruppe gehörten; ihr Zusammenspiel aus Entspannung und Aufmerksamkeit macht sie vielleicht zu Wächtern. Ihr Fundort legt nahe, dass sie geplündertes Kulturgut waren, das sich auf ihrem Weg nach Rom befand, aber leider unterwegs versank.

Die Zerstörung der Gebäude und Statuen auf der athenischen Akropolis durch die Perser war eine Katastrophe, sogar für eine wirtschaftlich so reiche Stadt wie Athen. Abgesehen vom Wiederaufbau der Mauern der Zitadelle taten die Athener jedoch recht wenig, um den Schaden innerhalb einer Generation zu beseitigen. Vielleicht waren sie auch an einen Eid gebunden, den die Stadtstaaten kurz vor der Schlacht von Plataiai 479 leisteten. Sie hatten geschworen, die Heiligtümer nicht wieder aufzubauen, die von den Persern zerstört wurden; die Ruinen sollten ein ewiges sichtbares Zeugnis für die Barbarei der Perser bleiben. Aber 454 wurde die Kasse des delisch-attischen Seebundes nach Athen gebracht. Perikles verkündete, ein gewisser Prozentsatz der jährlichen Beiträge müsse Athena geweiht werden – im Klartext: der Stadt, deren Schutzpatronin die Göttin war. Der Eid von Plataiai wurde vergessen und kurz nach 450 v. Chr. schmiedeten die Athener ehrgeizige Pläne für prächtige Marmorbauten, die die Größe des attischen Reiches feiern und Hellas in Staunen versetzten sollten. Ohne Zweifel steckte Perikles hinter dem Projekt, obwohl es die Volksversammlung genehmigt und der Staat finanziert hatte (soweit das nicht die Bundesgenossen taten). Das Projekt wurde mit einigen Einsparungen im Laufe der nächsten 50 Jahre trotz Perikles' Tod und mitten in einem erschöpfenden Krieg und trotz der völligen Niederlage fertig gestellt.

Diese Bauten stehen noch immer über der modernen Stadt, der herrliche Parthenon, die Propyläen, der Tempel der Athena Nike und das Erechtheion. Um die ganze Pracht der Akropolis um 400 v. Chr. anschaulich zu machen, sollten wir uns eine Unzahl kleinerer Schreine und Weihgeschenke dazudenken und eine Prozession, die während der großen Festspiele mit viel Gedränge von der Stadt auf den Berg zieht. Am höchsten Punkt steht der Parthenon, der Athena Parthenos (der jungfräulichen Athena) geweiht, der größte dorische Tempel des griechischen Festlandes. Obwohl weniger isoliert und daher weniger dominant als jetzt, bildete der Parthenon den optischen Höhepunkt über der bunten Masse kleinerer Gebäude und überragte sie auch beim Blick von Nordwesten, seiner Hauptansichtseite; jede bekannte Finesse wurde eingesetzt, um seine Schönheit noch zu erhöhen. Der Säulengang bestand aus 8 Säulen vorne und hinten (6 waren üblich) und 17 auf jeder Seite. Die *cella* war in zwei Räume unterteilt, jeder mit einem eigenen Eingang hinter einem sechssäuligen Vorbau; ein Raum beherbergte den Tempelschatz, der andere das Kultbild der Göttin, eine kolossale, 12 m hohe Arbeit des Bildhauers Phidias. Ihr hölzerner Kern war mit Gold und Elfenbein verkleidet.

Über die Architekten des Parthenon, Iktinos und Kallikrates, ist nicht viel bekannt. Iktinos entwarf auch den Tempel des Apollo in Phigaleia in Arkadien, der durch eine neue Ordnung auffiel – die korinthische, eine Variante der ionischen, in welcher das Kapitell mit den seitlichen Voluten am Kopf der Säule durch Akanthusblätter ersetzt wurde. Sie wurde nur selten von den Griechen verwendet, aber ihre dekorative Wirkung machte sie bei den Römern sehr beliebt. Die oberste Bauaufsicht über das Parthenonprojekt scheint dem athenischen Bildhauer Phidias anvertraut worden zu sein, dem Universalgenie seiner Zeit. Die Beiträge der Architekten können jedoch nicht allzu gering gewesen sein, da Iktinos ein Buch über seine Arbeit am Parthenon geschrieben hat. Das Gebäude wurde unglaublich schnell fertig, in einer Bauzeit von neun Jahren (447–438 v. Chr.); der Tempel und die 12 m hohe Statue konnten anlässlich der Panathenäen im Juli 438 geweiht werden. Die Giebelfiguren wurden sechs Jahre später vollendet, möglicherweise nach Entwürfen von Phidias. Das Kultbild der Athena Parthenos ist verloren, ebenso wie Phidias' kolossale Gold-Elfenbein-Statue des Zeus für den Tempel in Olympia, den antike Quellen als sein Meisterwerk bezeichnen (er war eines der sieben Weltwunder).

Gegenüber: Bronzefigur eines Kriegers, um 450 v. Chr. Es ist eine von zwei überlebensgroßen Bronzen, die man 1972 im Meer vor Riace in Süditalien gefunden hat. Sie hat ihren Speer und ihren Schild verloren, hat aber immer noch die originalen kupfernen Lippen und die silbernen Zähne.

Der Parthenon, der Tempel der Athena Parthenos (der jungfräulichen Athena), ist ein Meisterwerk architektonischer Schönheit. Er steht auf der Akropolis oder Burg von Athen, neben anderen Bauten aus dem späten 5. Jahrhundert. Sie wurden erbaut, um die von den Persern zerstörten zu ersetzen und die Größe Athens zu proklamieren.

Unzählige erstklassige Skulpturen wurden in den Parthenon integriert. Die 92 Metopen rund um das Gebäude zeigen einige Figuren, die so plastisch vor den Reiefgrund gesetzt wurden, dass sie fast schon frei für sich selbst standen. Sie zeigen mythische Kämpfe, die die Griechen als Sieg der Kultur über die Barbarei deuteten: Kämpfe zwischen Lapithen und Kentauren, die versucht hatten die lapithischen Frauen zu entführen; zwischen Griechen und Amazonen und zwischen Göttern und Giganten. In Wahrheit aber sind sie verschlüsselte Anspielungen auf den Triumph der Griechen über die Perser und spiegelten die durch die Kriege bestärkte Überzeugung, dass Barbaren (Sklaven eines Autokraten wie die Perser) niemals zu den zivilisierten, freien Menschen (also Griechen) passen würden. Die Giebel waren gefüllt mit frei stehenden Skulpturen, die Athena ehrten: Der östliche Giebel feierte ihre Geburt aus dem Haupt des Zeus, befreit mit einem Schlag der Axt des Hephaistos, des Gottes der Schmiedekunst; während der Westgiebel ihren siegreichen Kampf gegen den Meeresgott Poseidon um die Vorherrschaft in Attika zeigt. Hinzu kam noch ein 160 m langer Fries, der um die ganze Außenseite der *cella* lief. Er verleiht diesem größten aller dorischen Meisterwerke einen ionischen Hauch. Das Thema dieses Frieses ist der Zug der Großen Panathenäen, die alle vier Jahre stattfanden; junge Männern auf Pferden, Wagenlenker, die ihre

Gefährte lenken, Beamte, Musiker und andere Feiernde, die Opfertiere tragen, und das neue Gewand, das für die Göttin gewebt worden war und ihr alle 4 Jahre geschenkt wurde.

Wie andere Tempel litt der Parthenon im Laufe der Jahrhunderte unter religiösem Fanatismus, Krieg und Vandalismus; der schlimmste Schaden wurde ihm durch eine Explosion 1687 zugefügt, als eine venezianische Flotte das von Türken besetzte Athen belagerte und eine ihrer Granaten das im Tempel gelagerte Schießpulverdepot entzündete. 1812 wurde der Großteil der erhaltenen Skulpturen von Lord Elgin nach England gebracht, dessen möglicherweise etwas zweifelhafte Aktion sie auf jeden Fall vor weiteren Schäden bewahrt hat, zumindest vor den Folgen der Luftverschmutzung. Von der britischen Regierung gekauft, wurden die „Elgin Marbles" Teil der Sammlung im Britischen Museum in London; in den letzten Jahren gab es viel Streit über eine Forderung der griechischen Regierung, die Skulpturen ihrem Herkunftsland zurückzugeben, die aber bis heute abgelehnt wurde.

Die Reliefs und Skulpturen des Parthenon galten immer als der Gipfel der klassischen Kunst – Menschen, Götter und Tiere, herrlich natürlich, nobel und ausgeglichen, individuell und als Gruppen. Aber sie zeigen eine Abweichung von der realistischen Tendenz der früheren Zeit, vielleicht weil das höhere Niveau der Behandlung des Themas eine gewichtigere, hieratische Wiedergabe sogar von Kampfszenen förderte; die Männer und Frauen der Parthenonskulpturen, in welche Handlungen sie auch immer verwickelt sind, haben die heitere Ausstrahlung der Götter, die sie verherrlichten. Es ist aber auch möglich,

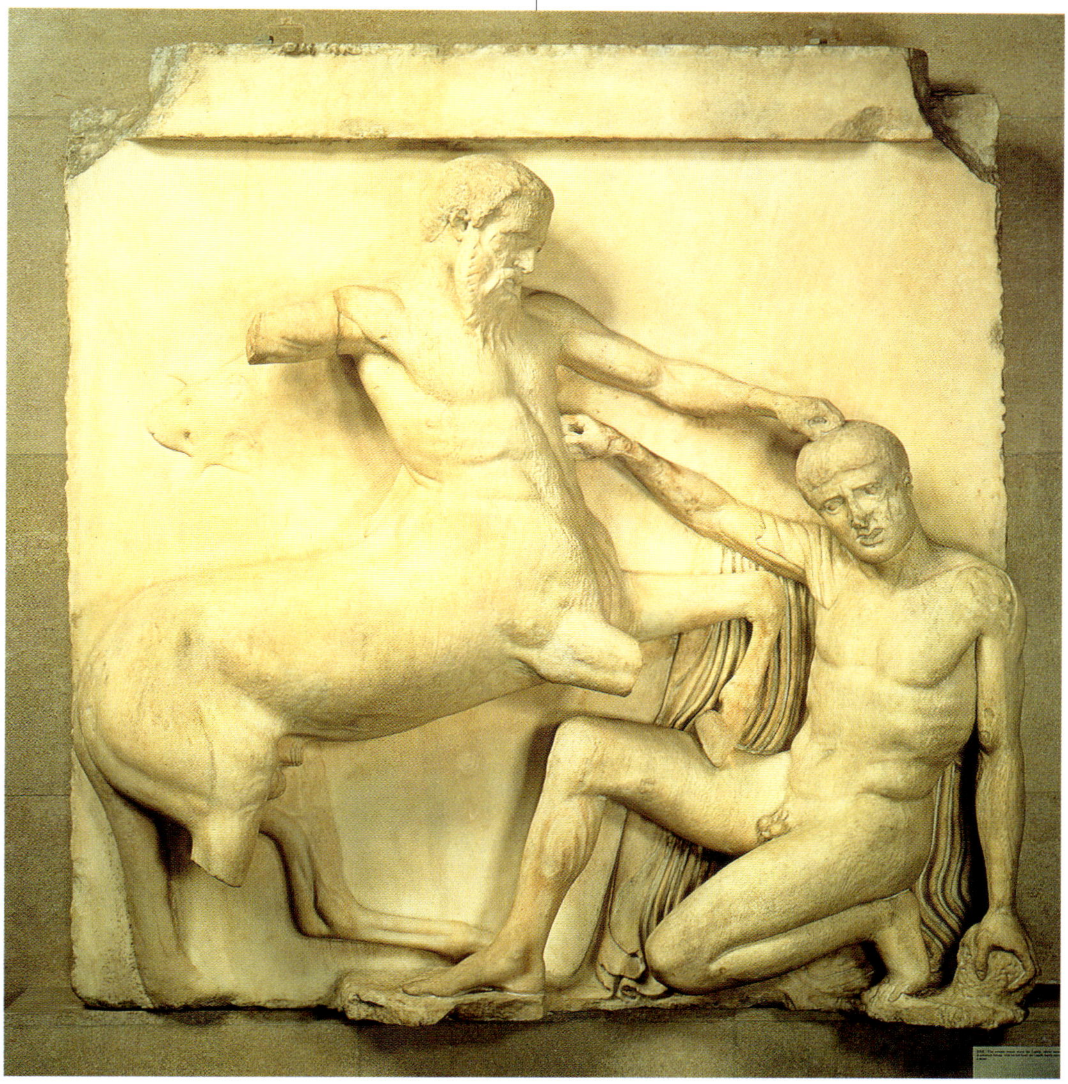

Lapith gegen Kentaur: eine Szene von einer der Metopen (Bildfelder) des Parthenon. Die Figuren sind Reliefs, doch das Relief ist so hoch, dass die Figuren fast schon freiplastisch wirken. Die Schlacht zwischen den Lapithen und den Kentauren wurde als eine Schlacht zwischen der Zivilisation und der Barbarei interpretiert.

dass diese Darstellungen bereits etwas von der Stimmung des späten 5. Jahrhunderts spiegeln; denn Phidias' berühmtester Zeitgenosse, der Bildhauer Polyklet aus Argos, soll *kouros*-ähnliche Figuren in einem sehr zurückhaltenden Stil angefertigt haben; sein Speerträger (Doryphoros, durch römische Marmorkopien des bronzenen Originals überliefert) scheint das zu bestätigen. Polyklet schlug Phidias tatsächlich in dem einzigen überlieferten Wettbewerb der beiden um einen Auftrag. Er war möglicherweise derjenige, der mehr Einfluss hatte. In seinem Buch *Der Kanon* hielt er die idealen Proportionen einer Skulptur fest. Exemplifiziert in der Figur des Doryphoros wurde es von vielen späteren Bildhauern benutzt.

Ein weiteres klassisches Gebäude auf der Akropolis, der kleine ionische Tempel der Athena Nike (die Sieg bringende Athena) wurde von Kallikrates ungefähr zur gleichen Zeit wie der Parthenon entworfen. Aber seine Ausführung wurde bis 420 aufgeschoben und dann musste der Entwurf verändert werden, um die Propyläen unterbringen zu können, den großen marmornen Eingang zur Akropolis, einen Entwurf des Mnesikles, der ab 437 realisiert wurde. Um 410 erhielt der Tempel der Athena Nike eine Balustrade, deren Skulpturenschmuck eine weitere Entwicklung in der Behandlung des weiblichen Körpers zeigt. In einer bekannten Gruppe dreier Göttinnen vom Ostgiebel des Parthenon wurde das Gewand dem Körper folgend modelliert und lässt die Formen darunter ahnen; die Reliefs der Nikebalustrade gehen einen Schritt weiter: Die Frauen tragen leichtere, durchsichtige Gewänder mit unzweideutig erotischer Wirkung und kündigen das Auftauchen der weiblichen Nacktheit in der griechischen Skulptur an.

Das letzte der großen klassischen Bauwerke auf der Akropolis war das Erechtheion, das erst knapp vor 406 v. Chr. fertig gestellt wurde. Obwohl es klein ist, ist es eines der großen Meisterwerke des Ionischen Stils. Es beherbergte die gemeinsamen Kultstätten von Athena und Poseidon und jene von Erechtheus, einem legendä-

Jugendliche, die aufsteigen und an der Panathenäenprozession teilnehmen wollen. Die Szene ist ein Teil des 160 m langen Frieses, der hinter dem Säulenumgang des Parthenon die ganze *cella* umlief; sein meisterliches flaches Relief steht in starkem Gegensatz zu den mehr oder weniger frei stehenden Figuren am Rest des Tempels.

ren König von Athen, von dem man sagt, er sei von Athena selbst aufgezogen worden (die Kultgemeinschaft wurde zweifellos arrangiert, um Poseidon nach seinem gescheiterten Versuch, der Patron der Stadt zu werden, zu besänftigen und gleichzeitig zu verhindern, dass die siegreiche Athena durch Ehrungen für ihren Rivalen beleidigt wurde). Neu beim Bau des Erechtheions ist der Gebrauch von weiblichen Figuren als Säulen, deren Köpfe die Korenhalle an der Südseite des Gebäudes stützen. Die Römer übernahmen die Idee, solche Figuren, so genannte Karyatiden, zu benutzen, und nach ihnen viele neuzeitliche Architekten in ganz Europa.

Von den vielen Bauten Athens der klassischen Zeit hat nur noch eines in seiner wesentlichen Form überlebt. Unterhalb der Akropolis auf einem Hügel neben der *agora* steht der Tempel des Hephaistos, ein bescheidenes dorisches Bauwerk, dessen Bau 449 begann. Er stand am Rande des Handwerkerviertels.

Weniger gnädig verfuhr die Zeit mit der Profanarchitektur, die jedoch sowohl in Athen als auch in anderen Städten in Form von Versammlungs- und Konzerträumen, Theatern und *stoas* (Geschäft- und Ämterbauten mit gedeckten Säulengängen) florierte.

Während der klassischen Periode beherrschte die rotfigurige Vasenmalerei weiterhin den Markt und hielt ihr hohes Qualitätsniveau bis ins 4. Jahrhundert. Erst dann setzte ein Niedergang ein; möglicherweise als Antwort auf den sich verändernden allgemeinen Geschmack fand auch nach etwa 400 die Tradition der Vasenmalerei ein überraschend schnelles Ende. Eine Vielzahl von rotfigurigen Vasen überlebte, aber ein anderer

Die Göttinnen, Demeter, Kore und vielleicht Artemis; sie gehörten ursprünglich zu einer Gruppe von Göttinnen, die im Ostgiebel des Parthenon bei der Geburt der Athena anwesend waren. Trotz der fehlenden Köpfe kann man die schräg ansteigende Linie der Gruppe erkennen (damit sie in den Dreieckgiebel passten).

Der Athena-Nike-Tempel, ein kleiner Tempel auf der athenischen Akropolis, etwa 30 Jahre nach dem Parthenon erbaut. Im Gegensatz zum dorischen Parthenon ist er ionisch, was sich unter anderem in den Voluten an den Kapitellen der Säulen und dem Fries zeigt.

Gegenüber: Die Karyatiden an der Südhalle des Erechtheions, das dem Parthenon gegenübersteht. Diese Stützpfeiler in Form von Frauen waren eine Neuheit vom Osten; die Römer und neuzeitliche Architekten kopierten sie vielfach.

Stil der Malerei kam Mitte des 5. Jahrhunderts auf, von dem es nur wenige Beispiele gibt. Die schmale zylindrische Ölkanne *(lekythos)* wurde weiß grundiert und von Künstlern wie dem Achilles-Maler bemalt, die Umrisszeichnungen setzten und Stoffe und andere Details großflächig in sehr viel „malerischer" Manier ausmalten, als das mit der schwarz- oder rotfigurigen Technik möglich war. Lekythen wurden fast ausschließlich im Grabkult und für religiöse Zwecke eingesetzt, da der weiße Grund leicht brach und die Gefäße daher nicht oft verwendet werden konnten.

Der oft exquisite Charme der gemalten Figuren auf den *lekythoi* lässt ahnen, welche Schätze durch das Verschwinden der Wand- und Tafelmalerei verloren gegangen sind; viele ziemlich genaue Beschreibungen der Maltechniken der großen klassischen Künstler von Polygnot bis Zeuxis, Parrhasios und Apelles sind erhalten, aber sie sind kein Ersatz für die Arbeiten selbst. In den letzten Jahren wurden bei Ausgrabungen der makedonischen Königsgräber in Vergina Wandmalereien von etwa 340 entdeckt, die möglicherweise von wichtigen griechischen Künstlern ausgeführt worden sind. Das am besten erhaltene Bild zeigt Hades mit Persephone im Wagen; trotz ihres skizzenhaften Stils ist die Malerei technisch perfekt und der Zorn in Persephones Blicken weist auf die emotionelle Ausdrucksweise der hellenistischen Kunst voraus.

Ein Großteil der Kunst des 4. Jahrhunderts ist verloren gegangen, was es erschwert, die Entwicklung der klassischen Skulptur nach dem Parthenon zu verfolgen. Die Bildhauer begannen nun neue Themen zu entdecken und einen expressiveren und dramatischeren Stil zum Ausdruck von Emotionen, Gesten und Bewegungen zu verwenden. Diese Entwicklung ist so deutlich,

dass sie von den Förderern im öffentlichen und im privaten Bereich aufs Wärmste begrüßt (wenn nicht sogar angeregt) worden sein muss. Am stärksten veränderte sich die Darstellung weiblicher Körper, die bereits auf der Nikebalustrade provozierend halb nackt erschienen waren. Um 360 v. Chr. schuf der damals führende Bildhauer Praxiteles selbstsicher eine nackte Aphrodite; diese Figur, die Aphrodite von Knidos, ist nur in römischen Kopien bekannt, galt aber bereits in der Antike als einladend. Im Gegensatz zu den meisten bekannten griechischen Bildhauern arbeitete Praxiteles in Marmor statt in Bronze und erzielte damit weiche, glatte Effekte, wie sie die erhaltene Gruppe von Hermes mit dem Dionysosknaben zeigt – möglicherweise ein Original. Ihre träge Sinnlichkeit wird auch die Aphrodite von Knidos des Praxiteles charakterisiert haben. Die anderen großen Meister des 4. Jahrhunderts waren Skopas, der durch die Bildung von emotional verzerrten Gesichtern berühmt wurde, und Lysipp, Meister von Kompositionen in großem Stil mit dramatischen Bewegungen und wehenden Stoffen.

Lysipps Können war so groß, dass Alexander der Große von keinem anderen porträtiert werden wollte. Alexanders Wunsch nach einer wahrheitsgetreuen (möglicherweise schmeichelhaften) Wiedergabe markiert das Herannahen des Zeitalters des Porträts. Porträts waren vorher selten, idealisiert und oft erst postum angefertigt. Einige der wenigen früheren Bildnisse – z. B. von Themistokles und Perikles – wirken jedoch ziemlich überzeugend. Schon in der Mitte des 4. Jahrhunderts wurde die individuelle Selbstdarstellung mit einer gewissen Vorliebe für das Kolossale kombiniert. Der Gouverneur einer persischen Provinz, Mausolos von Karien im Südwesten Kleinasiens, stattete sein gigantisches marmornes Mausoleum in Halikarnass mit großen Friesen und Hunderten von Statuen aus – ein weiteres der sieben Weltwunder. Das Bauwerk gab allen monumentalen Grabbauten den Namen. Der Sinn für persönliche Einzigartigkeit und die Vorliebe für das Kolossale, vermischt mit persönlichen Emotionen, Gewalt, Realismus und vielem mehr, wurde Teil eines neuen Zeitalters, das durch die Erfolge Alexanders des Großen eingeleitet wurde.

Lekythos mit zwei Frauen, 5. Jhdt. v. Chr. Die _lekythos_ war eine Art Ölkrug für Begräbniszeremonien; wie auch Schalen, die man bei religiösen Zeremonien verwendete, wurde sie in mehr als einer Farbe reich bemalt. Durch den weißen Grund ließen sich oft bezaubernde Resultate erzielen.

Hermes mit dem Dionysosknaben. Diese Marmorgruppe wurde vom athenischen Bildhauer Praxiteles im 4. Jahrhundert geschaffen. Ihr Stil ist bemerkenswert weicher, sinnlicher und lebensnaher als die klassischen Skulpturen des 5. Jhdts. v. Chr.

KUNSTHANDWERK

Kunst als eigenes Wort oder ästhetischer Genuss war den alten Griechen unbekannt. Die Kunst war einfach ein Teil ihres Alltags und entsprechend ihrer Einstellung gab es zwar Musen für Tragöden und Historiker, aber keine für Maler und Bildhauer. Was wir heute als Kunstwerke bezeichnen, waren für sie einfache Nutzgegenstände, entweder als Votivgaben für Götter und Helden oder als Grabbeigaben, wohingegen Juwelen oder bemalte Töpferwaren zur persönlichen oder zur Verschönerung des täglichen Lebens verwendet wurden. Natürlich bewunderten auch die Griechen schöne oder perfekt gearbeitete Dinge, aber sie sahen darin keine Kunst, sondern *techne,* Handwerksarbeit, und wie grandios sie auch war, sie verlieh dem Handwerker kein Recht auf Unsterblichkeit.

Mit der Zeit wurden einige Baumeister, Bildhauer und Maler berühmt und man beachtete ihre Werke, besonders wenn sie im öffentlichen Raum standen oder für religiöse Zwecke bestimmt waren. Hingegen wurden die Namen der Maler von

Frühgriechisches Kunsthandwerk. Schmuckplatte aus dem 7. Jhdt. mit der geflügelten Göttin Astarte aus dem Nahen Osten. Sie ist eine von sieben Platten, die zusammengebunden und auf der Brust getragen wurden; gefunden in einem Friedhof auf der Insel Rhodos.

Vasen nie aufgezeichnet, so sind nur die wenigen bekannt, die ihre Werke signierten. Der Unterschied zwischen „hoher" und angewandter Kunst existierte bereits bei den alten Griechen, obwohl eigentlich alle Kunst in irgendeiner Form angewandt war. Moderne Ansichten neigen dazu, diese Unterscheidung als wenig sinnvoll oder unhaltbar zu bezeichnen. Das Resultat war eine weit höhere Wertschätzung der angewandten Kunst.

Eine Fülle von Gegenständen aus dem alten Griechenland überlebten, obwohl zahllose Arbeiten aus Textilien oder aus Holz auf Grund ihres Materials nicht mehr vorhanden sind. Objekte aus Gold oder Silber sind aus verschiedenen Gründen selten (auf Grund ihres hohen Wertes wurden sie eingeschmolzen und wieder verwertet oder zur Herstellung von Münzen eingesetzt). Ausgrabungen von mykenischen Fundstätten brachten gehämmerte Goldmasken und reich geschmückte Becher aus der frühesten Zeit ans Tageslicht. Ein eventueller Verlust der Kunstfertigkeiten während der Dunklen Jahrhunderte muss sehr schnell wieder aufgeholt worden sein, denn die Goldarbeiten aus der geometrischen Zeit – meistens kleine Schmuckstücke wie Ringe oder Broschen – zeigen nicht nur viel Geschmack, sondern auch außergewöhnliche Details. Die Künstler waren wahre Meister in der Technik des Granulierens (Verschmelzen von Goldkörnern mit der Oberfläche, um einen perlenartigen Effekt zu erzielen) und der Filigranarbeit (durchbrochene Arbeiten aus Fäden und kleinen Kugeln aus Gold und Silber). Spätere Goldarbeiten wurden sogar exportiert und in südrussischen Gräbern gefunden.

Bronzen bilden eine dichtere Reihe, da die kleinen Kunstwerke oft dem Schicksal der großen Statuen entgingen. Statuetten wurden oft als Einzelstücke hergestellt, dienten als Griffe (z. B. für Spiegel aus poliertem Metall) oder waren mit Kesseln oder Schalen verbunden. Frühe Stücke und Statuetten waren massiv. Ab dem 6. Jahrhundert kannten die Griechen Hohlgusstechniken, die es ermöglichten, große Bronzefiguren zu errichten. Bei der Technik mit verlorenem Kern wurde ein Tonkern mit einer Wachsschicht bedeckt, in die die Figur modelliert wurde. Diese Figur kam in eine Gussform, wurde erhitzt, sodass das Wachs schmolz. Die flüssige Bronze wurde in die Gussform geleert und ersetzte das Wachs. Die Form und der Tonkern wurden entfernt, die Hohlfigur zusammengesetzt und fertig gestellt.

Terrakotten (Tonfiguren) waren billige Massenware und dienten als Ersatz für bronzene Opfergaben. Trotzdem variierten sie stark im Aussehen wie z. B. die merkwürdigen, gestreiften böotischen Figuren des 6. Jahrhunderts. Im Hellenismus wurden mit Hilfe mehrerer Gussformen Figuren von hoher Kunstfertigkeit produziert (z. B. die Tanagra-Figuren).

Im 7. Jahrhundert verwendete man Elfenbein für kleine Figuren oder für gravierte Siegel. Die Gravuren (in die Oberfläche geschnittene Muster) erzeugten einen Reliefabdruck, wenn das Siegel in Ton oder ein ähnlich weiches Material gedrückt wurde. Später ersetzten der Chalzedon und weniger wertvolle Steine das Elfenbein. Ein ähnliches Geschick im Gravieren wurde von den Künstlern entwickelt, die Münzstempel schnitten, und wahrscheinlich wurden die Stempel wie die Münzen von der gleichen Person erzeugt. In klassischer Zeit waren besonders die Gemmen für Ringe und der private Schmuck von besonderer Schönheit. Die hellenistischen Kunstwerke blieben jedoch in ihrer Perfektion unerreicht.

Spätgriechisches Kunsthandwerk. Der hellenistische Künstler löste eine besonders schwere Aufgabe: ein Getreidehalm aus Gold, in drei Stämme mit Ähren geteilt, wahrscheinlich für eine Kulthandlung zu Ehren der Demeter, Göttin des Ackerbaus und der Feldfrucht, angefertigt wahrscheinlich im ptolemäischen Ägypten.

HELLENISTISCHE KUNST

Das Zeitalter des Hellenismus begann mit dem Tod Alexanders des Großen 323 v. Chr. und dauerte bis 30 v. Chr., als Ägypten, das letzte der von Griechenland geprägten Reiche, in das römische Reich aufgenommen wurde. Trotz künstlerischer Entwicklungen kann man den Hellenismus kaum mit präzisen Daten begrenzen; die Karriere Alexanders kann als Wendepunkt betrachtet werden, der das Zeitalter der kleinformatigen republikanischen Gesellschaften von der Ära, in der griechische Monarchien den nach-alexandrischen Osten beherrschten, trennt. Während dieser letzten Periode wuchsen neue Zentren griechischer Kultur heran und ihre Herrscher entwickelten große Ziele, kulturell sowie politisch.

Der Apoll im Belvedere; der Gott hielt ursprünglich einen Bogen in seiner linken Hand. Einst galt er als Höhepunkt der griechischen Kunst, heute steht der Apoll im Belvedere für eine der neuen Richtungen, die die hellenistische Kunst einschlug; römische Marmorkopie einer Bronze aus dem 4. Jhdt. v. Chr.

Es gab wichtige Konsequenzen für Künstler und Architekten. Frömmigkeit wurde hoch gehalten, aber Könige und reiche Privatleute als Autraggeber hieß, dass Paläste so wichtig wurden wie Tempel und dass Skulpturen einzelne Personen und ihre berühmten Siege mit unklassischer Protzerei verherrlichen sollten. Östliche Autokraten mit nahezu unbeschränkten Mitteln konnten einen Kult des Kolossalen fördern, der Werke der Klassik zwergenhaft erscheinen ließ. Zur selben Zeit erwachte das Interesse an der individuellen Erscheinung. Zweifellos verdankte diese neue Strömung seine Existenz am meisten der Eigenliebe Alexanders und seiner Anhänger. Doch konnte sie auch eine Art der Künstler sein, sich von den Vorlieben der Klassik für ideale Bilder von Göttern und Helden zu befreien.

Die hellenistische Kunst verfügte über ein breites Spektrum an Stimmungen und Formen wie das Kolossale, das Emotionale, die Dramatik, den Realismus, das Groteske und das Sentimentale. Das Gemeinsame war die Virtuosität, der diese Genren freien Lauf ließen. Früher oft missverstanden als prunkhaft und vulgär, werden hellenistische Werke heute für ihre erstaunliche technische Perfektion und für ihre Vielfalt an Emotionen und Themen geschätzt. Hätten diese nicht den Horizont griechischer Kunst erweitert, würden die engen Grenzen der Klassik sicher erheblich weniger geschätzt werden.

Die gitterartigen hellenistischen Planstädte mit ihren Palästen, Tempeln, Bädern, Bibliotheken, Theatern und Denkmälern wurden bereits beschrieben. Die immer noch mächtigen Ruinen der ionischen Städte Pergamon und Didyma vermitteln eine Vorstellung von ihrer Größe. Hier und in anderen hellenistischen Zentren zog man die reicher verzierte ionische Ordnung der dorischen vor und Theater und andere Gebäude wurden allgemein dekoriert. Obwohl es keine politische Macht mehr besaß, profitierte Athen von vergangenem Ruhm, was hellenistische Herrscher dazu veranlasste, ihre kulturellen Referenzen zu demonstrieren, indem sie die Stadt mit Stiftungen überhäuften. Das beste riesige Beispiel für ein

Die Attalosstoa in Athen; Rekonstruktion des Originals aus dem 2. Jhdt. v. Chr. In klassischer Zeit war Marmor reserviert für feierliche Bauten wie Tempel. Große öffentliche Gebäude für profane Zwecke (hier ein Einkaufszentrum) sind ein kennzeichnender neuer Zug der hellenistischen Zeit.

hellenistisches Einkaufszentrum ist die rekonstruierte Attalosstoa, die der Herrscher von Pergamon Athen 150 v. Chr. schenkte. Sie stand östlich der athenischen *agora* und umfasste zwei Etagen mit Geschäften (je Stockwerk 21) hinter einem geräumigen doppelten Säulengang. Die Säulen des Erdgeschosses waren dorisch, die des oberen Stockwerkes ionisch und pergamenisch (eine neue Form mit einem Kapitell aus stilisierten Palmen). Die Säulengänge dienten vielen Menschen als überdachter Treffpunkt. Eine Gruppe von Philosophen, die sich dieser Einrichtung bediente, wurde nach diesen Gebäuden benannt – die Stoiker. Möglicherweise lieferten sich Attalus und der Seleukidenkönig Antiochos IV. hier einen Vergleichskampf. Antiochos finanzierte nämlich etwa gleichzeitig auf der anderen (der östlichen) Seite der Akropolis ein unfertiges athenisches Projekt: Unter den Peisistratiden begonnen, wurde der Tempel des olympischen Zeus nach ihrem Sturz vernachlässigt. Antiochos beauftragte einen römischen Architekten mit der Wiederaufnahme dieser Arbeit in der korinthischen Ordnung. Das war angemessen, da der Tempel mit 124 Säulen und fast 17 m Höhe von unklassischer Höhe und Weite war. Unter dem römischen Kaiser Hadrian wurde der Bau 132 n. Chr. fertig gestellt. Nur 15 Säulen stehen noch, sind aber spektakulär genug.

Dramatik und Emotion kennzeichneten die hellenistische Skulptur besonders in Pergamon. Es hatte eindringende Gallierstämme erfolgreich zurückgedrängt und feierte diesen Sieg ausgiebig und setzte ihn mit den griechischen Siegen gegen die Perser gleich – auch in Kunstwerken, die diesen Sieg als Triumph der Zivilisation über die Barbarei darstellten. Aber die pergamenischen Bildhauer brachten eine neue Note des Pathos in die Darstellung der Besiegten hinein und interessierten sich erstmals für das Aussehen und Verhalten nicht-griechischer Völker. Der Sterbende Gallier (Seite 154) ist eine genaue Studie eines keltischen Kriegers mit Schnauzbart und *torques* um den Hals. Besorgt über sein Schicksal liegt er gerade noch nicht am Boden. Seine Haltung erweckt im Betrachter das Gefühl, der Tod würde ihn jede Sekunde überwinden. Eine andere Skulptur derselben Gruppe zeigt einen gallischen Krieger, der im Begriff ist, sich selbst zu töten, um nicht in Gefangenschaft oder Sklaverei zu geraten. Mit einer Hand hält er seine Frau, die er

Der Sterbende Gallier; römische Kopie eines bronzenen Originals aus Pergamon, Ende 3. Jhdt. v. Chr. Die Figur war wohl Teil eines Denkmals, das Pergamons Sieg über gallische Eindringlinge feierte. Wie auch immer, man verspürt Zuneigung zu dem sterbenden Mann.

Gegenüber: Der große Altar wurde wurde im frühen 2. Jhdt. v. Chr. in Pergamon errichtet, um militärische Erfolge zu feiern. Besonders eindrucksvoll ist der Fries mit der Schlacht der Götter und Giganten rund um die Außenmauern und an den Seiten der Stufen.

aus demselben Grund bereits getötet hat. Beide Skulpturen sind nur als römische Kopien erhalten. Aber der Altar des Zeus, der etwa 40 Jahre später (um 180 v. Chr.) gebaut wurde, steht noch im Berliner Museum. Großartige Treppen, an deren Seiten die Flügel des Altars vorspringen, führen hinauf zu einem Podium, auf dem der Altar steht. Am Rand des Podiums und der Flügel befinden sich Säulen. Der beliebteste Teil des Altares ist ein Fries, einst 110 m lang, der sich ganz um die äußere Wand und an den Seiten der Stufen hinaufzog. Wie klassische Vorbilder stellt er den Sieg Pergamons über die Gallier versteckt durch die Schlacht zwischen Göttern und Giganten dar. Aber in Format, Stil und Stimmung repräsentiert er einen Höhepunkt der grandiosen, theatralischen und dynamischen Trends der hellenistischen Kunst, die wegen ihrer Ähnlichkeit mit der europäischen Kunst des 17. Jahrhunderts oft „barock" genannt wird. Die in extrem hohem Relief gearbeiteten Figuren verkörpern entsetzliche Angst und Schmerz. Die Illusion, dass die fast frei stehenden Figuren lebendig sind, kämpfen und leiden, wird dadurch noch verstärkt, dass manche auf die Altarstufen hinauskriechen und damit die Grenzen zwischen Kunst und Realität verwischen. Dieser Illusionismus ist typisch für den Barock. Im Inneren des Altars erzählt ein weiterer Fries mit etwas ruhigerer Stimmung das Leben des Telephos, des legendären Ahnen der pergamenischen Könige. Er schafft besondere räumliche Tiefe, indem er Figuren übereinander gruppierte (statt sie nebeneinander auf einer Grundlinie aufzureihen) und damit eine Technik in die Skulptur einführte, die schon lange vorher in der griechischen Malerei verwendet wurde.

Heftige Bewegung mit verdrehten Haltungen und wehenden Gewändern war im Hellenismus sehr beliebt. Auf spektakuläre Weise zeigt das die geflügelte Nike von Samothrake (fast 3 m groß), deren Kopf verloren ist, eine überdimensionale Galionsfigur eines Schiffes, die dessen Sieg garantieren sollte. Möglicherweise wurde sie in der Nähe des Heiligtums von Samothrake auf einem heute verlorenen Marmorschiff aufgestellt, um den Seesieg eines hellenistischen Herrschers zu feiern.

Die Nike von Samothrake soll ein Werk des Pythokratos von Rhodos sein, dessen Heimat der unbekannte Sieger gewesen sein könnte. Wenn das zutrifft, hatte die Insel eine besonders gute Bildhauertradition, denn Rhodos wird nicht nur mit dem legendären Koloss von Rhodos verbunden, sondern auch mit der Laokoon-Gruppe, die in der Antike und auch noch 17 Jahrhunderte später, als sie auf dem Esquilin in Rom ausgegraben wurde, von Michelangelo und anderen gefeiert wurde. Laokoon war ein trojanischer Priester, der den König Priamos vor dem hölzernen Pferd, das die Griechen zurückgelassen hatten, warnen wollte. Er wurde von zwei Meeresschlangen zum Schweigen gebracht, die Apoll gesandt hatte, um ihn und seine Söhne zu töten. Die Skulptur zeigt die drei, wie sie von den Schlangen festgehalten werden und vergebens um ihre Freiheit ringen. Antike Betrachter kannten die Geschichte und wussten, dass das Schicksal Laokoons das Schicksal Trojas spiegelte. Das Thema wird virtuos und komplex wiedergegeben, mit gequälten Gesich-

Die Nike von Samothrake; hellenistisch, 3. oder frühes 2. Jhdt. v. Chr. Die kolossale Figur der Siegesgöttin stammt ursprünglich vom Bug eines marmornen Schiffsmonuments.

tern, gedrehten Posen und bis aufs Äußerste angespannten Muskeln. Plinius dem Jüngeren zufolge war die Laokoongruppe das Werk von drei Rhodiern, Hagesandros, Athenodoros und Polydoros. Die Gruppe ist umstritten; viele halten sie für eine Kopie oder Überarbeitung eines Originals aus dem 2. Jahrhundert v. Chr., die die rhodischen Bildhauer im 1. Jahrhundert v. Chr. anfertigten.

Einzelne nackte Götter und Helden wurden weiterhin dargestellt, waren aber nur noch ein Genre unter vielen. Sie erhielten neue Posen, auch erotische oder witzige. Aphrodite, die Göttin der Liebe, blieb weiterhin ein beliebtes Thema. Da viele griechische Werke durch römische Quellen bekannt wurden, wird sie oft mit ihrem römischen Gegenstück Venus verwechselt. Die kauernde Aphrodite zeigt Aphrodite beim Bad, nicht nur kauernd, sondern auch mit der typischen hellenistischen Körperdrehung. Die kapitolinische Venus ist beim vergeblichen Versuch gezeigt, ihre Nacktheit mit ihren Händen zu bedecken. Eine weitere römische Kopie, die Eros zeigt, wie er seine geliebte Psyche küsst, ist unverhohlen sentimental, während Sex in einer Gruppe ganz lässig zum Thema wird, in der Aphrodite oder eine Nymphe mit ihrem Pantoffel eine scheinbare Drohgebärde macht, während ein amüsierter Eros einen zudringlichen Pan von ihr wegschiebt. Auch Hermaphroditen zeigen die latente Erotik in der Kunst: ein schlafender Hermaphrodit und eine Gruppe, in der ein Hermaphrodit einen lüsternen Liebhaber abwehrt. Sie stehen so zueinander, dass der Hermaphrodit von hinten zu sehen ist und wie eine schöne Frau aussieht. Wenn der Betrachter auf die andere Seite geht, enthüllt sich ein unerwarteter Anblick, der den Betrachter amüsieren und kitzeln soll.

Verdient oder nicht, die Venus von Milo (eigentlich Aphrodite von Melos) ist wohl die berühmteste Statue der Welt und hinterließ nach ihrer Entdeckung auf der Insel Melos 1820 einen tiefen Eindruck. Viel von ihrem Ansehen beruhte darauf, dass man sie mit einem klassischen Werk identifizierte. Sie stammt aus dem späten 2. Jahrhundert, war möglicherweise aber beeinflusst von der Rückbesinnung auf die Klassik, die im späten Hellenismus aufkam. Doch trotz ihrer Trockenheit ist sie sehr weitgehend ein Produkt ihrer Zeit, mit ihrer gedrehten Haltung und ihrem unsicher wirkenden Gewand um die Hüften.

Obwohl der Kult der idealen Schönheit der Klassik die Künstler weiterhin beeinflusste, konnte der hellenistische Bildhauer eine breitere Auswahl von Typen erschaffen. Er nahm das Hässliche und Ungewöhnliche mit gnadenloser Realitätsliebe gemeinsam mit anderen Themen auf, die zuvor abgelehnt worden waren: Kinder und ausgemergelte Alte, Zwerge, Knabenjockeys und Faustkämpfer und ebenso mitfühlend darge-

Schlafender Hermaphrodit; Kopie eines Originals aus dem 2. Jhdt. v. Chr. Diese weich-sinnliche, ungewöhnlich ausgestattete Figur zeigt eine humorvolle Seite der he lenistischen Skulptur. Die Matratze ist eine barocke Zutat des 17 Jahrhunderts n. Chr.

stellte Nicht-Griechen wie Gallier und Afrikaner. Die interessanteste dieser anti-klassischen Skulpturen ist vielleicht der sitzende Faustkämpfer aus Bronze, der geschlagen aussieht und im Gesicht Schwellungen und frische Schnitte hat, die durch eingelegtes Kupfer dargestellt wurden.

Ein reges Interesse am Individuellen sorgte dafür, dass Porträts zu einem wichtigen Teil der hellenistischen Kunst wurden. Auftraggeber waren vor allem Autokraten, die eitel genug waren, ihr eigenes Bild verewigen zu lassen, und reich genug, um Künstler mit den dazu nötigen Fertigkeiten unter ihren Schutz zu nehmen. In früheren Zeiten hatte man das Gefühl, das Porträt sei eine Form von *hybris,* von gefährlichem Ehrgeiz und vielleicht eine Beleidigung der Götter.

Einige Porträts sind erhalten, darunter die bemerkenswerten Köpfe von Themistokles und Perikles. Sie sind so individuell gestaltet, dass man glauben möchte, dass sie Ähnlichkeit mit ihren Vorbildern haben. Doch sind es postum, also nach ihrem Tod, angefertigte idealisierte Bildnisse. Das Gleiche gilt auch für die Porträts Alexanders des Großen in der Plastik und auf Münzen. Sie zeigen ein offiziell genehmigtes Alexanderbild mit jugendlichen Zügen, aufwärts gewandtem Blick und wallender Löwenmähne, einen Typus, den Alexanders Lieblingsbildhauer und Porträtist Lysipp festgelegt hatte. Vielleicht sah Alexander wirklich so aus; die offensichtliche Propagandafunktion des Bildnisses stellt das jedoch in Frage. Hätte Lysipp Alexander weniger gut aussehend, gottähnlich und heldenhaft dargestellt, könnte man die Ähnlichkeit des Bildnisses leichter glauben.

Viele hellenistische Poträts überzeugen da weit eher, obwohl die Tatsache, dass alle Herrscher eine üppige Mähne besaßen, verdächtig ist. Sie dürfte eine Anspielung auf das große Vorbild Alexander sein, der die hellenistische Herrscherdarstellung prägte. Dagegen erscheint Ptolemaios I. auf seinen Münzen mit einer mächtigen Hakennase als unverwechselbare individuelle Persönlichkeit. Das Gleiche gilt für eine überlebensgroße Bronzestatue eines unbekannten Herrschers (um 150 v. Chr.), muskelbepackt, nackt und mit einem langen Stab in der Hand. Sein Gesicht und seine Haltung wirken fast schon greifbar arrogant und man kann sich kaum vorstellen, wer davon beeindruckt war oder werden sollte. Es gibt auch exzellente Porträts von Philosophen und Schriftstellern. Manche wie die oft kopierte langhaarige Büste von Epikur haben sicher Ähnlichkeit mit der Realität. Andere wollen dagegen offenkundig eine Aussage vermitteln, etwa den Kontrast des scharfen Verstandes eines Philosophen zu seinem alternden Körper.

Die große Zahl von kleineren Handarbeiten und Grabopfern hellenistischer Zeit lassen auf einen gewissen Wohlstand schließen. Bronze- und Terrakottafiguren hatten beachtliche künstlerische Qualität. Wie heute waren auch damals Terrakotten besonders beliebt und erschwinglich. Figuren von schlanken jungen Frauen im Alltagsgewand, von Kindern, jungen Männern, Eros und Aphrodite, heißen Tanagra-Figuren nach dem Friedhof in Böotien, wo große Mengen von ihnen gefunden wurden. Sie wurden in der ganzen griechischen Welt als Devotionalienkitsch angefertigt, als Opfergaben, die Süße und Licht in ein Grab bringen sollten.

Ab dem Ende des 4. Jahrhunderts wurde die meiste Keramik in Gießformen gemacht und mit Reliefs dekoriert. Das Verschwinden der Vasenmalerei bedeutet, dass diese wichtige Quelle über die von Vasenmalern in großem Maßstab verwendeten Techniken für die hellenistische Zeit fehlt. Ihren Platz nimmt eine andere Kunstform ein, das Mosaik, in dem verschiedenfarbige Stein- oder Glasstücke aneinander gelegt werden, um ein Bild zu schaffen. Die frühesten bekannten Beispiele sind Kieselmosaike aus Nordgriechenland und Makedonien. Um 300 v. Chr. wurden in Pella, der Hauptstadt des hellenistischen Makedoniens, packende, aktionsreiche Jagdszenen kreiert. Da die makedonischen Könige den Ruf ihre Hofs als Zentrum hellenistischer Kultur bewusst förderten, arbeiteten Künstler wie Apelles nachweislich im Norden und die Mosaike könnten Kopien der zeitgenössischen Gemälde sein. Römische Importe und Kopien griechischer Kunst betrafen sicherlich auch die Malerei, und viele der Wandgemälde, die man im vom Vesuv verschütteten Pompeji ausgegraben hat, sind möglicherweise Kopien giechischer Originale. Manche beschäftigen sich vorwiegend mit Landschaften, eine Entwicklung, von der man weiß, dass sie im Hellenismus einsetzte. Am besten gesichert ist die Herkunft des großartigen Alexandermosaiks, das einen kritischen Moment in der Schlacht von Issos darstellt, wo Alexander und Darius einander gegenüberstehen. Dieses pompejanische Bodenmosaik (kein Kieselmosaik, sondern in einer moderneren Technik aus winzigen Würfeln aus gefärbtem Stein gearbeitet) gilt als Kopie eines Gemäldes aus dem späten 4. Jahrhundert von Philoxenus von Eretria, das Plinius der Jüngere beschrieb. Die aufregende Qualität der Kopie macht den Verlust des Originals noch bedauernswerter.

Gegenüber: Die Venus von Milo, ein hellenistisches Werk aus dem 2. Jhdt. v. Chr. Stilistisch eine Wiedergeburt der Klassik – obwohl sie vom Geist ihrer eigenen Zeit geprägt ist.

Der Raub der Europa. Terrakottastatuetten waren beliebte Votivgaben. Wie diese kamen die bekanntesten Figuren aus Tanagra. Das Thema hier unterscheidet sich von den üblichen süßlichen, dezent verhüllten Figuren.

7

WORTE UND IDEEN

DASS DIE GRIECHEN DAS ERSTE VOLK DER GESCHICHTE WAR, DAS VERSTÄNDLICH UND OFFEN ZU UNS ZU SPRECHEN SCHEINT, HAT SICHER SEINE URSACHE DARIN, DASS SIE EIN WICHTIGES WERKZEUG VON DEN PHÖNIKIERN IM 8. JAHRHUNDERT V. CHR. ÜBERNOMMEN HABEN: DAS ALPHABET. DIE ÄLTEREN SCHRIFTFORMEN VERWENDETEN HUNDERTE VON BILDERN ODER ZEICHEN. DIESES WISSEN WAR WENIGEN PROFESSIONELLEN SCHREIBERN VORBEHALTEN, DEREN ZEIT UND ENERGIE DEN NIEDERSCHRIFTEN ÖFFENTLICHER BERICHTE DIENTE UND NICHT LITERARISCHEN TEXTEN. ABER DAS ALPHABET MIT NUR ZWANZIG BUCHSTABEN, MIT DENEN MAN JEDES WORT FESTHALTEN KONNTE, LIESS SICH NICHT NUR LEICHT UND NATÜRLICH AUCH SCHNELL ERLERNEN, SONDERN AUCH WESENTLICH EINFACHER VERWENDEN. WEITE KREISE DER BEVÖLKERUNG LERNTEN LESEN UND SCHREIBEN. DIE SCHRIFT ERÖFFNETE ABER AUCH DEN PHILOSOPHEN UND DICHTERN DIE MÖGLICHKEIT, IHRE ERFAHRUNGEN, GEDANKEN UND GEFÜHLE IN GROSSARTIGEN WERKEN FESTZUHALTEN. SO WURDEN DIE GRIECHEN ZU PIONIEREN AUF FAST ALLEN GEBIETEN DER LITERATUR, DEREN AUSSAGEKRAFT BIS ZUR HEUTIGEN ZEIT NICHT ÜBERHOLT IST.

GESPROCHENE UND GESCHRIEBENE WORTE

Das erste greifbare Ergebnis der Einführung des Alphabets war die Niederschrift der *Ilias* und der *Odyssee.* Seither streiten die Gelehrten über die Identität des Autors und den Inhalt dieser Epen. Hat Homer ein, beide oder keines geschrieben? War er, wie die Überlieferung behauptet, ein blinder ionischer Dichter? Oder ist „Homer" nur ein Name für die kollektiven Anstrengungen mehrerer Generationen? Der englische Schriftsteller Samuel Butler (19. Jahrhundert) behauptete sogar, dass Homer in Wirklichkeit eine Frau war; Lawrence von Arabien, der die Odyssee übersetzte, bezeichnete den Autor als Landratte ohne Kenntnisse der Seefahrt, die er (oder sie) beschrieb. Die moderne Wissenschaft ist sich ziemlich sicher, dass die Epen Produkte einer langen mündlichen Überlieferung sind. Homer, so er existierte, war vielleicht ein ionisches Genie, das die einzelnen Teile miteinander verband, kürzte und verbesserte. Die mündliche Überlieferung über Jahrhunderte ist fraglos die Quelle vieler rätselhafter Passagen, besonders ihrer historischen Widersprüche. Natürlich waren die homerische und mykenische Welt in vielen Dingen einander ähnlich, z. B. in den Namen und Orten. Wie wir gesehen haben, konnte Schliemann auf Grund seines Glaubens an den dokumentarischen Wert der *Ilias* Troja entdecken. Ebenso natürlich passten die Barden der Dunklen Jahre die traditionellen Fakten ihrer eigenen Welt an und ließen die Helden der Bronzezeit Eisen kennen, ihre Toten verbrennen anstatt sie wie die Mykener zu begraben; und ihre Könige waren Heerführer und nicht die Bürokraten der Linear-B-Tafeln. Zu den typischen Zügen dieser Epen gehören fixe Formulierungen – das Meer ist stets „dunkel wie Wein" – und noch einige wesentlich längere Formulierungen, die als Erzählhilfe gedient haben. Obgleich wir nur wenig über andere griechische Epen wissen, ist klar, dass die *Ilias* außergewöhnlich lang war. Ebenso klar ist, dass sie nicht die ganze Geschichte des Trojanischen Krieges erzählt. Sie beschränkte sich auf eine Episode – den Streit zwischen Agamemnon und Achill. Achill zieht sich vom Kampf zurück, worauf die Griechen Probleme bekommen; der Schlachtentod seines Freundes Patroklos bringt den Helden zurück auf das Feld. Und dort erschlägt er den trojanischen Helden Hektor. Auf Achills eigenen Tod und die Zerstörung Trojas wird nur knapp hingewiesen.

Einmal niedergeschrieben, waren die homerischen Epen fixiert, sodass sie späteren Griechen wie Geschichten aus einer grauen Vorzeit erschienen; ihr allgegenwärtiger Einfluss wurde schon mehrfach aufgezeigt. Auch wenn das Ende der mündlichen Tradition schon oft beklagt wurde, war die Literatur, die an ihre Stelle trat, von beispielloser Vielfalt und Ausdrucksfähigkeit. Sprache und Literatur, zusammen mit Religion und Ritualen, wurden einigende Elemente für das weit verstreute und politisch aufgesplitterte griechische Volk.

Das Lesen zum Vergnügen war für die Griechen nicht selbstverständlich. Bis ins 4. Jahrhundert wurde Poesie öffentlich vorgetragen. Die Einführung der Schrift erleichterte die literarische Komposition und sorgte für konsequente Aufzeichnungen; sie beendete aber auch die all-

Ein idealisiertes Bildnis Homers, 2. Jhdt. v. Chr. Sogar im alten Griechenland war Homer eine vage Figur; moderne Wissenschaftler bezweifeln, dass die *Ilias* und die *Odyssee* vom selben Autor verfasst worden sind.

Apoll und die Musen. Apoll war der Gott der Dichtkunst und der Musik und der Führer der Musen – der Göttinnen der Künste und Wissenschaften. Hier spielt er auf der Leier, während die Musen tanzen. Attische schwarzfigurige Lekythos.

mähliche Entstehung und die selbstständige Veränderung eines Werks durch Barden, die die mündliche Tradition geprägt und die homerischen Epen hervorgebracht hatten. Die private Lektüre von Büchern war selten, obwohl es Hinweise auf private Bibliotheken gibt und Euripides in einer mit Büchern ausgekleideten Höhle am Meer gelebt haben soll. Bis zur hellenistischen Zeit waren die Bücher (Papyrusrollen) eher handgeschriebene Originale als private Studienobjekte. Das gilt auch für die Fülle der Poesie, die zwischen Homer und den attischen Dramen des 5. Jahrhunderts entstand. Alkman schrieb hinreißende Chöre für die Mädchen von Sparta, und Sappho von der Insel Lesbos und andere Dichter drückten ihre persönlichen Gefühle in lyrischen Versen aus, die von Leier- oder Flötenspiel begleitet wurden. Jeder kannte die Epitaphe des Simonides (berühmt ist jenes für die Toten der Thermopylen: „Wanderer, kommst du nach Sparta,/ sage, du habest uns liegen gesehen,/ wie das Gesetz es befahl") oder die Oden von Pindar, die für öffentliche Feste in Auftrag gegeben und bezahlt worden sind. Dieser Reichtum an Dichtkunst zwischen Homer und den griechischen Dramen enthält die ersten Darstellungen von Emotionen und Meinungen in literarischer Form; aber (typisch für die Griechen) es sind nur zur Schau gestellte Gefühle, verfasst für einen kleinen Freundeskreis oder für die große Öffentlichkeit.

Die Prosa entwickelte sich später und wurde das Medium für die rationale Suche nach Wahrheit in Geschichte, Naturwissenschaften und Philosophie und noch später als Ausdrucksmittel ihrer Fantasie. Der erste große griechische Prosaschriftsteller, dessen Werke erhalten sind, war der Historiker Herodot. Er muss jedoch einige Vorgänger gehabt haben, deren Schriften verloren sind, da es ihm auch darum ging, sie zu korrigieren. Herodot führte ein bewegtes Leben: Er wurde in Halikarnass (dem modernen Bodrum in der Türkei) geboren, bereiste Ägypten und andere Länder, verbrachte einige Zeit im perikleischen Athen und ließ sich ca. 440 v. Chr. in Thurioi, einer Kolonie Athens, nieder. Seine *Geschichte* ist nicht bloß eine Zusammenstellung – das Material wurde geschickt mit dem Thema der Perserkiege im Allgemeinen und dem Triumph Athens im

Herodot, der Vater der Geschichtsschreibung. Fragment einer Statue aus dem ptolemäischen Ägypten. Er war der erste Schriftsteller, der reiste, um die Vergangenheit zu erforschen, und der erste, der eine historische Erzählung und keine Chronik der Ereignisse verfasste.

Besonderen verbunden. Trotz aller kritischen Analyse war Herodot vor allem ein Sammler und Erzähler wunderschöner Geschichten von allgemein menschlichem Interesse.

Nur einige Jahre später erreichte der Athener Thukydides in der Geschichtsschreibung ein Niveau von unwahrscheinlicher Genauigkeit und Unparteilichkeit, das in der Antike unerreicht blieb. Thukydides diente bis 424 als General im Peloponnesischen Krieg. Als er es nicht schaffte, die Stadt Amphipolis vor dem spartanischen General Brasidas zu schützen, wurde er ins Exil geschickt. Er kehrte erst 20 Jahre später wieder nach Athen zurück und starb kurz danach. Seine Geschichte des Krieges ist daher Zeitgeschichte, doch von außen und mit dem ernsthaften Bemühen um Fairness geschrieben, trotz seiner fast leidenschaftlichen Bindung an Athen. Sie ist aber auch das erste Produkt historischer Forschung, die auf Dokumenten und Augenzeugenberichten basiert, die sorgfältig geprüft und miteinander verglichen wurden. Mit seinem dichten Stil und seiner spannenden Erzählform ist Thukydides Werk ein Meisterwerk der Literatur. Als er starb, war es bis zum Jahr 411 v. Chr. fertig gestellt. Der Dichter Xenophon vollendete den Bericht. Er war ein vom Athen der Nachkriegsjahre desillusiönierter Aristokrat, der den Rest seines Lebens in Sparta verbrachte. Xenophon fehlte die historische Genauigkeit des Thukydides, aber auch unter seinen Werken findet sich ein absolutes Meisterstück: die *Anabasis*, ein hervorragender Augenzeugenbericht über den kämpferischen Rückzug von 10.000 griechischen Soldaten von Babylon bis ans Schwarze Meer mit dem Ziel, aus Persien zu entkommen, nachdem sie auf der Seite der Verlierer eines Bürgerkriegs gelandet waren. Xenophon selbst war einer ihrer Anführer gewesen.

Die Wissenschaft blühte in der hellenistischen Zeit und die Bibliothek in Alexandria war ihre „Schatzkammer“, voll mit Originalmanuskripten, Kopien und kritischen Kommentaren. Drei wichtige Poeten wurden im 4. Jahrhundert mit der Stadt in Verbindung gebracht: Kallimachos, Apollonios von Rhodos und Theokrit. Apollonios schrieb eine epische *Reise der Argo,* den einzigen bis heute vollständig erhaltenen Bericht über die Abenteuer Jasons und der Argonauten. Auch wenn der Stil an Homer anknüpft, spiegelt er den Geist einer neuen Ära in seiner psychologischen Spannung und der Charakterisierung von Jason und Medea wider. In den Augen der Nachwelt war Theokrit der herausragendste Poet, denn er „erfand“ eine ungeheuer langlebige Gattung – die Pastorale, eine Ode an das einfache Leben und Lieben der Hirten und Schäferinnen, jene Art von nostalgischer Dichtung, die Stadtbewohner aller Zeiten mit Sehnsucht erfüllt, die spüren, dass ihr Leben künstlich und überkandidelt geworden ist.

Nach dieser kurzen alexandrinischen Renaissance erreichte die griechische Dichtkunst nie wieder solche Höhen, obwohl noch viele vollendete Verse entstanden. Nachdem die Römer die Herrschaft über das östliche Mittelmeer übernommen hatten, wurde die griechische Kultur ein Teil der Bildung im ganzen Reich. Obwohl keine überragenden griechischen Gedichte mehr entstanden, wurden wichtige Forschritte auf dem Gebiet der Prosa gemacht. Der griechische Historiker Polybios unternahm den ersten Versuch, den Aufstieg Roms und seinen Erfolg zu analy-

Ein Mädchen liest in einer Schriftrolle aus Papyrus, importiert aus Ägypten. Erst mit der Erfindung von Pergament konnten Bücher mit Seiten hergestellt werden. Attische rotfigurige Vasenmalerei, 5./4. Jhdt. v. Chr.

sieren. Der jüdische Historiker Flavius Josephus schrieb seinen *Jüdischen Krieg* in griechischer Sprache, in dem er die Vorfälle beschrieb, die in der Zerstörung des Tempels (70 n. Chr.) gipfelten. Plutarch (40–120 n. Chr.) schrieb Biografien der berühmtesten Griechen und Römer in erzählerischer Form, die Schriftsteller und Dichter wie Shakespeare oder Montaigne bis in die heutige Zeit beeinflussten. Auch seine Arbeiten – heute kaum noch gelesen – waren in ihrem Charme und ihrer Weisheit außergewöhnlich. Viele weitere Historiker des 1. und 2. Jahrhunderts schrieben griechisch, z. B. Arrian, Appian und Cassius Dio. Sie gehörten zwar nicht zu den größten Schriftstellern, doch enthalten ihre Werke viele Informationen, die sich sonst nirgends finden.

Der Tourismus und das antiquarische Interesse an der griechischen Vergangenheit ließ Pausanias' *Führer durch Griechenland* entstehen (ca. 180 n. Chr.). Einfallsreichere Prosa wurde von Lukian aus Samosata verfasst. Er schrieb satirische Essays, Dialoge und Fantasiegeschichten, von denen einige als frühe Sciencefiction-Romane gelten. Faszinierend ist auch die Entstehung langer Prosawerke seit dem 1. Jahrhundert v. Chr., früher Novellen, die manche lieber als „Romane" bezeichnen. Die Handlungen der mehr oder weniger kompletten Novellen, die erhalten sind, sind fraglos wirklichkeitsfremd und folgen alle dem gleichen Schema: Die Liebenden werden durch ein Unglück getrennt, müssen sich vielen Prüfungen unterziehen und sind am Ende, entgegen allen Erwartungen sogar mit gewahrter Keuschheit, wieder in Liebe vereint. Die Betonung der Keuschheit bei Mann und Frau lässt darauf schließen, dass die Leserschaft solcher Novellen aus dem städtischen Mittelstand kam, der sich nicht sehr von der bürgerlichen Leserschaft „klassischer" Novellen im 18. und 19. Jahrhundert unterschied. Dieser Eindruck könnte aber voreilig sein, denn es wurden Teile von Novellen gefunden, die weniger hochherzig sind.

Die beste griechische Novelle ist sicherlich *Daphnis und Chloe* von Longus, die in ihrem Stil und Ton pastoraler ist als andere Beispiele dieser Gattung. Die beiden Findelkinder Daphnis und Chloe werden von einem Ziegenhirten und einem Schafhirten auf der Insel Lesbos adoptiert. Die Geschichte beschreibt die Entdeckung ihrer gegenseitigen Liebe und die Schwierigkeiten bis zum glücklichen Ende. In diese oberflächliche Handlung sind überraschend intellektuelle Ansichten über Gefühle und Konventionen, Unschuld und Erfahrung sowie die Stadt und das Landleben verpackt.

Das Christentum beendete die griechische Literatur zwar nicht, veränderte aber radikal ihre Inhalte und ihre Absichten.

Der Genius der Biografie. Plutarchs parallele Lebensdarstellungen von Griechen und Römern hatte größten Einfluss auf die spätere Literatur. Titelblatt einer englischen Plutarch-Ausgabe aus dem Jahr 1656.

DIE GEBURT DES DRAMAS

Das Drama war eine völlig neue Kunstform, geboren aus der griechischen Religion. Shakespeare, Molière, Schiller, Eugene O'Neill oder Bernhard Shaw, sie alle verdanken dieses Medium, das sie so gut beherrschen, der Stadt Athen und dem Gott Dionysos.

Dionysos musste seinen Weg in das Reich der olympischen Götter erkämpfen. Sein Kult war dunkler und wesentlich gefährlicher als der anderer Götter und das Volk aus früheren Zeiten konnte sich noch lebhaft an seine weibliche Gefolgschaft, die Mänaden, erinnern, die Tiere und sogar Menschen in Stücke gerissen haben sollen. Erst wesentlich später konnte sich Dionysos als Gott des Weines und der schönen Künste im griechischen Pantheon niederlassen. Noch im 6. Jahrhundert gehörte zu seinem Kult eine Mischung aus obszönem Spiel und beißend spöttischem Gefühl – das Drama war geboren.

Der Tyrann Peisistratos rief das größte athenische Fest zu Ehren des Dionysos, die Großen Dionysien, ins Leben. Vielleicht war es die Neuheit des Festes, die eine weitere Neuheit ermöglichte: die Hinzufügung eines sprechenden Schauspielers zum rituellen Gesang und Tanz des dionysischen Chores. Sobald der Schauspieler mit dem Leiter des Chores in den Dialog trat, war das Drama geboren. Diese Entwicklung wird einem Thespis zugeschrieben, der 534 v. Chr. für sein Werk einen Preis erhielt. Von seinen Arbeiten ist jedoch keine erhalten.

Einen zweiten Schauspieler führte der Tragödiendichter Aischylos ein, der erste Dramatiker, von dem Werke erhalten sind – die seiner Spätzeit, ab 472 v. Chr. Knapp 20 Jahre später kam der dritte Schauspieler hinzu. Sollten die Dramen noch mehrere Rollen beinhalten, so mussten die Akteure zwei Parts übernehmen. Nachdem alle

Das Theater des Dionysos, Athen. Das erste Theater, errichtet am Abhang der Akropolis im frühen 5. Jhdt. v. Chr. Alle bekannten griechischen Tragödien und Komödien wurden hier aufgeführt. Das heute zu sehende Theater stammt aus dem 4. Jhdt. v. Chr.

Masken trugen, war dies relativ einfach. Natürlich durfte es aber keine Szenen geben, in denen mehr als drei Schauspieler zugleich auf der Bühne waren. Auch der Chor spielte weiter eine wichtige Rolle. In Gestalt von Höflingen, Bürgern oder anderen Gruppen formulierte er angesichts der heroischen Prinzipien oder Besessenheit der Hauptpersonen die konventionellen Moralvorstellungen und vernünftigen Kompromisslösungen. In der Komödie kamen die Rollen wahrscheinlich dionysischen Originalen näher, denn hier waren auch fantastische Personifikationen von Fröschen, Vögeln oder Wespen gefordert.

Das erste echte Theater wurde im Freien am Südhang der Akropolis in der Nähe des Dionysostempels erbaut, vielleicht weil diese neue Form der Unterhaltung so populär wurde, dass spezielle Vorkehrungen notwendig waren, damit jeder die Vorstellungen sehen konnte. „Unterhaltung" ist vielleicht nicht das richtige Wort für ein Schauspiel, das so eng mit Dionysos und der Stadt verbunden war. Nach den Opfern des ersten Tages brachten junge Männer die Figur des Gottes in das Theater, damit er die Vorstellung mit ansehen konnte, und vor der Vorstellung wurden feierliche städtische Zeremonien durchgeführt. Ursprünglich war das Theater aus Holz erbaut, sodass sein Aussehen nur angenommen werden kann. Die Zuschauer saßen auf Holzbänken im Halbkreis auf den Hängen des Hügels, der Chor sang und tanzte in einem Kreis (der Orchestra), während die Schauspieler dahinter auf einer etwas erhöhten Plattform mit einer Art Bühnenbild *(skene)* agierten. Später wurde das Holz durch Steine ersetzt, die Orchestra wurde halbkreisförmig und schloss dicht mit der Bühne und den Sitzen ab und gemalte Bühnenbilder wurden eingeführt. Das am besten erhaltene antike griechische Theater ist jedoch nicht das Dionysostheater von Athen, sondern jenes in Epidauros. Es wurde erst vor kurzem vollkommen renoviert und wird für Aufführungen der griechischen Klassiker verwendet. Seine Akustik ist berühmt.

Für moderne Verhältnisse wurde die Geduld der Zuseher auf eine harte Probe gestellt. Die Festspiele dauerten nämlich fünf Tage und wurden nur in Kriegszeiten verkürzt. An den ersten drei Tagen wurden pro Tag drei Tragödien und ein Satyrspiel, alle von einem Dichter, aufgeführt, und am vierten Tag nicht weniger als fünf Komödien. Es ist kaum vorstellbar, dass die Zuseher, die den ganzen Festspielzyklus aussaßen, nicht irgendwann an emotionaler Erschöpfung litten, zumal die führenden Schriftsteller des Altertums für sie schrieben, oft in direkter Konkurrenz zueinander. Die erhaltenen Stücke von Aischylos (525–456) wurden zu Sophokles' Lebzeiten (um 496–406) aufgeführt und auch die Karriere des Euripides (484–406) begann vor Aischylos' Tod.

Aischylos' Stücke wurden mehr gesprochen als gesungen, und die Verwendung eines zweiten (und später eines dritten) Schauspielers verlieh ihnen eine stärkere Dramatik als alles bisher Dagewesene. Sophokles war ein Meister seines Faches. Er schuf glaubwürdige Charaktere und Situationen, die er geschickt zu einem unvermeidlichen und schmerzlichen Höhepunkt führte. Auch moralische Konflikte wurden von ihm thematisiert; *Antigone* behandelt den Konflikt

Sophokles, vielleicht jener griechische Dichter, der mit seinem *König Ödipus* und seiner *Antigone* moderne Zuschauer am direktesten anspricht. Er wurde sehr alt. Dieses Bronzebildnis stammt aus dem 3. Jhdt. v. Chr.

Szene einer burlesken Komödie. Im Gegensatz zu der Ernsthaftigkeit der Tragödien liegt hier die Betonung auf der Lächerlichkeit und Groteske. Apulischer rotfiguriger Glockenkrater des Dijon-Malers.

zwischen religiöser Frömmigkeit und der Pflicht gegenüber dem Staat. In den Tragödien des Euripides geht es weniger vornehm zu. Sie zeigen mehr Realismus, Melodrama und menschliche Leidenschaften und Schwächen. Euripides bearbeitete und kritisierte implizit die Mythen und beendete seine Geschichten gern mit einem *deus ex machina* – dem „Gott aus der Maschine" (es war auch wirklich eine Maschine, die den Gott auf die Bühne setzte), der alle Probleme löste und die Zukunft voraussagte. Obwohl Zeitgenossen wie Aristophanes Euripides als Zyniker und Frauenfeind bezeichneten, waren seine Werke eine wunderliche und geheimnisvolle Mischung aus Mythos, „modernem" Realismus und persönlichen religiösen Gefühlen.

Der große Komödienschreiber Aristophanes (etwa 448–380) war ein jüngerer Zeitgenosse von Sophokles und Euripides. Er erlebte die Niederlage Athens im Peloponnesischen Krieg und seine teilweise Erholung. Seine Werke sind eine Mischung aus lärmenden Possen, Fantasien und politischer Satire zu Tagesthemen: In *Lysistrata* besetzen die Frauen die Akropolis und retten die Rücklagen, mit denen (zur Zeit der Premiere) die Athener eine neue Flotte bauen wollten.

Diese vier Schriftsteller sind die einzigen aus der großen Zeit Athens, deren Werke überlebten, jedenfalls zum Teil, denn die 43 Stücke sind nur ein Bruchteil ihres Werks. Nach Euripides gab es kaum noch Tragödien, doch Komödien waren weiter beliebt. Aus den erhaltenen Fragmenten ist jedoch die Entwicklung von den Alten Komödien des Aristophanes zu den Neuen Komödien des Menander (etwa 342–293) rund 70 Jahre später nicht nachvollziehbar.

Auch Menanders Werke sind uns nur durch neuere Papyrusfunde aus der ägyptischen Wüste bekannt. Seine Stücke sind die eindeutigen Vorgänger westlicher Komödien. Der Chor erscheint nur noch zwischen den einzelnen Akten. Die Dialoge sind zwar weniger geistvoll, aber natürlicher als bei Aristophanes. Die Stücke behandeln Schwierigkeiten von Liebenden auf Grund verfeindeter Eltern oder sozialer Unterschiede oder handeln von Findelkindern, die entführte Söhne oder Töchter reicher Eltern waren, und von Tricks listiger Sklaven. Das Ende jedoch ist immer gut und die Handelnden sind immer gleich: Geizhälse, schwätzige Köche, prahlende Soldaten und schurkische Dienstboten. Diese Elemente wiederholen sich in frühen griechischen Novellen, römischen Komödien, der italienischen Commedia dell'arte, bei Shakespeare, Molière und vielen anderen.

Die Organisation des Dramas und der gesamten Dionysien oblag einem der Archonten, der im Namen des Staates handelte. Er wählte die Stücke für die Aufführungen aus, die Kosten wurden dagegen von reichen Produzenten (Choregen) getragen. Meist waren das Männer mit politischen Ambitionen, denn eine gute Aufführung brachte Popularität; es konnte aber auch jemand zum Choregen ernannt werden, der seiner Pflicht der Allgemeinheit gegenüber widerwillig nachkam.

Viele Eigenschaften des griechischen Theaters hingen mit ihrer Größe zusammen. Die Darsteller mussten aus 100 m Entfernung und aus allen Blickwinkeln gesehen und gehört werden. Dazu waren überbetont gezeichnete Masken, starke Farben der Kostüme und großartige theatralische Gesten erforderlich. In späteren Zeiten trugen die

Schauspieler der Tragödie Schuhe mit Plateausohlen, um größer zu wirken, die schließlich fast 20 cm Höhe erreichten. Solche Konventionen legten die Grenzen des Dramas fest. Sie sorgten dafür, dass lebhafte Aktionen nicht auf der Bühne stattfanden, und verhinderten jede intime Wirkung, auch wenn sie von den Autoren und dem Publikum gewünscht wurde.

Alle Schauspieler und Chormitglieder waren Männer und eine der Aufgaben der Masken war es, das Geschlecht derer zu verbergen, die Frauenrollen spielten. Auch die Kostüme wurden diesem Zweck angepasst: Sie waren alle knöchellang und hatten lange Ärmel. Das Hauptinstrument der Schauspieler muss ihre Stimme gewesen sein und wahrscheinlich drangen die Worte der besten Schauspieler in alle Winkel des Zuschauerraums, während sie überzeugend die Gefühle und Tonlagen beider Geschlechter nachahmten. In den ersten Spielen soll der Autor selbst die Hauptrolle übernommen haben, doch spätestens 449 v. Chr. wurde das spezielle Können der Schauspieler öffentlich anerkannt und wurden Preise für die beste Darstellung verliehen.

Die Tageskarte im Theater von Athen kostete 2 Obolen, den Tagesverdienst eines armen Mannes; ab Perikles zahlte der Staat für sie. Im Dionysostheater müssen mindestens 15.000 Menschen

Epidauros in Südgriechenland, ein fast vollkommen erhaltenes altes Theater. Epidauros ist für seine hervorragende Akustik berühmt. Jedes noch so leise Wort kann bis in die letzten Reihen gehört werden.

Platz gehabt haben (Plato meinte 30.000) und die verschiedenen Erweiterungen belegen, dass der Zuschauerraum oft bis zum Bersten voll war. Der Ruhm der Spiele war so groß, dass nicht nur die Bürger Athens, sondern auch Metoiken zu den Dionysien strömten. Frauen, Kinder und Sklaven könnten Zutritt gehabt haben, doch vielleicht nur in Begleitung einflussreicher Personen wie Priester, Beamte und Botschafter, die Steinsitze (keine einfachen Holzbänke) vor dem Auditorium hatten. Wir wissen nicht viel über Zuschauerreaktionen in der Tragödie; mag sein, dass sie besondere Verspointen und dramatische Ironie würdigten, vielleicht reagierten sie aber auch nur auf einem schlichteren Niveau. Von den wenigen Dramen mit zeitgeschichtlichen Themen ist nur eines erhalten: die *Perser* von Aischylos. Es spielt am persischen Hof, während auf die Nachrichten von Salamis gewartet wird. Dagegen sind die Komödien des Aristophanes voll unverschämt frecher Kommentare über aktuelle Vorfälle, die ein politisch bewusstes Publikum voraussetzen und besondere Freiheit für den Autor, der sich immer wieder über die sexuellen Verirrungen und politischen Intrigen prominenter Schriftsteller und Politiker lustig machte. Wahrscheinlich zogen die Zuschauer solche lärmenden Stücke lyrischen Versen vor, aber es gibt keine Quellen darüber. Wir wissen aber, dass sie ihren Unwillen ganz einfach zeigten: Sie zogen ihre Esspakete hervor und fingen laut zu essen an. Besonders in die Zwiebeln wurde so knackend wie möglich hineingebissen. Sicher saßen auch wirkliche Kenner der Dramen oder Fans unter den Zusehern: Sie wollten ein neues Theaterstück nicht nur einmal sehen, sondern folgten der Theatergruppe, wenn sie im Dezember nacheinander die ländlichen Dionysien in ganz Attika bereisten. Diese Theater-

Theatermaske aus Keramik. 5. Jhdt. v. Chr. Wahrscheinlich ein Dekorationsstück. Die wirklichen Masken waren aus Kork oder steifem Gewebe. Große Masken wurden von Tragöden getragen, groteske Masken in Verbindung mit bunten Kostümen von Komikern.

Maskierte Schauspieler und Musiker in einer Komödie. Dieses Mosaik wurde in der verschütteten Stadt Pompeji gefunden. Signiert von dem griechischen Künstler Dioskurides aus Samos, ca. 100 n. Chr. nach einem früheren hellenistischen Gemälde.

touren waren die einzigen im 5. Jahrhundert, bei denen die Meisterstücke der Autoren noch zu ihren Lebzeiten ein zweites Mal aufgeführt wurden. Das Prestige von Aischylos war allerdings so groß, dass seine Werke knapp nach seinem Tod sofort wieder auf dem Spielplan standen. Die Stücke von Sophokles und Euripides konnten erst wieder im 4. Jahrhundert gesehen werden.

Wie die meisten öffentlichen Ereignisse im Leben der Griechen waren auch dramatische Festspiele Wettbewerbe mit Preisen für die beste Tragödie, die beste Komödie und den besten Schauspieler. Die Bestechung der Richter wurde sorgfältig verhindert – ein Zeichen dafür, dass der Wille, zu gewinnen, oft größer gewesen sein muss als die Skrupel der Autoren und Schauspieler.

Das hellenistische Theater war beliebt, aber nicht sehr kreativ. Es verband die Verehrung der Vergangenheit mit virtuosem Spiel in der Gegenwart. Die Stücke der großen Dichter erlebten ein regelmäiges Comeback. Ab 330 v. Chr. wurden autorisierte Textfassungen hergestellt, die Athen jedoch 100 Jahre später dem kulturhungrigen Alexandria gegen Bargeld verpfänden musste, um sich von der mazedonischen Garnison freizukaufen. Papyrusfunde zeigen, dass diese Klassiker weit verbreitet waren.

Etwa zur gleichen Zeit wurden in allen griechischen Städten, die etwas auf sich hielten, Theater erbaut, in denen nicht nur zu den Dionysien, sondern zu jedem Anlass Theaterstücke aufgeführt wurden, sofern sie finanziert wurden. Die Theater florierten, aber das Drama ging seinem Ende zu. Tausende Stücke dürften geschrieben worden sein, aber sie sind alle verschwunden und das sicher nicht nur durch Unfälle oder Katastrophen. Zeitgenossen hielten sie für den Arbeiten des 5. Jahrhunderts nicht ebenbürtig und zitierten sie daher seltener in ihren Schriften. Einer plausiblen Erklärung zufolge waren hellenistische Dramen Imitationen von „klassischen“ Dramen für Intellektuelle, deren Handlungsablauf Schauspielern Gelegenheit zur Selbstdarstellung bot. Es ging darin weit eher um die Show als um das Drama selbst. Im 4. Jahrhundert war der Starkult auf seinem Höhepunkt und berühmte Schauspieler konnten durch ihren Auftritt für den Erfolg einer Vorstellung garantieren.

DIE ERSTEN PHILOSOPHEN

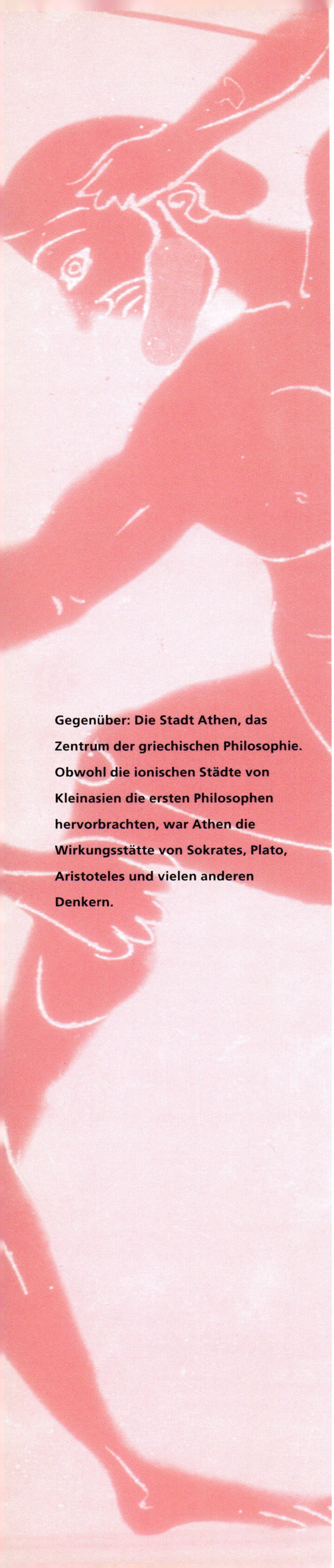

Gegenüber: Die Stadt Athen, das Zentrum der griechischen Philosophie. Obwohl die ionischen Städte von Kleinasien die ersten Philosophen hervorbrachten, war Athen die Wirkungsstätte von Sokrates, Plato, Aristoteles und vielen anderen Denkern.

Philosophie wird im Allgemeinen als Suche nach Wahrheit mit Hilfe des Denkens und ohne Bezug auf religiöse oder andere Dogmen definiert. Sie wirft Fragen auf, die nicht durch wissenschaftliche Forschungen oder durch das Sammeln von Fakten beantwortet werden können. Die ersten Philosophen lebten im 6. Jahrhundert in Ionien. Ihre Werke sind jedoch nur in kleinsten Fragmenten erhalten. Sie stellten Fragen wie: Woraus besteht das Universum? Wie entstand daraus die Welt, in der wir heute leben? Sind diese Veränderungen und die Vielfalt nur Illusion? Thales von Milet hielt Wasser für die Primärsubstanz, sein Mitbürger Anaximenes glaubte, es sei Luft. Heraklit von Ephesos versicherte, „alles fließt"; der süditalienische Philosoph Parmenides von Elea argumentierte, dass sich „eins" nicht zu „viele" verändern kann, daher sei wirkliche Veränderung unmöglich; und der Sizilianer Empedokles versuchte ihre Ansichten auszugleichen, indem er den Ursprung aller Dinge in den vier Elementen Wasser, Luft, Feuer und Erde sah, in Bewegung gesetzt durch zwei Kräfte, Anziehung und Abstoßung.

Außergewöhnlich an diesen Spekulationen war, dass sie keinerlei Konzessionen gegenüber den kosmologischen Mythen machten, die das griechische Leben so stark beeinflussten. Es gibt keine wirklich zufrieden stellende Erklärung für diese Entwicklung, obwohl es teilweise daran gelegen sein mag, dass der wirtschaftliche Aufschwung die ionischen Städte in einen intensiven Kontakt mit Ägypten und dem Vorderen Orient brachte. Dadurch erreichten sie zwar einen hohen Wissensstand auf dem Gebiet der Mathematik und Astronomie, entwickelten aber eine gewisse Skepsis den vielen Göttern gegenüber, die in ihrer Welt angebetet wurden. Der erste griechische Philosoph Thales und zwei seiner Nachfolger, Anaximander und Anaximenes, waren Bürger von Milet, einer blühenden und mächtigen Stadt bis zu ihrer Zerstörung durch die Perser 494 v. Chr.

Über das Leben und die Lehrmethoden dieser frühen Philosophen-Wissenschaftler ist wenig bekannt. Mehr Informationen liegen über Pythagoras, den Entdecker des berühmten Lehrsatzes, vor, obwohl sie weitgehend auf Traditionen und Legenden beruhen. Geboren auf der Insel Samos vor der ionischen Küste, ließ er sich 531 in Kroton in Süditalien nieder. Dort gründete er eine Schule oder eher einen religiösen Orden mit einer strengen Lebensregel, der Kroton eine Zeit lang mit großem Erfolg regiert haben soll. Es scheint, dass Pythagoras zwei Elemente in die Philosophie brachte, die die späteren Griechen stark beeinflussten: die Philosophie als Lebensweise und die Philosophen als geeignete Staatslenker. Er soll an die Reinkarnation geglaubt und entdeckt haben, dass musikalische Intervalle in mathematischen Proportionen ausgedrückt werden können. Die Mathematik war eines der wichtigsten Elemente in seinem Leben und seine Erkenntnisse überlebten seinen Tod für alle Zeiten. Die Zahlen besaßen mystische Eigenschaften und Beziehungen und spiegelten als absolutes Ordnungsprinzip den Kosmos.

Nach Athen dürfte die wissenschaftlich-philosophische Richtung von einem anderen Ionier, Anaxagoras, gebracht worden sein, der ein Freund von Perikles wurde. Seine wahren Nachfolger waren aber keine Athener, sondern Leukippos und Demokrit, die eine Atomtheorie entwickelten, die erst über 2300 Jahre später bestätigt werden konnte. In Athen beherrschten ethische und politische Fragen der Lehren von Sokrates (469–399) und Plato (etwa 427–348) die Philosophie, die so die hohe Wertigkeit des öffentlichen Lebens in Athen widerspiegelte. Sokrates hatte in der Geschichte der Philosophie einen so hohen Stellenwert, dass seine Vorgänger oft als Vorsokratiker bezeichnet werden. Er dürfte sich in seinen jungen Jahren für Naturwissenschaften interessiert haben, widmete aber seine ganze Karriere ethischen Problemen. Das Orakel von Delphi soll einem seiner Freunde gesagt haben, dass Sokrates der weiseste Mann Griechenlands sei – worauf Sokrates, seiner Unwissenheit bewusst, bemerkte, seine Weisheit liege darin, dass er wisse, dass er nichts wisse. Er pflegte daher jeden, den er sah, ins Kreuzverhör zu nehmen, um die Fehler in ihrem Denken und ihre

ungerechtfertigten Annahmen bloßzulegen. Obwohl er dem Staat als tapfer kämpfender Hoplit im Peloponnesischen Krieg gute Dienste geleistet hatte, wurde er 399 der Gottlosigkeit und der Verführung der Jugend bezichtigt und zum Tode verurteilt. Dem Brauch Athens entsprechend gab man ihm einen Becher Schierlingssaft zu trinken. Obwohl sein Hinterfragen allgemein akzeptierter Gedanken manche Menschen irritiert haben mag (er nannte sich selbst die Viehbremse der Stadt), könnten auch politische Gründe hinter dem Urteil stehen, da er mit vielen Mitgliedern der abgesetzten oligarchischen Partei zu tun gehabt hatte.

Sokrates ordnete alles menschliche Verhalten der Frage nach dem Grund unter. Mehr kann über ihn nicht gesagt werden, denn es scheint, als hätte er keine Schriften hinterlassen. Sollte er auch positive Doktrinen gelehrt haben, so sind sie nicht mehr von denen seines Schülers Plato zu trennen, der Sokrates zum Helden seiner Werke machte und sicherlich oft seine eigenen Ansichten dem Älteren zusprach. Sozusagen als Gegenleistung machte Plato Sokrates unsterblich. Er selbst war ein großer Literat und einer der einflussreichsten Philosophen der Geschichte. Plato erfand seine eigene literarische Form, den Dialog, der sich hervorragend zur Niederschrift von philosophischen Konversationen eignete – und natürlich auch von Sokrates' langen Ketten kritischer Argumentation. Als Denker begründete Plato eine

Ganz links: Sokrates, dessen Hinterfragen von akzeptierten Vorstellungen schließlich zu seiner Verurteilung durch die Athener führte. Marmorkopie eines griechischen Originals des frühen 4. Jhdts.

Mitte: Plato, der Schüler des Sokrates. Er war selbst ein großer Philosoph und Begründer des platonischen Idealismus. Römischer Marmorkopf, 1. Jhdt. n. Chr.

Rechts: Aristoteles, in Stagira geboren, ließ sich in Athen als Schüler Platos nieder und wurde ein Philosoph von enzyklopädischer Reichweite. Seine Schriften prägten das Denken des Mittelalters.

der wichtigsten philosophischen Traditionen, basierend auf der Überzeugung, dass alle Objekte, Konzepte und Gedanken im Universum ein unvollständiger Schatten der unveränderlichen Form ist, die durch Vernunft und Kontemplation erfahren wird. Formen heißen auch Ideen und Platos Philosophie daher der Idealismus.

Platos Dialoge zeigen Sokrates, der unter ganz normalen Umständen debattiert und unterrichtet; das *Symposion* zum Beispiel mit seiner berühmten Abhandlung über die Natur der Liebe spielt auf einem Trinkgelage, an dem auch der junge aufstrebende Politiker Alkibiades und der Komödienschreiber Aristophanes teilnehmen. Aristophanes wiederum schilderte Sokrates in seinen *Wolken* als Leiter einer Schule in seinem eigenen Haus, in dem die Schüler auch wohnten, und Plato gründete seine Akademie als dauerhafte Einrichtung – in der einen oder anderen Form überlebte sie fast neunhundert Jahre. Beide Philosophen übten Einfluss auf die Herrscher, wenn nicht auf das gesamte Gemeinwesen aus, und beide unterrichteten Studenten, die zu mächtigen Männern wurden. Alkibiades schloss sich Sokrates an, und Lykurg und Phokion, die beiden Hauptfiguren im Kampf um die Unabhängigkeit Athens von Makedonien, waren Studenten der Akademie Platos. Wie weit sie ihre Studien nur als Kurs in Überredungskunst und Analyse begriffen, der für eine politische Karriere wichtig war, sei dahingestellt. Da Plato in einer Zeit lebte, in dem der Stadtstaat als Institution unterging, konnten weder er noch seine Schüler mehr erlangen als einen kurzfristigen Erfolg. Paradoxerweise übten diese Griechen ihren größten Einfluss erst nach ihrem Tod aus.

Athen war während der ganzen hellenistischen Zeit die Hauptstadt der Philosophen; obwohl keiner der Großen in Athen geboren worden war, lebten sie alle in dieser Stadt und zogen die Freiheit und geistreiche Gesellschaft den Fleischtöpfen in Alexandria und Pergamon vor. Der große Aristoteles (384–322) war nicht nur ein Mann der klassischen, sondern auch der hellenistischen Zeit. Geboren in Stagira auf der Chalkidike, kam er nach Athen, um bei Plato in seiner Akademie zu studieren. Sein eigentliches Interesse galt der Zoologie und er verließ die Akademie nach Platos Tod, als das Philosophieren für seinen Geschmack zu unsachlich wurde. Später wurde er Lehrer Alexanders des Großen; es ist jedoch zweifelhaft, ob Alexanders Karriere Aristoteles viel verdankt.

335 kehrte Aristoteles nach Athen zurück und gründete in einem Hain des Apollon Lykeios (daher Lyzeum) seine eigene Schule. Seine Freude an Diskussionen im Freien, während er mit seinen Schülern auf und ab marschierte, brachten dem Philosophen und seinen Studenten den Spitznamen „die Peripathetiker". Im Unterschied zu seinem Lehrer Plato erforschte und analysierte er lieber die diesseitige Welt als die Gründe für ein perfektes Dasein und wie die Dinge sein sollten. Aristoteles besaß einen brillanten Intellekt und ein Wissen auf allen Gebieten – von der Logik bis zur Naturgeschichte, von Metaphysik bis zur Rhetorik – das ihn zur größten nicht-religiösen Autorität machte. Er, Sokrates und Plato waren die größten philosophischen Denker des alten Griechenlands.

Aber einige der Zeitgenossen und Nachfolger des Aristoteles hatten auf die Lebensweise der Menschen in den folgenden Jahrhunderten einen viel stärkeren Einfluss. Mental lebte Aristoteles im Zeitalter der *polis*. Seine *Politik* beschrieb und verglich die Verfassungen der griechischen Stadtstaaten zu einer Zeit, als sein Schüler Alexander der Große die Unabhängigkeit und Größe der Städte zerstörte. Diogenes, Epikur und Zenon, der Stoiker, sprachen zu den Menschen, die eine neue Philosophie benötigten. Der normale Bürger konnte die Ereignisse nicht mehr länger kontrollieren, war sich seiner als ein Individuum bewusst und nicht als Teil einer Gemeinschaft und suchte daher auch nach individuellen oder universellen, nicht jedoch gemeinschaftlichen Werten. Einige wandten sich ab von den olympischen Göttern (die ja mit den Gemeinschaften der Stadtstaaten identifiziert wurden) und nahmen die mystischen Religionen oder orientalische Kulte wie jene der ägyptischen Götter Serapis und Isis an; andere wiederum fanden die Antworten, die sie suchten, bei den neuen Philosophen.

Aristoteles' Zeitgenosse Diogenes, ein bekannter Zyniker, war sicherlich der radikalste Philosoph. Die Zyniker waren keine desillusionierten Spötter wie in der heutigen Wortbedeutung, sondern „Aussteiger", die ihre Bedürfnisse auf ein Minimum reduzieren, in Eintracht mit der Natur leben und sich selbst von der Welt und ihren Eitelkeiten loslösen wollten. Diogenes soll in einer Tonne gelebt und Alexander den Großen, der ihm einen Wunsch freigestellt hatte, mit der Antwort „Geh mir aus der Sonne!" abgewiesen haben. Seine Philosophie war dennoch ernst zu nehmen und fand immer wieder Anhänger in der griechisch-römischen Welt.

Die Philosophen Epikur und Zenon gewannen noch wesentlich größeren Einfluss, denn ihre Ansichten waren für ein normales Leben einfacher anwendbar. Epikur, obwohl auf Samos geboren, war der Sohn eines Atheners und gründete auch dort seine Schule. Er unterrichtete im Garten seines Hauses, und durch ein Missverständnis seiner Philosophie wurde der Ausdruck „der Garten des Epikur" zum Synonym für Zügellosigkeit in der Antike. Epikur vertrat die Ansicht, dass die Freude der eigentliche Sinn der menschlichen Existenz sei und dass Wünsche nur noch größere Wünsche ausbrüten würden, sodass die Glückseligkeit nur durch das Streben nach Freude erreicht werden könne. Dazu empfahl Epikur Mäßigung, die Freude an Freundschaften und Genügsamkeit. Vor allem sollte der weise Mensch keine Angst vor den Göttern haben: das Universum sei Materie, eine Ansammlung von Atomen, wie Demokrit gesagt hatte, und falls die Götter existierten, so würden sie sich sicherlich nicht mit den Menschen auseinander setzen.

Anders als Epikur, dessen Streben danach ging, sich in bescheidenem Komfort aus der Welt zurückzuziehen, wandte sich der Stoizismus an jene Menschen, die durch äußere Umstände oder durch ihr Temperament gezwungen wurden zu handeln oder zu leiden. Sein Begründer, Zenon, kam aus Zypern und unterrichtete im Schatten einer *stoa* im Athen – daher auch der Name seiner Schule. Er vertrat die Ansicht, die Seele des Menschen sei ein Funke des kosmischen Feuers, zu dem sie zurückkehren würde, wenn der Mensch gewissenhaft handle, und meinte damit, dass jeder im Einklang mit sich, der Natur und der menschlichen Ratio leben müsse. In der Praxis bedeutet das die Akzeptanz des Schicksals und eine sorgfältige Erfüllung seiner Pflichten. Der Stoizismus entsprach auch den zukünftigen Herren der hellenistischen Welt – den Römern.

Diskussion von Philosophen in ländlicher Umgebung. Vielleicht die Akademie von Plato. Das Mosaik stammt aus dem 1. Jhdt. n. Chr. von einem Ort in der Nähe von Pompeji.

WISSENSCHAFT UND TECHNIK

Die Griechen können insofern als Erfinder der wissenschaftlichen Spekulation gelten, als die vorsokratischen Philosophen Ioniens im 6. Jahrhundert Theorien über die Primärsubstanz des Universums entwickelten. Während der großen Zeit der Stadtstaaten machte die Wissenschaft keine großen Fortschritte. Nur die Mathematik, die Astrologie und die Medizin erhielten Impulse von älteren Kulturen aus dem Nahen Osten.

Der Lebensstil der Stadtstaaten widersprach dem des sorgfältigen Wissenschaftler völlig, auch wenn Aristoteles' Einteilung von Studienrichtungen von bleibender Bedeutung war. Eindrucksvollere Resultate wurden nach 300 v. Chr. in den hellenistischen Großstädten und ganz speziell in Alexandria erreicht. Damals unterrichtete Euklid in der Stadt. Seine *Elemente* fassten die komplette Geometrie systematisch zusammen und für mehr als zweitausend Jahre waren Euklid und Geometrie eine Einheit. Astronomie wurde schon in den frühesten Zeiten studiert, da sie maßgeblich für die Regulierung des Kalenders war. Die meisten Astronomen nahmen an, dass die Erde ein Fixstern sei, um den Sonne, Mond und Sterne kreisten. Nur Aristarchos von Samos vertrat als einsame Stimme etwa 275 v. Chr. die Ansicht, dass die Erde um die Sonne ihre Bahnen ziehe. Er war zwar im Recht, aber die geozentrische Schule hatte die besseren Argumente. Zusätzlich wurde sie von einem brillanten Astronomen und Mathematiker unterstützt, Apollonios von Perge, der im frühen 2. Jhdt. v. Chr in Alexandria arbeitete. Apollonios' Wissen über die Bewegungen am Himmel wurde von dem Astronomen Ptolemaios (2. Jhdt. n. Chr.) in seinem *Almagest* verewigt, das über den Islam in die westliche Welt des Mittelalters kam und durch seine Autorität (sicherlich nicht die Schuld des Ptolemaios) die weitere Entwicklung lange verhinderte.

Der Turm der Winde in Athen. Das Dach dieses achteckigen Gebäudes trug eine Wetterfahne. Das Relief jeder Seite (= Himmelsrichtung) stellt den entsprechenden Wind dar. Das Innere war eine Wetteruhr.

Ptolemaios' Werk enthielt viele wertvolle Informationen, darunter die Beobachtungen von Hipparchos von Nikaia, dem erfolgreichsten praktischen Astronomen des Altertums. Er lebte und arbeitete ca. 135 v. Chr. in einem anderen großen hellenistischen Zentrum, in Rhodos. Hipparchos verbesserte die astrologischen Instrumente, entdeckte die Präzession und erstellte einen Sternenkatalog.

Neue Techniken entwickelten sich nur sehr langsam. Verschiedene Erklärungen wurden als Begründung gefunden, obwohl dies eigentlich nicht wirklich wichtig ist, denn technischer Konservatismus war in den meisten Kulturen die Regel. (Sinnvoller ist es, das „Problem" umgekehrt zu betrachten: Warum war der Westen, im Gegensatz zu anderen Kulturen, seit dem 18. Jahrhunder so innovativ – und so empfänglich für Innovationen?)

Wieder einmal war die hellenistische Zeit, und Alexandria im Besonderen, am kreativsten. Trotzdem stammte der größte griechische Ingenieur Archimedes aus Syrakus; er hatte zwar in Alexandria studiert, verbrachte aber die meiste Zeit seines Lebens in seiner Heimatstadt im Dienst seines Herrschers Hiero II. Archimedes war ein hervorragender Mathematiker, erfand die Wissenschaft der Hydrostatik und formulierte die Hebelgesetze. Einer seiner berühmten Aussprüche lautete: „Gebt mir einen festen Punkt und ich hebe euch die Welt aus den Angeln." Noch berühmter jedoch ist sein Ausruf „Heureka!" („Ich hab's!"), mit dem er jubelnd (und nackt) aus dem Bad sprang und durch die Straßen eilte, als ihm der Zusammenhang zwischen dem Auftrieb eines Körpers und dem Gewicht der von ihm verdrängten Flüssigkeitsmenge klar wurde, das „Archimedische Prinzip". Als die Römer Syrakus belagerten, soll er eine große Linse entworfen haben, die die Sonnenstrahlen auf ein feindliches Schiff bündelten und es in Brand setzten. Doch die Stadt fiel trotzdem und Archimedes wurde von einem römischen Soldaten erschlagen.

Hellenistische Herrscher waren an Militärtechnik interessiert, andere Erfindungen waren ihnen gleichgültig. 270 v. Chr. entwarf Ktesibios, ein Ingenieur aus Alexandria, eine fehlerlose Wasseruhr und eine Feuerpumpe; als um 60 n. Chr. Heron von Alexandria die Dampfkraft nutzbar machte, blieb sie auf unwichtige kleine Maschinen beschränkt. Dies zeigt aber auch, dass es den Griechen an Einrichtungen fehlte, die aus neuen Technologien Nutzen ziehen konnten.

Diese Landkarte wurde 1486 in Ulm herausgebracht. Die Angaben basieren auf Beschreibungen und Koordinaten des Klaudios Ptolemaios aus Alexandria aus dem 2. Jhdt. n. Chr. und zeigen seinen mehr als 1300 Jahre anhaltenden Einfluss.

8 DAS ERBE DER ALTEN GRIECHEN

AB DEM 2. JAHRHUNDERT V. CHR. BEHERRSCHTEN DIE RÖMER DIE LÄNDER RUND UM DAS MITTELMEER: DIE GRIECHISCHEN STADTSTAATEN, MAKEDONIEN UND DEN GRIECHISCHEN NAHEN OSTEN. AUF KULTURELLER EBENE JEDOCH GING DER EINFLUSS IN DIE ANDERE RICHTUNG, DA SICH DIE HERRSCHENDE KLASSE ROMS DIE GRIECHISCHE KUNST UND KULTUR ANEIGNETE. ETWAS SPÄTER BREITETE SICH EINE NEUE RELIGION VOM NAHEN OSTEN ÜBER DAS REICH DER RÖMER AUS – DAS CHRISTENTUM. ETWA ZUR GLEICHEN ZEIT BEGANNEN DIE WESTLICHEN PROVINZEN ROMS UNTER DEM GEWALTIGEN DRUCK „BARBARISCHER" VÖLKER ZU LEIDEN; SIE GINGEN UNTER ODER VERLOREN DEN ZUSAMMENHALT. IM GEGENSATZ DAZU PROSPERIERTE DAS LEBEN IN DEN GRIECHISCHEN STÄDTEN DES OSTENS. EINE ÄNDERUNG IN DER MACHTVERTEILUNG DES RÖMISCHEN REICHES WAR CA. 330 N. CHR. VORHERSEHBAR, ALS EINE NEUE HAUPTSTADT – KONSTANTINOPEL – GEGRÜNDET WURDE, DIE IN DEM AUSMASS WUCHS, WIE ROM UND DER WESTEN VERGINGEN. NACH DEM ZUSAMMENBRUCH DES WESTENS BESCHRÄNKTE SICH DAS RÖMISCHE REICH AUF DEN ÖSTLICHEN MITTELMEERRAUM. OBWOHL VIELE DER ALTEN NAMEN UND FORMEN BEIBEHALTEN WURDEN, ENTWICKELTE SICH DIESES OSTROM IN EINE AUTOKRATISCHE, CHRISTLICHE, GRIECHISCH SPRECHENDE GESELLSCHAFT, DER HISTORIKER DEN NAMEN BYZANTINISCHES REICH VERLIEHEN. DAS GRIECHISCH-RÖMISCHE REICH ÜBERLEBTE BIS ZUM FALL VON KONSTANTINOPEL DURCH DIE TÜRKEN 1453. INZWISCHEN WURDE DIE ENTWICKLUNG DER WESTLICHEN EUROPÄISCHEN KULTUR DURCH DAS ALTE GRIECHENLAND BEEINFLUSST, BESONDERS IN DER RENAISSANCE; DAS ERBE DER GRIECHEN IST NACH WIE VOR ÜBERALL PRÄSENT.

DIE GRIECHISCH-RÖMISCHE KULTUR

Im 2. Jahrhundert v. Chr. begannen die hellenistischen Königreiche vor der Macht des römischen Imperiums zu zerfallen. Die Römer mussten sich in die griechischen Angelegenheiten einmischen um zu verhindern, dass andere mächtige Reiche dieses Gebiet beherrschten. So konnten sie sich auch den Griechen als Befreier präsentieren. 196 v. Chr. rief der römische General Flaminius, nachdem er Philipp V. von Makedonien besiegt hatte, die „Freiheit der Griechen" aus. 191/190 fügten die Römer seleukidischen Invasoren eine demütigende Niederlage zu. Aber die Beschützer zeigten sich bald als Herrscher. Nach dem römischen Sieg bei Pydna (167) wurde das makedonische Reich zerstört. Als sich die Makedonen von diesem Schlag wieder erholten und die griechischen Städte des Staatenbundes ihren Untergang verhindern wollten, wurden sie von den Römern vernichtet. Korinth wurde dem Erdboden gleichgemacht und Makedonien und Griechenland wurden römische Provinzen (146). Das gleiche Schicksal ereilte Pergamon (133), das kleinasiatische Seleukidenreich (64) und Ägypten (30).

In den nächsten Jahrhunderten mussten die Griechen einiges erdulden. Als Mithridates von Pontos (an der Schwarzmeerküste) Rom herausforderte und ihn einige griechische Städte unterstützten, wurden sie dafür bestraft. 80 v. Chr. wurde Athen vom späteren Diktator Sulla geplündert. Die Griechen litten auch im römischen Bürgerkrieg, als die entscheidenden Schlachten bei Pharsalos (48) und Philippi (42) auf ihrem Boden ausgefochten wurden.

Dennoch wurden die Griechen ins Römische Reich eingegliedert und spielten dort eine bedeutende Rolle. Der griechische Charakter des östlichen Mittelmeers und Nahen Ostens wurde durch die römische Herrschaft kaum beeinträchtigt, wohingegen die römischen Eroberer sehr stark von der griechischen Kultur beeinflusst wurden. Die Römer waren schon früher mit Griechen in direkten Kontakt gekommen, besonders nach der Einnahme der großen sizilianischen Stadt Syrakus (211). Nach dieser Eroberung und den Siegen der römischen Armee in Griechenland selbst wurde reiche Kriegsbeute nach Rom gebracht und begeisterte mit ihrer Schönheit und ihrem handwerklichen Können. Römische Konservative bekämpften die griechische Mode, die für sie das Sinnbild von Dekadenz war, aber umsonst. Gebildete Römer stellten griechische Lehrer an und waren stolz auf ihre Fähigkeit, Griechisch lesen und schreiben zu können. Sogar die römischen Götter wurden mit den griechischen gleichgesetzt: Jupiter–Zeus, Mars–Ares, Venus–Aphrodite usw. Griechische Mythen wurden Teil des römischen Erbes, griechische Epen und Dramen dienten römischen Schriftstellern als Vorlagen, und sportliche Wettkämpfe im grie-

Perseus befreit Andromeda. Gemälde aus dem 1. Jhdt. n. Chr., gefunden in Pompeii in Süditalien. Solche Kopien griechischer Originale sind Beispiele dafür, wie sehr die griechische Kunst und ihre Mythen die Römer (und später auch die Europäer) beeinflussten.

Justinian und seine Begleitung. Mosaik in der Kirche von San Vitale, Ravenna, 6. Jhdt. n. Chr. Justinian residierte in Konstantinopel und führte ein „römisches" Imperium, das seinem Charakter nach absolut griechisch war.

chischen Stil wurden eingeführt. Die Römer kopierten den Naturalismus der griechischen Kunst und verwendeten die griechischen Ordnungen zur Dekoration ihrer Tempel. Sie besuchten auch Griechenland als Touristen mit dem Führer von Pausanias in der Hand, und jene mit intellektuellen Ambitionen studierten Philosophie in Athen. Die Kaiser Nero und Hadrian waren begeisterte Philhellenen, und Mark Aurel wurde zum berühmtesten Vertreter der griechischen Philosophie der Stoa. Natürlich lieferten die Römer auch ihre eigenen Beiträge zur griechisch-römischen Kultur, vor allem im Ingenieurwesen, im Recht und in der Literatur.

In den Jahrhunderten, die der Eroberung Griechenlands folgten, erlebte Rom den Wandel von einer Republik zu einem Kaiserreich. Zeiten der Stabilität und des Friedens wurden durch Rivalitäten um den Thron oder Angriffe von Barbaren an den Grenzen Roms unterbrochen. Im 4. Jahrhundert erklärten Kaiser Konstantin und seine Nachfolger das Christentum zur Staatsreligion; obwohl es aus den jüdischen Provinzen des Reichs kam, war sein heiliges Buch – das Neue Testament – in Griechisch geschrieben und so beeinflussten die Griechen sicherlich auch die Art, in der die neuen Lehren ausgearbeitet und in die Praxis umgesetzt wurden.

Zu dieser Zeit gab es die zunehmende Tendenz zur Spaltung des Reiches. Der griechische Osten wurde von Konstantinopel (Istanbul) aus regiert, das Konstantin 330 n. Chr. gegründet hatte. Die Griechen und der Osten litten unter den Verwüstungen durch die Goten und andere germanische Völker, die in das Reich seit dem späten 4. Jahrhundert n. Chr. eindrangen. Doch nicht der Osten, sondern der Westen brach zusammen. Der letzte Kaiser wurde 476 abgesetzt und die römische Herrschaft durch germanische Königreiche ersetzt.

Der Osten überlebte und mit ihm große griechische Städte wie Konstantinopel, Antiochia und Alexandria. Im frühen 6. Jahrhundert gewann Kaiser Justinian die Kontrolle über Italien und größte Teile der Mittelmeerküste zurück. Nach seiner Zeit beschränkte sich das Reich auf den Osten und war – abgesehen vom Gerichtshof, vom Recht und von der Armee – hauptsächlich griechisch. Viele andere Dinge änderten sich, doch die meisten entwickelten sich so kontinuierlich, dass sie nicht einem bestimmten Jahr zugeordnet werden können. Zwei Ereignisse hatten jedoch so große Wirkung, dass sie als Ende der Antike gelten: Theodosius verbot heidnische Riten und führte das Christentum als die einzige wahre Religion ein (392); auf Grund einer Verordnung von Justinian (529) musste die Akademie Platos geschlossen werden. 393 schaffte Theodosius die Olympischen Spiele ab, ein äußeres Zeichen dafür, dass die alten Werte und Sitten der Vergangenheit angehörten.

Das Reich Justinians und seiner Nachfolger wird als das Oströmische Reich bezeichnet und etwas später als das byzantinische Reich (Byzanz war eine griechische Stadt an der Stelle, die später von Konstantinopel besetzt wurde). Die Umbenennung zeigte deutlich, dass sich eine neue Gesellschaftsform entwickelt hatte. Sie war im Grunde griechisch, obwohl sich die Byzantiner als römisch betrachteten.

Die byzantinische Geschichte würde den Rahmen dieses Buches sprengen, doch einige entscheidende Begebenheiten sollen hier genannt werden. Im 7. Jahrhundert verloren die Byzantiner ihre levantinischen und ägyptischen Territorien an Soldaten, die von der arabischen Halbinsel gekommen waren. Sie wurden von einer neuen Religion angefeuert, dem Islam. Das Reich Byzanz mit Kleinasien und dem Balkan blieb trotzdem eine große Macht und übte starken kulturellen Einfluss auf Osteuropa aus. Die Bulgaren, Russen und andere slawische Völker traten zum Christentum über und die griechisch-orthodoxe Kirche trennte sich von der römisch-katholischen des Westens. 1071 schlugen moslemische seldschukische Türken die byzantinische Armee bei Manzikert vernichtend. Diese Niederlage kostete das Reich ganz Anatolien. Der erste Kreuzzug von 1094 sollte auch den Druck auf Byzanz mildern. Das Verhältnis zwischen den Kreuzrittern – bekannt als Latiner oder Franken – und den „Griechen" verschlechterte sich schnell. Konstantinopel, nach wie vor die größte Stadt im Christentum, erregte die Habgier der Franken. Ihren Wunsch nach reicher Kriegsbeute konnten sie anlässlich des 4. Kreuzzuges von 1204 verwirklichen. Die Stadt wurde geplündert und unter den Führern der Kreuzritter aufgeteilt. Ihr „Lateinisches Reich" war nur von kurzer Dauer, aber Byzanz konnte sich niemals wieder richtig erholen. Wie durch ein Wunder leistete Konstantinopel selbst den Türken Widerstand, bis die Stadt 1453 gestürmt wurde und der letzte Kaiser, Konstantin XI., im Kampf fiel.

Byzantinische Kunst. Dieses Mosaik zeigt Kaiser Konstantin IX. Monomachos und seine Kaiserin Zoe, beiderseits des thronenden Christus. Die leuchtenden Farben und die weihevolle Atmosphäre haben die klassische Welt weit hinter sich gelassen.

BLEIBENDE EINFLÜSSE

Während der Blütezeit des byzantinischen Reiches entwickelte sich Westeuropa langsam aus einem Chaos von Stämmen und Völkern zu einer neuen Gesellschaftsform. Die Feudalstaaten des Westens hatten vor den Kreuzzügen kaum Kontakt mit dem weit entfernten Byzanz und die Bevölkerung bewunderte die römische Geschichte und ihre Kultur, mit der sie vertrauter war. Doch da Rom so viel vom antiken Griechenland aufgenommen hatte, wurden Elemente wie die architektonischen Ordnungen im Mittelalter in angepasster Form übernommen und wurden Teil einer klassischen Tradition. Diese reichte von der Romanik des 10. Jahrhunderts über die Renaissance und den Barock bis hin zum Neoklassizismus und in das frühe 20. Jahrhundert.

Die Menschen des Mittelalters kannten die griechische Geschichte, besonders in der Person Alexanders des Großen, dessen Taten wilde Romane und Epen, im Westen wie im Osten, inspirierten. Die Europäer studierten zwar kaum Griechisch, doch viel von der islamischen Bildung fußte auf der griechischen, und einige Informationen über die griechischen antiken Autoren erreichten den Westen über das moslemische Spanien. Speziell die Werke Aristoteles' waren den Menschen ab etwa 1150 zugänglich und lösten buchstäblich eine Revolution im Denken des Mittelalters aus.

Im 14. Jahrhundert erwachte von Italien ausgehend ein großes Interesse an den Griechen und Römern. Diese Wiedergeburt der alten Kulturen wurde zum Kern der Renaissance. Griechische Mythologie, Philosophie, Geschichte und Literatur wurde zum Inbegriff für Bildung. Der Fall von Konstantinopel 1453 zwang viele griechische Lehrer in den Westen zu flüchten und Platos Schriften beeinflussten stark das damalige Denken. Besonders der Idealismus wurde zu einem Grundsatz der europäischen Philosophie. Das Studium des Neuen Testaments in der Originalsprache brachte neue Einsichten und heftige Kontroversen und führte letztlich zur protestantischen Reform, die das westliche Christentum im 16. Jahrhundert spaltete. Direkt oder indirekt – durch römische Dichter wie Ovid – wurde die griechische Mythologie wichtigstes Thema für Künstler wie Titian und inspirierte die Literatur: Chaucer und Shakespeare schrieben über den Trojanischen Krieg, neue Tragödien und pastorale Idyllen wurden verfasst. Die griechischen Tragödien dienten auch als Modell für die ersten Opern.

Das Prestige der Klassik war so groß, dass es in England und Frankreich Anfang des 17. Jahrhunderts zur Auseinandersetzung zwischen den Anhängern der Klassik und der Moderne *(Querelle des Anciens et des Modernes)* kam, wobei die einen behaupteten, dass kein modernes Werk den Meisterwerken der Antike ebenbürtig sei. Jonathan Swift *(Gullivers Reisen)* verfasste darüber ein satirisches Werk, *Die Schlacht der Bücher,* stand aber im Endeffekt selbst auf der Seite der Klassik.

Die kulturellen Streitigkeiten gingen zwar vorbei, doch eine neue Welle beeinflusste die Architektur, die Malerei und die Bildhauerkunst des 18. Jahrhunderts – der Neoklassizismus. Als die griechischen Grenzen wieder offen waren (obwohl noch immer von den Türken regiert), studierten die Architekten die Monumente vor Ort, und ein puristisches Greek Revival begann, das Gebäude wie das Britische Museum in London hervorbrachte. Der britische Diplomat Lord Elgin entfernte Skulpturen vom Parthenon und brachte sie nach England. 200 Jahre später kam es zu heftigen Kontroversen über den rechtlichen Charakter dieser „Rettung" und darüber, ob das Britische Museum sie nur verwaltet oder ob die Skulpturen nach Griechenland zurückgebracht werden müssen. Die europäische gebildete Klasse war so tief mit der Klassik verbunden, dass der griechische Aufstand gegen die Türkenherrschaft von einer Welle der Sympathie begrüßt wurde. Freiwillige fuhren nach Griechenland, um mit ihnen zu kämpfen, unter ihnen auch der englische Lyriker Lord Byron.

Während des 19. Jahrhunderts entwickelte sich in England ein Schulsystem (Privatschulen für die Oberklasse), in dem Griechisch und Latein im Mittelpunkt standen. Der Sportunterricht kam durchaus dem spartanischen Training an

Härte gleich, obgleich er der Förderung des Teamgeists gewidmet war. Eine der besonders griechischen Einrichtungen wurde im 19. Jahrhundert wieder belebt: Die ersten Olympischen Spiele der Neuzeit von 1896 waren kein panhellenisches, aber ein internationales Ereignis.

Selbst das 20. Jahrhundert, das die Vergangenheit so oft zugunsten der Moderne verdrängte, zollt der alten griechischen Kultur Ehre: Freuds Ödipuskomplex, der „Griechische Tanz“ von Isadora Duncan und der Pseudo-Klassizismus nationalsozialistischer Bauwerke sind nur einige Beispiele. Schriftsteller – besonders die französischen Autoren von Giraudoux bis Sartre – überarbeiteten griechische Mythen, um Licht in das Dilemma der heutigen Zeit zu bringen. Die moderne Architektur schaffte alle Ornamente ab, auch die griechischen, die Postmoderne führte sie wieder ein. Filme wurden gedreht, wie Cocteaus *Orpheus* oder Schwert-und-Sandalen-Schinken wie *Die dreihundert Spartaner* und *Jason und die Argonauten.* Heute wird zwar Latein und Griechisch nicht mehr in dem Ausmaß studiert, doch werden Homerübersetzungen in erstaunlich großer Zahl verkauft und Kurse über die klassische Kultur in Schulen und Universitäten abgehalten. Auch in der heutigen Kultur ist das Erbe der Griechen ungebrochen lebendig.

Oben: Diese klassischen halbkreisförmigen Arkaden stehen auf der Plaza de España in Sevilla in Spanien. Sie wurden zwischen 1914 und 1928 nach dem Entwurf von Alvarez Osorio erbaut.

Unten: Ein Beispiel für den britischen Klassizismus des 18. Jahrhunderts: Bacchanalienszene, entworfen vom Bildhauer John Flaxman für Josiah Wedgwoods weltberühmte Töpferei.

REGISTER

Kursiv gesetzte Seitenzahlen beziehen sich auf Abbildungen.

A

B

M

N

O

P

Q

R

S

T

U

V

W

X

Z

FOTONACHWEIS

AKG, London 5 unten rechts, 15, 18, 21, 27 oben, 29, 57, 142 Hauptbild, 147, 155, 182, /John Hios 13 rechts, 23, /Erich Lessing Umschlagbilder, 2, 4, 5 oben Mitte, 5 Mitte links, 5 unten Mitte, 8–9 Hintergrund, 10 links Hintergrund, 11, 14 Hauptbild, 14 links Hintergrund, 16, 17 rechts Hintergrund, 18 links Hintergrund, 20 links Hintergrund, 22–23 Hintergrund, 24 links Hintergrund, 26 links Hintergrund, 27 rechts Hintergrund, 30 links Hintergrund, 31 oben rechts, 31 unten, 32 links Hintergrund, 33 Mitte, 33 unten, 34 links Hintergrund, 35 oben, 35 rechts Hintergrund, 36 Hauptbild, 36 links Hintergrund, 37 unten, 38–39 Hintergrund, 40 links Hintergrund, 43, 46 Hauptbild, 46 links Hintergrund, 47 rechts Hintergrund, 48, 49 unten, 49 rechts Hintergrund, 50–51 Hintergrund, 51 rechts Hintergrund, 52 Hauptbild, 54 links Hintergrund, 55 rechts Hintergrund, 58, 59 rechts Hintergrund, 60 links Hintergrund, 61, 62 links Hintergrund, 63 Hauptbild, 63 rechts Hintergrund, 64, 65 Hauptbild, 65 rechts Hintergrund, 66 Hauptbild, 66 links Hintergrund, 68 Hauptbild, 69 oben, 69 unten, 70 Mitte, 70 links Hintergrund, 72, 73 unten, 74 Hauptbild, 74 links Hintergrund, 75, 76 links Hintergrund, 78 Hauptbild, 78 links Hintergrund, 84, 86 links Hintergrund, 88 Hauptbild, 88 links Hintergrund, 92 links Hintergrund, 93 unten, 94 Hauptbild, 94 links Hintergrund, 96 links Hintergrund, 98 links Hintergrund, 102 Hauptbild, 102 links Hintergrund, 106 Hauptbild, 106 links Hintergrund, 107, 110, 111 oben, 111 unten links, 112 oben, 112 unten, 113, 114 links Hintergrund, 115, 116 unten, 118, 119, 120, 121, 122, 122 links Hintergrund, 123 rechts Hintergrund, 124 links Hintergrund, 125, 126 unten, 126–127 Hintergrund, 127 rechts Hintergrund, 128 unten, 128 links Hintergrund, 130 Hauptbild, 130 links Hintergrund, 136 links Hintergrund, 138 links Hintergrund, 150 links Hintergrund, 151 rechts Hintergrund, 152 links Hintergrund, 160–161 Hintergrund, 161 Mitte, 161 rechts Hintergrund, 166 links Hintergrund, 172 links Hintergrund, 178 links Hintergrund, 180–181 Hintergrund, 183, 184 links Hintergrund, /Schutze/ Rodemann 169

Ancient Art and Architecture Collection 39 unten, 51 Mitte rechts, 54 Hauptbild, 86 unten Mitte/G.T. Harvey 59 Hauptbild, /Michelle Jones 90, /R. Sheridan 60 unten Mitte, 96 Hauptbild, 105 unten, 129, 153, 164, 167

Bridgeman Art Library, London/New York/Akropolis, Athen 166 Hauptbild, /Akropolis, Athen/ Bildarchiv Steffens 5 Mitte rechts, 173, /Antiquarium, Lokri, Kalabrien 92 Hauptbild/Archäologisches Museum, Olympia 149, /Archäologisches Museum, Delphi 28, /Archäologisches Museum, Thessaloniki 39 oben, /Architekturmuseum, Istanbul 40 Hauptbild, /Ashmolean Museum, Oxford 79, 80, 81, 82, 83, 93 Mitte, 104, 109 rechts/British Museum, London 3 rechts Hintergrund, 19, 20 Hauptbild, 25 rechts Hintergrund, 32 Hauptbild, 34 Hauptbild, 37 rechts Hintergrund, 45 rechts Hintergrund, 52 links Hintergrund, 68 links Hintergrund, 76 Mitte, 77, 85, 101 rechts Hintergrund, 108, 116 links Hintergrund, 117, 134 links Hintergrund, 139 rechts Hintergrund, 142 links Hintergrund, 143, 145, 150 Hauptbild, /Bury Art Gallery und Museum, Lancashire 185 unten/Fitzwilliam Museum, University of Cambridge 22 Hauptbild, 47 Hauptbild, 174 rechts/Freud-Museum, London 97, /Galleria e Museo Estense, Modena 109 links, /Ermitage, St. Petersburg 1, 24 Hauptbild, /Kunsthistorisches Museum, Wien 175, /Louvre, Paris 132, 156, 157, 162, /Musée Condé, Chantilly/ Giraudon 159, /Museo Archeologico Nazionale, Neapel 99, 171, 174 links, 177, 181, /Museo Archeologico, Bari 168, /Museo e Gallerie Nazionali di Capodimonte, Neapel 42, /Museo Nazionale, Reggio di Calabria 140, /Archäologisches Nationalmuseum, Athen 5 oben links, 9, 17 Hauptbild, 67, 89, /Pergamonmuseum, Berlin 134 Mitte, /Persepolis 5 unten links, 44, /Plaza de España, Sevilla 185 oben/Privatbesitz 38 unten, 131, 165, /Privatsammlung/ Index 45, /Royal Geographical Society, London 179, /Musei e Gallerie Vaticane, Vatikan 91, 114 Hauptbild, 152 Hauptbild/ Index 5 oben rechts.

Corbis UK Ltd 103, 154, /Yann Arthus-Ber 100, /Bettmann 158, /Burstein Collection 8 Mitte, 148, /Kevin Fleming 105 oben, /Chris Hellier 178 Hauptbild, /Mimmo Jodice 170, /Wolfgang Kaehler 133, /Gail Money 10 Hauptbild, /Gianni Dagli Orti 3 Mitte, 71, 138 Hauptbild, /Third Eye Images 12, /Vanni Archives 139 Hauptbild, /K.M. Westermann 124 Hauptbild, /Roger Wood 13 links

E.T. Archive/British Museum, London 98 unten Mitte

Ocobenus Publishing Group Ltd. 127 rechts

Hirmer Verlag, München 87

Ny Carlsberg Glyptotek, Kopenhagen/Jo Selsing 56

Tony Stone Images/George Grigoriou 6–7, 53

Werner Forman Archive 95, 136 Hauptbild, 146, /Akropolismuseum, Athen 135, 137, /British Museum, London 50 Mitte, 73 oben, 144, /Museo di Ostia 30 Hauptbild, /Privatbesitz, New York 163/Sotheby's New York 151 unten Mitte